왜 국가를 위해 죽어야 하나

왜 국가를 위해 죽어야 하나

강희원 지음

전쟁 없는 세상을 위해 어떻게 저항할 것인가

경희대학교 출판문화원

차 례

일러두기

이 책에서는 서유럽 및 북아메리카 국가명을 그곳이 한반도에 처음 소개되었던 19~20세기에 불리던 이름 그대로 표기하였다. 그 이유는 이들 나라가 한반도에 소개되었던 시대의 국가 주권과 국민을 존중하기 위해서이다.

예)
'영국(英國)'은 '연합왕국', '유나이티드 킹덤' 또는 '잉글랜드'
'미국(美國)'은 '아메리카합주국', '유나이티드 스테이츠 오브 아메리카' 또는 '유에스에이(USA)'
'소련(蘇聯)'은 '소비에트 사회주의 공화국 연방' 또는 '유에스에스알(USSR)'
'독일(獨逸)'은 '도이칠란트' 또는 '분데스리퍼블릭 도이칠란트'

위와 같은 맥락에서 '영어'는 '잉글리시'로, '독일어'는 '도이치어'로 표기하였다.

이 글을 쓰게 된 이유

"너의 길을 가라, 남이야 뭐라든(Segui il tuo corso, e lascia dir le genti)!"[1]

_카를 마르크스(Karl Marx)

내가 '법철학'이라는 거창한 간판을 걸고서 공부한 지도 반세기 가까이 되었다. 여러 가지 여건상 머지않은 시기에 법철학이라는 간판조차 내리고 정리를 해야 할 것 같다. 인생이 황혼에 접어들어 어둠 속으로 사라지기 직전에 이르렀지만, 법철학, 특히 법의 철학을 생각한 대로 마음껏 연구해 보지는 못했다. 지금까지 주로 외국물을 들이켜면서 법의 철학을 하는 척, 흉내만 내는 데 집중해 온 것이 아닌가 하는 자괴감조차 든다.

무엇보다 우리 현실의 문제에 관심을 가지지 못했던 것이 아쉽다. 그렇기에 남은 시간 동안 가능하다면, 우리의 현실적 문제가 나

1 이것은 마르크스가 그의 유명한 저서 『자본론(Das Kapital)』(1867년 초판) 서문의 맨 마지막에 단테(Alighieri Dante, 1265~1321)의 『신곡』 「연옥」 편 제5곡의 "Vien retro a me, e lascia dir le genti(나를 따르라, 남들이야 뭐라 지껄이든지)"를 약간 바꾸어 인용한 것이다.

를 자극할 때마다 이를 법철학적 주제로 삼고자 한다.

평소 나 자신이 삶의 평화를 염원하는 생명평화주의자라고 생각하고 있기에, 전쟁의 광기로 가득 찬 오늘날의 국제적 상황이 이 글을 쓰게 된 근본적인 이유라 할 것이다. 그렇지만 돌이켜 보면, 이들 국제적 상황보다는 최근 우리 사회에 일어났던 석연치 않은 사건들과 남북 지배집단의 야욕, 제로섬 게임(zero-sum game)과 같은 전쟁에 대한 기본적 태도가 이 글을 쓰게 된 계기가 되었다.

우리 사회가 너무나 짧은 기간 동안 빠르게 정치적·경제적으로 성장했기 때문에, 사회적·문화적·의식적 차원에서 예기치 못한 불상사들이 야기되어 사건화되고, 그것들이 언론의 머리기사를 장식한다. 이렇게 접하게 된 사건들은 지나온 과정을 돌아보지 않을 수 없게 한다. 최근 언론에서 짧게 다뤄진 두 사건을 접하면서 '왜 이렇게 되었는가?'라는 의문이 터져 나왔다. 기사화된 사건들은 표면적인 원인만 보여줄 뿐, 그 이면은 충분히 설명하지 못한다는 생각이 들었다. 내가 이 글을 쓰게 된 직접적인 계기가 바로 이 두 사건이었다.

첫 번째 사건은 지난 2023년 7월 13일 일간지 기사를 보고 알았다. 사건을 대략 이야기해 보면, 한때 국민적 인기를 누렸던 가수 유○○ 씨가 병역의무를 회피하려고 국적을 변경해서 외국인이 된 후, 다시 대한민국에서 활동하기 위해 외국인 신분으로 입국비자를 신청했으나, 로스앤젤레스 주재 대한민국 총영사가 비자 발급을 거부했다. 이에 그는 당해 거부처분을 취소하라며 주(駐)로스앤젤레스 총영사를 상대로 행정소송을 제기하였고, 제1심에서는 패소

했지만 항소심에서 승소했다.

유 씨는 2002년 아메리카합주국의 시민권 취득을 통해 병역을 기피했다는 이유로 대한민국으로의 입국이 거부되었다. 이후 그는 아메리카합주국과 중화인민공화국에서 가수, 배우로 활동했으며 대한민국 입국을 위해 비자 발급을 수차례 신청했으나 번번이 거부당했다고 한다.

지금까지 병역의무 회피를 위해 대한민국 국적을 바꾼 사람들이 한두 명이 아닐 텐데, 어떻게 이럴 수 있는가? 외국인들도 일정한 절차를 거쳐 체류비자를 받아 한국을 여행하거나 한국에서 일자리를 얻고, TV 프로그램에 출연하기도 하는 등 여러 가지 활동을 하고 있는데, 병역의무를 면하기 위해 한국 국적에서 벗어나 외국인이 된 그에게는 왜 그렇게 가혹한가? 그는 반국가적 범죄행위자도 아니고, 또 그것을 기도했던 자도 아니며, 보통의 인간이라면 누구나 싫어할 수 있는 병역의무를 회피하기 위해서 합법적인 방법으로 아메리카합주국의 시민권을 취득했을 뿐이다. 그런데 어떻게 기본법인 헌법의 전문에 "항구적인 세계평화와 인류공영에 이바지"한다고 선언한 대한민국이 반인류적인 범죄자도 아닌 일개 외국인 가수에게 그러한 조치를 취할 수 있는가?

한반도와 그 부속 도서가 한민족국가(韓民族國家, Khan-nation state)의 하나인 대한민국의 고유한 영토라고 헌법에 못을 박고, 마치 헌법이 등기부인 양 헌법적 영토에 대한 절대적 소유권을 주장하면서, 그 헌법을 근거로 자신이 원하지 않는 자가 출입하는 것 자체를 제한할 수 있다고 치자. 그렇다고 하더라도, 그 이전에 한반도라는 땅은 지구의 일부로서 외국인과 동물들에게도 활짝 열려 있는 공간이다. 그 공간에 일정 기간 체류하기를 원하는, 과거에 대한민국 국적을 가지고 있었다가 스스로 국적을 변경해서 외국인이 된 사람에게 그렇게 매정할 수 있단 말인가?

두 번째 사건은 전쟁 때도 아닌 2023년에, 집중호우로 야기된 재난현장에서 해병대 소속의 채○○ 상병이, 마치 적에게 포위되어 물자공급이 완전히 차단된 자국민의 구호가 절박한 전쟁터에서처럼, 대민활동이라는 명목으로 구명복조차 걸치지 않은 맨몸으로 거세게 소용돌이치는 강물에 투입되어서 순국한 사건이다.

이 슬픈 사건을 접하며, 나는 이런 의문이 들었다. 군인이란 어차피 국가를 위해 죽는 것이 당연한 존재이기 때문에 아무렇게나 소모되어도 좋은가? 군인은 말하자면, 국가에 그 목숨이 저당 잡힌, 뒤에서 언급할 이탈리아의 정치철학자 조르조 아감벤(Giorgia Agamben, 1942~)이 말하는 '벌거벗은 생명(la nuda viat)'에 불과한 것인가?

이런 사건들을 접하면서 다음과 같은 의문들이 꼬리에 꼬리를 물었다. '대한민국에서 병역의무란 도대체 무엇인가?', '국가와 민족이란 무엇인가?', '국가와 민족은 언제 생겼는가?', '순국(殉國)이란 무엇인가?', '순국을 찬양하는 것만으로 한 번밖에 살 수 없는 젊은이들의 죽음이 정당화될 수 있는가?', '왜 국민은 국가를 위해서 생명을 바치는가?'

새삼 우리 실정법의 현실과 그것이 실현되는, 권력과 금력이 난무하는 법 현장에 대한 관심이 커지면서 이러한 질문은 늙은 법학자에게 커다란 아픔으로 다가왔다. 인간이 나이를 먹으면 과거를 돌아보고 고향을 그리워하게 되는데, 늙은 법학자도 법의 시간적·공간적 과거, 즉 법의 뿌리를 돌아보게 되었다. 게다가 이러한 의문들은 다음과 같은 우리의 현재 상황들과 연계되면서 더욱더 가슴을 저미듯이 아프게 파고들었다.

첫째, 우리가 처한 국내외의 정치적 상황이다. 러시아가 러시아 민족의 고토를 회복한다는 명분으로 우크라이나를 침범하면서 시작된 전쟁을 기점으로, 그리고 또다시 중동에서 유대제 전쟁기계(Jewish War Machine)와 무슬림제 전쟁기계(Muslim War Machine)가 정면으로 충돌하면서 세계의 정세는 급변하고 있다. 이렇듯 세계가 하나로 소통하는 이른바 글로벌 시대에 민족과 민족주의가 세계 동란의 중심을 이루고, 그 회오리의 기점과 종점을 형성하고 있는 것 같다.

따라서 법철학적 고찰 등 제반 문제를 논의하고, 전 지구적 차원의 열린 시각에서 민족과 국가의 문제를 재음미해 보아야 한다. 한반도 차원에서 우리의 정치적 상황을 보면, 남쪽의 대한민국에서 '자유'라는 정치적 가치를 최고 이념으로 내세우는 집권세력은 대내외적으로 군사력을 과시하며 폭력에 대한 의지를 드러내고, 북쪽의 조선민주주의인민공화국도 핵무력을 과시하고 있다. 이들 양자는 궁극적으로 무력에 의한 '민족' 통일을 지향한다는 점에서 동일하다. 그래서 한반도에서는 새 정치권력에 의해서 새롭게 각색된 차원이긴 하지만, 여전히 1950년대와 마찬가지로 민족과 민족주의가 정치적 이념으로서 동원되는 것 같다.

둘째, 우리 한인(韓人)들이 국가와 민족에 대해 가지는 정서적·의식적 상황이 남다르다는 것이다. 지금까지 국가권력이 공교육을 통해 한인들에게 가르쳐 온 한국사에 따르면, 우리가 상식으로 알고 있듯이, 한반도 사람들은 전설적 존재인 단군을 시조로 해서 고조선, 동예, 옥저, 마한, 변한, 진한 등과 같은 한자 이름이 붙은 씨족이나 부족 시절을 거쳐 신라, 백제, 고구려, 가야 등 복수의 왕국을 세웠다. 이 중 신라가 외세의 도움을 받아 백제와 고구려를 정벌해서 한강 이남으로 지배영역을 확장해 북쪽의 발해라는 새로운 왕국과 나뉘어 대결하다가 쇠퇴하였다. 그 후에 지금의 대동강 이남의 한반도는 다시 신라, 후백제, 태봉 등 새로운 왕국으로도 잠시 나누어졌다가, 송악의 호족 출신으로 태봉의 신하 왕건이 임금 궁예를 몰아내고 '고려'라는 왕국을 세웠다. 이후 '조선'이라는 왕국이 세워졌다가, 19세기 말에 신흥제국으로 성장한 아메리카합주국의 승인하에 일본제국의 식민지로 전락했다. 그러던 중 서유럽 제국주의로부터 동아시아를 구원하기 위해서 일으켰다는 소위 대동아전쟁, 즉 제2차 세계대전에서 일본제국이 1945년 아메리카합주국, 소비에트 사회주의 공화국 연방 등의 연합국에 패하면서 서로 이념이 다른 두 나라에 의해 북위 38도선을 기준선으로 남북으로 나뉘어 점령되었다. 우여곡절 끝에, 1948년에 남쪽에는 대한민국이, 북쪽에는 조선민주주의인민공화국이 세워졌다. 이들 두 신생국은 이른바 민족의 통일을 내세우고 1950년 6월 25일부터 피비린내 나는 3년간의 전쟁을 거쳐 오늘에 이르렀지만, 남쪽이든 북쪽이든 여전히 '민족통일'을 부르짖으면서 상대국을 절멸하기 위해 총력을 다하고 있다.

나 역시 초등학교 시절부터 선생님이 가르쳐 주신 대로 〈우리의 소원〉[2]이라는 노래를 열심히 부르면서 자랐다. 그래서 어릴 때는 민족의 통일이 내 소원인 줄만 알고 자랐다. 중학교에 들어가서 약간의 비판의식이 생긴 후에야 그것이 내 소원은 아니라는 사실을 깨달았다.

'민족(民族, nation)'은 우리 실정헌법의 언어로 사용되고 있기 때문에 헌법학이나 공법학의 논의 주제가 될 수 있다. 그러나 현재까지 민족은 거의 논의 대상이 되지 않았다. 이는 법의 뿌리에까지 접근하는 법철학에서조차 마찬가지였다. 그 이유는 우리 사회의 정치적·사회적 상황이 이 문제를 법학적 주제로 다룰 만한 형편이 아니었고, 또 그것을 필요로 하지도 않았으며, 서유럽 및 아메리카합주국의 논의를 그대로 전하는 학계의 풍조가 이 주제에 무게를 두지 않았기 때문일 것이다. 그래서 '민족'은 법철학적 주제로서 한 번도 유의미하게 논의될 기회가 없었던 것 같다.

이러한 문제는 법철학의 오래된 과제였지만 최근의 여러 사건들에 의해 그 중요성이 새삼 더 커졌다. 물론 여기에서 민족이나 국가, 대한국민의 채무로서 병역의무라는 문제 전반을 논의하려는 것은 아니다. 이 책에서는 전시(戰時)에 인간으로서 국민이 '조국을 위

2 〈우리의 소원〉이라는 노래는 일제강점기에 조선프롤레타리아예술가동맹(Korea Artista Proleta Federacio)의 소속원으로서 활동하던 영화인 안석주(安碩柱, 1901~1950)가 작사하고, 그의 맏아들인 음악가 안병원(安丙元, 1926~2015)이 곡을 붙여서 이승만 정권 시절인 1947년 서울중앙방송국 어린이 시간에 발표된 동요다.

해서 죽는다는 것(Pro Patria Mori)', 즉 '순국'이 어떻게 강제되었고 또 어떻게 가능하게 되었나 하는 문제에 대해서만 역사적·철학적 측면에서 깊게 성찰해 보고자 한다.

이 책을 준비하는 동안 헌정사에 길이 남을 새로운 사건이 등장했다. 이는 우리 사회에서 '보수(保守)'라는 이념적 가치에 배치된다고 평가할 수 있는 몇 가지 사건들로서, 특히 검사 출신 내란 혐의자가 흐트러뜨려 놓은 정치적·법적 쓰레기더미 앞에서 법철학을 전공한 사람으로서 가만히 있을 수 없었다.

공정과 자유를 내세운 검사 출신들이 정권을 잡았을 때, 한편으로 우리의 사회적 상황 전반이 문언으로 정착된 법의 이념에 가까이 접근하면서 한층 더 깨끗해지고 더 인간답게 되지 않을까, 미미하게나마 기대했었는데, 그것은 역시 순간적인 망상에 불과했다. 참된 법률가가 아니라 '법사기사(法詐欺士)'에 불과했던 그들은 진정한 의미의 공정과 자유에 대한 성찰조차 하지 않은 채 자기들만의 사이비 공정과 자유를 정당화하기도 했다. 그들의 공정(公正)은 '공정(空定)'이었고 자유(自由)는 '자유(恣遊)'였다. 자기편이 아닌 사람들을 모두 범죄자로 간주하는 일도양단의 검사적 사고가 고착돼 버려서 그런지, 그들의 정치는 '보수정치'가 아니라 시대착오적인 기소독점주의 '보스(boss)정치', 폭력정치로 전락해 갔다. 보수를 표방하는 이들이 외치는 공정과 자유라는 말 자체가 민망할 뿐만 아니라 '보수'가 무엇인지조차 제대로 알지도 못하면서 '보수'라는 간판을 내걸고 있었던 것이 아니었나 하는 의구심마저 들었다.

'보수주의(保守主義, conservatism)' 또는 '보수적'이란 말에서 '보수'란 무엇을 의미할까? 그것의 사전적 의미는 '보전하여 지키다', '전통적인 것을 옹호하다'이다. 그런데 우리 정치 현실에서는 이러한 보수의 의미가 다른 사람들의 희생으로 자기 이익만을 추구하는 이기주의(egoism)로 변질되어 버린 것 같다. 이는 '보수'라는 우리말 기호의 시니피에(signifié, 記意, 의미되는 것/나타내지는 것)가 20세기 초반 피식민 상황에서의 친일(親日)을 한국 정치의 유일한 전통인 양 복원시켜 대내적인 갈등 및 남북 간의 대결과 전쟁을 옹호하는 뜻으로 변질된 것이다. 이렇게 가면, 머지않아 '보수'의 사전적 의미를 변경해야 할지도 모르겠다.

'자유(Freiheit)'와 '공정(Gerechtigkeit)'을 지향이념으로 내걸었던 광폭(狂暴)의 파시스트 '검사 정권'은 자신만을 위한 자유와 공정으로 치닫다가 불행한 결말로 그 막을 내렸다. 그 불씨는 여전히 남아 있지만, 그러한 병리적 국가권력은 한 번의 체험으로 충분하지 않은가? 흠결투성이(Mangelhaftigkeit)인 인간의 본성에 비추어 볼 때, 그 흠결을 어떻게 채워나가느냐에 따라 앞으로 전개될 정치적 전경이 달라지겠지만, 우리에게는 흠결을 긍정적 차원에서 보완할 수 있는 또 하나의 새로운 장이 늘 열려 있다.

이 책에서 제시한 법철학의 근본 주제들과 그와 관련한 질문들을 깊게 고민해 보는 일이 지금 우리가 서 있는 갈림길에서 평화의 길을 여는 마중물이 되길 바란다.

1장

인간과 국가 그리고 전쟁

국가권력은 늘 전쟁의 목적에 의해 대량 살상과 파괴라는 결과를 정당화하려고 한다. 그러나 목적이 항상 수단들을 정당화할 수는 없다. 특히 평화라는 목적은 평화적 수단에 의해서만 정당화될 수 있다.

1

전쟁은 인간의 본성인가

'가짜 자유'의 무늬가 어설프게 놓인, 철 지난 비단옷을 걸친 '자의(恣意)'의 거대한 소용돌이가 우리 사회에 몰아쳤다가 천신만고 끝에 진압된 지 얼마 되지 않았다. 한반도는 반세기보다 더 전에 서유럽에서 싹튼 이데올로기의 실험장이 되었다. 한 차례의 실험만으로는 그 결과를 제대로 얻지 못해서 그런지, 지금도 남북의 이데올로기 주도자들은 '민족통일'이라는 미명하에 대를 이어 또 다른 실험을 준비하고 있다. 그들은 멀리 떨어져 있는 '친밀한 적'들과 손잡고서, 가까이 있는 '사나운 형제자매'를 차지하기 위한 전쟁에 안간힘을 쓰고 있다. 때마침, 서유럽 대륙에서 민족(nation)과 그 핵인 국가(state)의 최우선 순위를 주장하면서 영원불변의 진리인 양 출현했던, 이미 오래전에 죽은 '자유만능주의(monoliberalism)'의 유령들은 자본주의 시장경제의 변화된 상황에서 되살아났고, 전 지구의 하늘을 전쟁의 검은 구름으로 뒤덮어 가고 있다.

전쟁은 인간의 본성인가? 인간의 집단적 질병인가? 국가권력자의 놀이인가? 평화는 인간의 본성에 반하는 것인가? 반인간적 욕구인가? 인간사회에서 평화란 전쟁과 전쟁 사이에 신기루와 같이 잠시 나타났다가 사라져 버리는 기망(欺妄)의 현상인가?

인류의 역사에서 전쟁이 사라질 기미가 전혀 보이지 않는다. 우크라이나와 러시아 간의 전쟁이 동서 양 진영 간의 새로운 대립과 갈등으로 장기화되어 제3차 세계대전의 불씨를 지피고 있다. 그리고 유대인의 전쟁기계로서 이스라엘과 아랍인의 전쟁기계로서 무장단체 하마스 간에 전쟁이 발발한 지도 해를 넘겼다. 이는 머지않아 제5차 중동전쟁으로 확대될 것을 예고하고 있다고 해도 과언이 아닐 것이다. 어떻게 하면 평화로운 세상이 이루어질 수 있을까?

국가주의자 헤겔(Georg Wilhelm Friedrich Hegel, 1770~1831)은 19세기 초반 서유럽에서 구시대가 서서히 저물어가고, 새롭게 전개될 프로이센의 도이치 제국시대의 도래를 기대하면서 '도이치 국가(Deutscher Nationstaat)'를 인륜의 정점으로 치켜세웠다. 헤겔의 저서 『법철학강요(Grundlinien der Philosophie des Rechts)』(1821)의 서언은 "철학이 그 회(灰)로 칠을 할 때 삶의 형태는 늙어 가고, 회에 회를 덧칠하면 회춘할 수 없고, 오로지 인식될 수 있을 뿐이다"라고 읊으며 지혜의 여신 "미네르바의 부엉이는 황혼이 깃들 무렵에서야 비로소 나래를 편다"[1]라는 말로 시작한다. 이로써 중부유럽에서 새롭게 전개될 게르만 네이션(The German Nation, die deutsche Nation)의 시대를 준비하는 '민족국가(Nationsstaat)'를 위한 '법의 철학(eine Philosophie des

Rechts)'의 새로운 기선(基線, Grundlinien)을 그린 지도 벌써 200여 년이 지났다.

그런데 한반도의 상황은 여전히 철 지난 '네이션 스테이트(nation state)', 이른바 '민족국가(民族國家)'의 열망에 불타고 있는 것 같다. 유럽에서 수입된 정치 이데올로기를 내걸고 남과 북으로 나뉘어 대치하던 두 정치집단이 정치적 지배 야욕에 불타 서로 맞붙어 동족이라는 사람들을 서로 무자비하게 살육하는 전쟁을 치르고도, 여전히 그 욕망을 채우지 못해 계속 으르렁거려 왔다. 이들 양쪽의 지배집단은 자신이 가지고 있는 정치적 그림과 부합하지 않으면, 상대편에게 '빨갱이' 또는 '제국주의자'라는 딱지를 붙여 처단하고자 했다. 우리 사회에는 아직도 '파랭이'와 '빨갱이'라는 이분법을 절대적 진리로 생각하는 사람들이 많다.

남과 북의 정치적 지배 야욕을 승계한 후예들이 각축을 벌이는 현재 상황이 그 어느 때보다 더 뜨거워지는 것 같아서, 전쟁이 현실화되지 않을까 심히 우려스럽다. 이들 정치집단이 역사적 사명으로 내걸었던 '민족통일(eine nationale Vereinigung)'이라는 정치적 역병이 맹위를 떨치면서 지금까지 우리의 삶은 너무나 각박했다. 이제 그 역병에도 면역이 생겨 앞으로는 삶에 평화가 깃들 수 있겠구나 싶더니, 다시 교조적인 세력이 정치적 야욕을 실현하기 위해 과거를

1 "Wenn die Philosophie ihr Grau in Grau malt, dann ist eine Gestalt des Lebens alt geworden, und mit Grau in Grau lässt sie sich nicht verjüngen, sondern nur erkennen; die Eule der Minerva beginnt erst mit der einbrechenden Dämmerung ihren Flug.", Georg Friedrich Hegel, *Grundlinien der Philosophie des Rechts*, Frankfurt am Main: Suhrkamp, 1972, S. 14.

들추면서 역사가 과거로 회귀하는 것 같다.

게다가 남과 북의 하늘에는 뭇사람들의 눈을 멀게 하는 한낮의 광폭한 이념의 뜨거운 태양이 여전히 횡포를 부리고 있어 언제 미네르바의 부엉이가 날아오르는 황혼이 올지 기약하기 어렵다.

2

민족통일이란 구호에 대해

20세기 초, 동아시아 지배를 꿈꾸었던 일본제국은 아메리카합주국과 구소비에트 사회주의 공화국 연방[2]을 주축으로 하는 연합국과의 전쟁에서 패했다. 한반도는 일본제국의 지배에서 벗어나자마자 아메리카합주국을 추앙하는 세력집단과 구소비에트 사회주의 공화국 연방을 추종하는 세력집단이 각각 수립한 두 국가에 의해 남북으로 양분되었다. 그때부터 한반도는 민족통일이라는 허망한 정치적 꿈을 내건 두 지배권력 간 통일의 각축장으로 변했다. 이들 두 지배권력은 한민족 통일의 주도권을 잡아 더 큰 지배주체가 되겠다고 주장하면서 이미 한바탕 큰 전쟁을 치러 엄청난 살상과 파괴를 자행하고서도, 여전히 첨단무기로 무장하고 주도권 싸움을 계속하고 있다. 그런데 이들 국가권력이 내건 '민족통일'이니 '조국통일'이니 하는 말은 사람들의 눈을 멀게 하고 입을 막기 위한 구호에 불과할 뿐 처음부터 성립할 수 없는 말이 아닌가 심히 의심스럽다.

통일(統一)이란 과연 무엇이고, 누구의 무엇을 위한 통일이란 말인가? 그러한 통일을 위해서 지금까지 우리에게 주입되었던 '조국'이란 정말 무엇이고, '민족'이란 도대체 무엇인가? 지배권력이 구호로서 내걸어 왔던 통일이 정말 우리 모두의 한 맺힌 소원이고, 우리가 앞으로도 목숨을 걸고 반드시 달성해야 할 희망사항이 될 수 있는가?

'통(通, communication)에 의한 하나 됨(一化)', 즉 '통합(通合, communicating togetherness)'이 아니라, '통(統, command and domination)에 의한 하나 됨', 즉 '통일(統一, dominating unification)'이란 도대체 어떤 상태

2 인간은 눈에 보이는 것이든 보이지 않는 것이든, 그것을 특정하는 그 나름의 언어적 기호, 즉 이름을 붙여서 다른 것들과 구별한다. 그 이름은 이름이 지칭하는 대상을 표상한다. 그 대상을 이름하는 언어적 기호(signifiant)에는 그것이 의미하는 내용(signifié)이 있다. 사물에 대한 바른 인식은 그것에 적당한 이름을 부여하는 것에서 시작한다. 그래서 오래전부터, 특히 그 이름의 주체가 국가일 때 나는 그 국가의 주권과 국민을 존중하면서도, '우리말로 바르게 불러야 하지 않을까'라는 생각을 해왔다. 그러한 취지를 살려서 이 글에서는 가능한 한 그 나라 사람들이 자기 나라를 부르는 이름을 그대로 우리말로 옮기든가, 그렇지 않으면 그 의미를 번역해서 부르기로 한다. 과거에 중국인들은 서양 국가의 이름을 가능한 한 음역(音譯)해서 한자로 표기했다. 예컨대 '英國', '美國', '佛蘭西', '獨逸', '瑞西' 등이 그것이다. 우리는 이러한 중국식 한자어를 우리말로 음역해서 지금도 그대로 부르고 있다. 그런데 한자가 뜻글자라는 점을 생각할 때, 중국인이 만든 한자로 국가 이름을 우리말로 음역해 사용하는 것을 이제 지양해야 하지 않을까 싶다. 그래서 여기서는 19세기 또는 20세기에 중국을 통해서 한반도에 소개되었던 서유럽 및 북아메리카 국가들의 이름을 그 국가의 주권과 국민을 존중하는 차원에서 본래 이름 그대로 부르고자 한다. 예컨대 '영국(英國)'이 아니라 '연합왕국' 또는 '유나이티드 킹덤' 또는 짧게 '잉글랜드'로, '미국(美國)'이 아니라 '아메리카합주국(合州國)' 또는 '유나이티드 스테이츠 오브 아메리카' 또는 짧게 '유에스에이(USA)'로, '소련(蘇聯)'이 아니라 '소비에트 사회주의 공화국 연방' 또는 짧게 '유에스에스알(USSR)'로, '독일(獨逸)'이 아니라 '도이칠란트' 또는 '분데스리퍼블릭 도이칠란트'로 표기하고자 한다.

를 말하는가? 또 여기에서 민족(民族, nation)이란 누구이고, 언제 어떻게 생겨나서 어디를 거쳐서 어디로 흘러왔는가? 아니, 민족이란 누가 무엇을 위해서 만들어 냈으며, 조국(祖國)이란 어느 때부터 어느 시기까지의 어떤 지역(land) 및 나라(國, country) 또는 국가(國家, state)를 이르는가?

우주 전체, 태양계, 지구는 조국이 될 수 없는가? 지구에 한정해서, 지구 표면, 적도 이북(赤道 以北)의 땅덩어리, 그중에서 아시아는 조국이 아닌가? 만약 한반도를 차지했던 나라들에 한정한다면, 대한제국, 조선, 고려, 신라, 백제, 고구려, 고조선 중 어느 권력이 어떻게 거느렸던 지역 또는 나라를 가리키는가? 타당하다고 할 수 없지만, 그 범위를 오늘날의 한반도와 만주 일대를 포함한 동북아시아 지역에 국한하여, 고왕국 시대까지로 거슬러 올라간다면 고구려, 신라, 백제라는 세 고대국가에 이를 것이다. 이들 세 고대왕국 중에서 백제와 고구려는 당(唐)과 합세한 신라에 의해서 정복되었고, 오늘날 우리는 한반도 남쪽에서 이렇게 신라가 백제와 고구려를 정복한 것을 삼국통일(三國統一)이라고 부른다. 이것은 말장난이 아닌가? 신라가 당나라의 지배권력을 끌어들여 고구려라는 광대한 땅과 수많은 피지배 족속을 중국에 넘겨주고, 고작 백제의 작은 땅과 백성을 지배하에 넣어 소멸시킨 것이 어찌 삼국통일이란 말인가?

그러면 민족이란 무엇인가? '민(民)'이란 동일한 왕(王)을 섬기는 사람들인가? '족(族)'은 공간적·시간적 혹은 혈통적·생물학적 개념인가? 단순히 이익을 같이하는 경제적 관념인가? 유사한 신앙, 언어, 취향 등을 함께하는 사람들의 모임인가? 민족이란 환상의 공동체일 뿐 아닌가?

지금 우리가 터전을 잡고 살아가는 한반도라는 작은 지역에 국한해서 중·고교 시절에 배웠던 역사를 돌이켜 보면, 반도라는 지리적 특성 때문인지는 몰라도, 권력자들 사이의 현실정치에는 늘 원교근공(遠交近攻)의 책략이 강하게 작동해 왔던 것 같다. 그것은 가까이 있는 자와 화목하게 지내지 못하면, 늘 멀리 있는 자의 도움을 받아 가까이 있는 자를 정복하는 것이 아니었는가? 그것은 가까이 있는 자를 지배하기 위한 권력자의 속임수이다.

근대사에서도 그렇고, 현대사에서 특히 민주화 이후에도 정치세력 간의 타협이 필수적임에도 불구하고, 원교근공의 책략이 강하게 작동하는 상황은 바뀌지 않고 있다. 이러한 정치적 상황은 이른바 보수 정치집단이 정권을 장악하게 되면 더욱더 심화되어 극단으로 치닫는 것 같다.

지난 세기의 전반기에 무자비하고 거대한 국가폭력(state violence)으로 휘몰아쳤던 두 차례의 세계대전이 지나간 후에도, 세계는 수십 년간 두 진영으로 나뉘어 뜨겁게 대립하였다. 그런 잠재적 폭력으로서의 냉전(冷戰)도 영원히 끝났다고, "역사의 종언(The End of History)"[3]을 외치며 자본주의적 세계화(globalization)로 하나가 되었다며 기뻐한 게 엊그제 같은데, 도처에서 '국가'라는 이름으로 서로 충돌하면서 무고한 생명들을 죽이고 파괴하지 못해 안달이 난 것

3 이것은 아메리카합주국의 일본계 미래정치학자, 프랜시스 후쿠야마(Francis Fukuyama, 1952~)의 말이다. Francis Fukuyama, *The End of History and the Last Man*, 1989(함종빈 옮김, 『역사의 종언: 이후의 시대, 공산주의는 끝났다』, 대한민국헌정회, 1989).

처럼, 거대한 폭력인 전쟁을 일으키면서 날뛰고 있다.

지금 러시아와 우크라이나 간의 전쟁이 시발점이 되어, 아메리카 합주국을 필두로 하는 원자본주의 진영과 중화인민공화국을 선두로 하는 변질 사회주의적인 후기 자본주의 진영 간에 새로운 패권 다툼이 장기전으로 전개될 조짐이 보인다. 또한 중세부터 내려오는, 크리스트교와 이슬람교라는 종교의 탈을 쓴 서유럽의 국가권력과 중동의 국가권력 사이의 오래된 전쟁의 불꽃이 이스라엘의 무차별 살육전으로 타오르기 시작했다.

70년 전에 피비린내 나는 전쟁이 벌어졌던 한반도에는 아직 뼈조차 수습되지 못한 원혼들이 방황하고 있는데, 더 큰 전쟁이 우리에게 새롭게 다가오고 있는 것 같다. 북쪽은 핵무기로 무장하고, 남쪽은 동맹이라는 이름으로 거대한 핵무력을 불러들여 우리의 생존 자체를 위협하고 있다. 이렇게 위태로운 상황에서 무엇보다 삶을 위한 평화가 절실한 문제로 제기되고 있다.[4] 누가 내 삶의 평화를 교란하는가? 우리는 스스로를 돌아보면서 이 불안한 상황의 근원을 철저하게 성찰해 보아야 할 것이다.

4 서로 먹고 먹히는 생태계의 먹이사슬을 생각해 보면, 동물의 삶에는 완전한 평화가 있을 수 없을지도 모른다. 왜냐하면 완전한 평화는 '공동묘지'를 의미하는 도이치어 'Friedhof'가 시사하듯이, '죽음' 자체이기 때문이다. 여기에서는 완전한 평화가 아니라, 전쟁이 없는 상황을 평화로 생각한다. 이러한 맥락에서 평화라는 말의 의미에 관해서는 강희원, 「'평화'라는 말에 대한 단상-삶의 평화가 어떻게 가능할 수 있을까?」, 하영애 편저, 『조영식과 이케다 다이사쿠의 생태문명과 평화운동』(조영식 이케다 다이사쿠 연구회 총서 3), 한국학술정보, 2023, 19~70쪽 참고.

2장

근본적인 물음

자유에의 길은 부자유를 명령하는 사람들보다 스스로 복종하는 사람들에 의해서 더 심하게 막혀 있다. 명령을 받는 자가 늘 깨어 있어야 한다. 그래야 자유로 가는 길이 열리게 된다.

1

왜 국가를 위해서 죽어야 하나

우크라이나와 러시아라는 두 '국가' 간 전쟁이 계속되고 있다. 이 전쟁의 일차적 책임은 우크라이나를 침공한 러시아라는 국가와 그 수장 블라디미르 푸틴(Vladimir Vladimirovich Putin, 1952~)을 비롯한 정치권력자들에게 있다. 그렇지만 이들의 책임을 어떻게 추궁할 수 있을까? 이 질문 앞에서 우리는 좌절할 수밖에 없다. 그들에게 책임을 어떻게 직접 돌려줄 수 있을까? 우리는 우크라이나라는 국가와 그 대통령 볼로디미르 젤렌스키(Volodymyr Zelensky, 1978~)가 전쟁에서 승리하도록 적극적으로 도와야 하는가? 어느 일방을 도와 전쟁에 의해 상대방의 책임을 추궁하도록 해야 하는가? 이 질문에 '그렇다'라고 긍정적으로 답한다면, 그것 또한 전쟁을 찬성하는 입장이 될 것이다.

우크라이나가 전쟁에 승리해서 스스로 그 상대방인 러시아의 책임을 추궁해야 할까? 반대로 러시아가 전쟁에서 승리한다면, 제3국들은 러시아에 전쟁에 대한 책임을 추궁하기 위해서 다시 선전포고하고 또 다른 전쟁을 수행해야 할까? 그렇지만 이 전쟁에서 살상된 사람들은 한 번뿐인 생을 국가라는 이름의 관념체에 이미 빼앗겼는데, 어떻게 해야 하나? 우크라이나라는 국가와 그 전쟁 지도자 젤렌스키에게는 전쟁에 대한 책임이 없는가? 전쟁 자체가 근본적인 문제가 아닌가?

전쟁이 또 다른 정치로 허용되어서는 안 된다. 전쟁 자체가 일어나서는 안 된다. 이것이 바로 전쟁의 근원적인 삼중난국(trilemma)이다. 그런데 우크라이나와 러시아 간의 전쟁을 둘러싸고서 다수의 국가와 그 권력자들은 말로는 전쟁을 반대하지만, 전쟁을 횡재(橫財)의 기회로 생각할지도 모른다.

아메리카합주국이 주도하는 북대서양조약기구(North Atlantic Treaty Organization, NATO)의 회원국들은 직접적인 군사개입은 하고 있지 않지만, 자유민주주의 체제를 지킨다는 미명하에 우크라이나에 살상무기 제공 등의 군사원조를 통해 자국의 군수산업자에게 막대한 돈을 벌게 하고 있다. 언론 보도에 따르면, 지금은 탄핵당해 파면된 한국의 전 대통령이 유럽을 순방할 때, 예정에 없었음에도, 갑작스럽게 러시아와 전쟁 중인 우크라이나를 방문해 젤렌스키 대통령을 만나, 대한민국도 우크라이나의 우군이라는 것을 알리며 전후 복구의 이권을 선점하기 위해서 전쟁을 부추기고 돌아왔었다.

이러한 문제는 논외로 하더라도, 젤렌스키나 푸틴이 자국의 젊은이들에게 국가를 위해 "목숨을 바쳐라!"라고 강제할 수 있는 권력

(Power, Macht)은 가지고 있을지 모르지만, 그들이 권리(Right, Pecht)를 가지고 있다고 할 수 있는가? 또 전쟁이라는 상황을 빌미로 양국의 군인들이 서로를 향해서 총을 쏘고 폭탄을 퍼부어 무고한 사람들을 살상하고 재산을 파괴해도 범죄가 되지 않는 것일까?

전쟁의 원인이 무엇이든, 현행 국제법상 합법적인 전쟁이든 불법적인 전쟁이든, 어느 측에 전쟁의 책임이 있는가를 떠나서, 전쟁은 최고 최대의 국가폭력으로서 절대악(絶對惡)이다. 우크라이나인 한 명의 목숨과 러시아인 한 명의 목숨의 가치는 같다. 그런데 우크라이나 병사들은 '우크라이나를 위해서'라는 명분으로 목숨을 바치도록 강제된다. 러시아도 마찬가지다. 하지만 매스컴에서 전쟁으로 사망한 사람들이 러시아 군인 ○만 명, 우크라이나의 민간인 ○만 명이라고 꼽는다고 해도, 우리 각자가 어느 한쪽, 즉 우크라이나의 국가권력자 젤렌스키 또는 러시아의 국가권력자 푸틴을 응원하고 지지하든, 이러한 보도가 전사한 개개인의 삶에는 어떠한 기쁨이나 슬픔도 전할 수 없는 것이 아닌가?

우리는 여기에서 근원적인 질문에 봉착한다. 왜 '국가'와 '민족'을 위해서 죽어야 하는가? 도대체 '국가'란 무엇이고 '민족'이란 무엇인가? '민족'은 반드시 '국가'를 가져야 하는가? '민족'과 '국가' 없이 평화롭게 살 수 있는 길은 없는가?

국가(state)와 민족(nation)은 근대국가의 기반이자 그 법규범 질서의 근간이 되는 주제이다. 이는 우리의 실정법, 최고 법인 헌법의 근저에 있는 주제이기도 하므로 한국 법철학에서도 중요한 주제라 할 수 있다. 특히 헌법 제39조는 "모든 국민은 법률이 정하는 바에 따라 국방의 의무를 진다"라고 규정하며, 이는 실정법상 모든 국민에게 부과되는 가장 기본적인 의무 가운데 하나로 작동한다. 여기서 말하는 '의무'란 개인의 자발적 의사와는 무관하게, 국가에 의해 강제되는 법적·제도적 부담을 뜻한다.

국방의무의 핵심은 병역의무다. 병역의무는 평시에는 안보체제의 일환으로, 국가 방위를 위한 제도적 장치로 이해되지만, 전시(戰時)에는 그 본질이 급변한다. 그것은 국가를 위해 개인이 자신의 목숨을 바쳐야 하는 순국(殉國)의 의무이자, 전쟁 상대국의 국민—특히 군인—을 살상하고, 적국의 시설을 파괴하며, 재산을 유린하는 공격적 실행의 의무로 변질된다. 즉 대한민국에서 병역의무는 궁극적으로 '다른 국가에 대한 방위'라는 이름으로 수행되는 전쟁의 의무다. 전시 상황에서 이 의무는 단순히 고통을 감수하는 수준이 아니라, 국가라는 실체를 위해 국민이 피를 흘려야 하며, 최악의 경우 대체 불가능한 유일한 생명까지 바쳐야 하는 피와 생명의 공양(供養)의무로 구체화된다. 동시에 전장에서는 '적(敵)'이라는 이름으로 지칭되는 타인을 무차별적으로 살상해야 하는 행위, 곧 반(反)생명적 행위로 현실화된다.

여기서 우리는 중대한 윤리적·헌법적 긴장을 목도하게 된다. "사람을 살상하지 말라"는 명령은 동서고금을 막론하고 인간에게 요청되는 가장 근본적인 도덕률이다. 그것은 누구에게나 동일하게 작용하는 정언적 금지명령(Kategorischer Verbotsimperativ)이며, 인간의 존엄과 가치를 최고 원리로 삼은 헌법 제10조가 당연히 전제한 지고한 가치이다. 그러나 전쟁의 국면에서는 이러한 금지명령이 "인간을 살상하라"는 반대의 명령, 특히 군인에게는 정언적 실천명령으로 전환된다. 이와 같이 헌법이 지향하는 규범적 가치와, 헌법이 요구하는 현실적 의무 사이에는 심각한 모순이 발생한다.

이 모순은 헌법이 국가가 인간의 존엄을 보장하는 수단이어야 함에도, 전쟁 시에는 인간의 생명을 수단화하며 국가라는 목적에 종속시킨다는 점에서 더욱 두드러진다. 전쟁기계화된 국가 속에서 목적과 수단은 전도되고, 국가는 목적이 되며 생명은 수단이 된다. 국가가 인간을 보호하기 위해 존재한다는 헌법적 이념은 전장에서는 완전히 전복된다.

그렇기에 병역의무를 단지 헌법이 정한 국민의 기본 의무로서만 이해해서는 안 된다. 병역법이 국방의무를 구체화한다고 하더라도, 전시 상황에서 병역의무는 인간의 삶을 파괴하고, 타인의 생명을 침해해야 하는 실질적 강제가 되며, 이는 존엄의 파괴로 이어질 수 있다.

따라서 우리는 병역의무가 지닌 또 다른 어두운 얼굴—살해의 의무, 생명 파괴의 의무—을 성찰해야 한다. 그것이 바로 법철학이 수행해야 할 가장 근본적인 물음 중 하나일 것이다.

2

국가와 민족을 위해 죽지 않을 자유

'민족(民族, nation)'이란 말은 19세기 말경에 한반도에 상륙했으니, 상당히 오래되었다. 20세기 초에는 '왜구(倭寇)'라고 멸시해 왔던 일본제국의 지배를 받으면서, '민족'은 한인(韓人)들에게 목숨까지 바칠 만큼 사무치는 말이 되었다.

일본제국의 식민지배에서 벗어난 후 다시 외세에 의해 한반도가 남과 북으로 갈라지면서, 특히 현실의 민족주의적 정치권력자들은 '하나의 민족을 위한 국가는 하나여야 한다'는 이른바 '일민족일국가주의(一民族一國家主義)'를 강박관념처럼 가지게 되었다. 이에 따라 두 국가의 합, 다시 말하면, '국가 통합(國家統合)' 또는 '국가 통합(國家通合)'이 아니라, 한쪽에 의한 다른 한쪽의 병합(倂合)을 민족통일(民族統一)로 관념화(ideologicalization)하고, 그것을 우리 모두의 소원으로까지 이상화(idealization)하기에 이르렀다.

이러한 상황은 대한민국의 현행 실정헌법에도 그대로 반영되어 있다. 이와 관련해서 우리 헌법, 특히 전문 및 제1장 총강의 기본 조항에 대한 설명을 약간 덧붙여 보겠다.

우리 현행 헌법은 전문에서 "대한국민(the people of Korea)"을 헌법 제정의 주체로 전제한다. 그런데 이 대한국민의 범위가 어디까지인지에 관해서는 아무런 언급을 하지 않는다. 제1조에서 이 헌법에 의해서 설립되는 "대한민국(the Republic of Korea)"이 민주공화국이고, 그 주권이 "(대한)국민"에게 있다고 선언하면서 제2조에서 그 국민의 요건을 법률로 정하도록 위임하고 있다. 그런데 제3조에서 대한민국의 영토를 한반도와 부속도서로 한다는 것을, 제4조에서 대한민국은 평화통일을 지향한다는 것을, 제5조에서 침략전쟁을 부인하고 국군은 국토방위의 신성한 의무를 수행하는 것을 사명으로 한다는 것을 규정하고 있다.

이러한 조항들은 규범논리적 차원에서 그야말로 모순의 극치라고 해도 과언이 아니다. 헌법은 제3조에서 대한민국의 영토를 한반도와 부속도서로 한다고 규정하여 국가로서의 북한(정확하게 말하면 조선민주주의인민공화국)의 존재를 부정하므로 북한에 정주하고 있는 한인들은 헌법제정의 주체인 대한국민에 포함된다고 할 것이다.

그렇지만 문제는 북한 주민들을 배제하고서 이 헌법이 제정되었던 것이다. 그뿐만 아니라 제4조에서 대한민국은 평화통일을 지향한다는 것을, 제5조에서 침략전쟁을 부인하고 국군은 국토방위의 신성한 의무를 수행하는 것을 사명으로 한다고 규정하는데, 이들 3개 조항은 한편으로는 국가로서 북한의 실체를 부정하면서, 다른 한편으로는 국가로서 북한의 존재를 인정하고 있다. 즉 제3조에는 북한의 존재가 부정되고 있으나, 제4조에는 북한의 존재를 전제한다. 왜냐하면 제3조에서는 조선민주주의인민공화국의 영토까지 대한민국의 영토로 규정하여 조선민주주의인민공화국을 대한민국과 동등한 국가로서 인정하고 있지 않으나, 제4조가 규정하는 평화적 통일은 조선민주주의인민공화국을 대한민국의 동등한 대화 당사자로 인정하지 않고서는 불가능하기 때문이다. 또 제3조를 전제로 해서 제5조를 해석한다면, 북한에 대한 공격은 영토 회복을 위한 방어적 의미가 있는 전쟁으로 해석될 것이고 또 국군은 언제든지 북한을 정복하여 영토를 회복해야 할 신성한 사명을 띠고 있다. 그러므로 제3조에 따르면 적어도 규범적 차원에서는 제4조가 규정하고 있는 평화통일의 실현은 불가능하게 된다. 이에 반해서 제4조는 제3조의 규범적 의미를 부정한다. 또 제4조에 의해서 대한민국의 국군은 제5조 2항이 규정하고 있는 국군의 신성한 사명을 수행하는 군사적 방법에 의해 북한을 공격하여 영토를 회복하는 것이 금지된다. 그러므로 헌법 제3조, 제4조 및 제5조는 규범적 차원에서 서로 충돌하고 있다.

그뿐만 아니라 제3조는 헌법이 일정한 시간적 제약 내에 존재하는 유한한 정치조직인 국가의 정치적 규범이라는 사실을 부정한다. 아무리 1948년에 성립된 제헌헌법이 전문에서 유구한 한민족의 역사성을 강조하면서 대한민국이 상해임시정부의 법통을 계승했다고 선언하더라도, 대한민국이 성립할 당시 한반도 북부에서 북한 정권은 이미 국가로서 그 실체를 갖추고 있었다. 이러한 사실에 근거해서 볼 때, 헌법 제3조는 사실에 반하는 규범으로서 무효라고 할 것이다. 만약 헌법 제3조가 역사적 차원에서 그저 상징적 의미만을 가질 뿐이라면, 오히려 대한민국 영토의 범위를 더욱 확장하는 것이 더 아름답고 웅장하게 보였을 것이다. 공상과학소설에서나 볼 수 있을 듯한 대제국의 헌법처럼, 이를테면 '대한민국의 영토는 아시아 대륙 또는 지구 전체 또는 태양계 또는 우주 전체로 한다'라고 규정하였더라면 훨씬 더 멋있는 헌법이 되지 않았을까 생각해 본다. 어떻든 우리 헌법 제정자는 헌법 제3조와 제4조에서 민족을 중심으로 하는 민족주의와 민족과 국가를 동일시하는 소위 '일민족일국가주의'를 상정하고 있다.[1]

도대체 왜 하나의 민족은 하나의 국가권력을 가져야 하는가? 이는 어떠한 경우에 가능한가? 민족이 국가(권력)를 결정하는가? 국

1 '일민족일국가주의'는 하나의 민족이 가지는 생활 터전의 역사적 영역과 그 민족의 현실적·정치적 공동체로서 국가의 영역이 일치한다면 가장 이상적일 수도 있겠지만, 이러한 이상이 정치적 현실은 아닐 수 있다. 즉 역사의 어느 한 시기에 있어서 한민족(韓民族)의 역사적 생활 터전인 지역의 범위와 하나의 정치적 조직체인 국가로서 대한민국의 영토는 엄연히 다를 수 있다. 양자를 분명하게 구분하고, 또 후자의 범위를 현실에 따라서 결정할 때 진정한 의미에서의 평화를 지향할 수 있는 것이다.
하지만 우리 헌법 입안자들은 일제 식민통치하에 받았던 민족적 서러움에 너무나 한이 맺힌 나머지, 헌법이라는 것이 한 민족의 조직규범이 아니라 한 정치적 공동체 또는 조직체의 기본적 규범일 뿐이라는 사실을 망각하고 있었다. 헌법 제4조가 규정하는 '평화적 통일'이란 관념도 마찬가지다. 즉 헌법 제4조의 경우와 같이 '민족'을 중심으로 하는 '평화적 통일'이 아니라, '국가'를 중심으로 하는 '평화적 국가통합'이 되어야 할 것이다. 현실에 있어서 민족을 중심으로 국가를 생각하는 것은 분쟁을 일으킬 뿐이다. 이러한 관점에서 본다면, 헌법 제3조는 이를테면 '법적 난센스'라고 말하지 않을 수 없다. 헌법 제4조의 평화통일에 대한 해석론도, 한민족이 분단되었다고 하는 표현 자체도 성립될 수 없기 때문에 '분단된 한민족의 재통일'의 차원이 아니라, '두 독립국가의 통합'이라는 차원으로 전환되어야 한다고 생각한다.

가(권력)가 민족을 결정하는가?

현재 한반도에는 '휴전선'이라는 전선(戰線)을 경계로 남과 북에 두 국가가 마치 불구대천의 원수와 같이 대립하고 있다. 남북의 각 지역을 지배하는 정치권력은 일제 식민지배, 광복, 외세에 의한 분단과 격렬한 이데올로기의 대립에 따른 내전의 역사를 배경으로 항상 민족통일이라는 기치를 내걸고 강력한 지배력을 행사하고 있다. 양쪽의 국가권력은 그 공간에 사는 사람들에게 '민족통일'을 위한 전쟁에서 '국가'를 위해서 목숨을 바칠 것을 강요한다.

이러한 정치적 현실에서 한반도의 남쪽과 북쪽에 사는 사람들에게 '한(韓)'이라는 '민족'은 지배권력이 만들어 낸 역사적·문화적 구성물이 아니라, 마치 신화 속에만 존재하던 군주인 단군이 실제로 자식을 낳아 그 후손이 퍼져 형성된 '원초적인 혈연공동체'인 것처럼 각인되어 있다. 그래서 우리는 상상 속의 '민족공동체'라는 관념에, 그것이 마치 본능의 일부인 것처럼 애착을 갖게 되는 것 같다. 그러나 이제 역사적·문화적 구성물로서의 '민족'과 민족주의 담론이 가진 허구성에 대해서 냉정하고 엄중한 분석과 성찰이 우리에게 요구되고 있다. 그러한 언설(言說)과 담론 혹은 신념은 누구를 위해서, 누구에 의해서 조작되었는가? 그것은 지배집단에 의해 주입된 정치적·문화적 마약(narcotics)이 아닌가?

물론 누구나 그러한 마약을 즐길 수도 있다. 그것은 각자의 자유로운 선택이라고 말할 수도 있다. 그러나 다른 선택도 할 수 있어야 하지 않을까? 우리 각자가 구성원으로 속해 있는 국가가 어떠한 국가이든 각자에게는 국가를 위해 죽을 자유도 있지만, 죽지 않을 자유도 있는 것이 아닌가? 그러나 국가를 위해서 죽지 않을 자유와 권리는 국가에 의해서 보장되지 않는다. 이것이 국가적 자유의 한계다. 그렇지만 국가적 자유의 한계를 벗어나는 것도 자유가 아닌가? 이것은 우리 각자만이 선택할 수 있지 않을까? 만약 원한다면, 누구라도 국가를 위해 죽기를 거부할 수 있어야 하는 것이 아닌가?

3장

순국 찬양의 기원

애국주의(patriotism)란 국가권력자가 인민의 복종을 미화하는 달콤한 사탕이다. 전쟁 시에 그것은 죽음에의 용기를 북돋우는 치명적인 마약으로 변한다. 그 마약은 죽음으로 가는 지름길이다.

1

순국 찬양의 관습

우리나라에서는 1956년 4월에 대통령령 제1145호「관공서 공휴일에 관한 건」에 기하여 매년 양력 6월 6일을 '현충기념일'로 지정했다가, 1975년 12월「관공서 공휴일에 관한 규정」을 개정해서 '현충일'로 공식적으로 개칭하고, 다시 1982년 5월「각종 기념일 등에 관한 규정」에 따라 현충일을 법정기념일로 정했다. 현충일은 국가(권력)가 주도하여 국가를 지키기 위해 목숨을 바친 사람들의 정신을 받들고, 국민이 이를 기리도록 하는 날이다. 이날에는 국가가 특별한 기념행사를 하며 국가의 상징인 국기도 조기로 게양한다. 이렇게 국가를 위해 목숨을 바쳐 먼저 죽은 분들을 순국선열(殉國先烈) 또는 애국선열(愛國先烈)이라고 드높인다. '현충(顯忠)'이란 '충(忠)을 드러내다'라는 뜻으로, 어떠한 대상에게 자기(自己)의 충성(忠誠)을 바친다는 의미다. 여기에서 '충성'의 본래적 의미는 '마음에서 우러나는 정성(精誠)'을 뜻하지만, 주로 '국가나 군주에게 몸과 마음을 바친다'라는 뜻으로 사용된다. 이렇듯 현재 지구상에 존재하는 국가들은 당해 국가가 존재하기까지 그 나름으로 상당한 전란을 거쳤기에, 국가를 위해서 목숨을 바치고 희생된 자를 추모하는 행사를 하고, 순국을 찬양하고 고양하는 것이 통례다.

서유럽에는 "Dulce et decorum est pro patria mori"라는 라틴어 구절이 오래전부터 내려오고 있다. 이것은 잉글리시로 'Sweet and honorable it is to die for one's country'라고 번역되고, 도이치어로는 'Süß und ehrenvoll ist es, fürs Vaterland zu sterben'으로 번역된다. 우리말로 번역하면 '조국을 위해서 죽는 것은 아름답고 명예스러운 것이다'라고 풀이할 수 있다. 조국을 위하여 목숨을 바치는 것을 미화하고 앙양하는 이른바 순국을 찬양하는 표현이다. 논의의 시야를 넓혀 먼저 순국찬양론의 역사를 살펴보도록 하자.

2

고대 그리스·로마 시대 순국의 의미

조국(patria)이라는 말

유럽어 'fatherland(잉글리시)' 또는 'Vaterland(도이치어)' 등을 그대로 우리말로 번역하면 '아버지(父)의 나라', 즉 '부국(父國)'이다. 그런데 우리는 강한 애국심(patriotic passion)을 동반하기 위해 '아버지'보다 서열이 높고 뿌리가 더 깊다는 의미에서 '할아버지 조(祖)'를 붙여 '조국(祖國)'이라고 번역해서 쓰는 것 같다.

유럽어 'fatherland' 또는 'Vaterland' 등은 '아버지의 땅'을 뜻하는 라틴어 'terra patria'에서 기원했다.[1] 이렇듯 고대 그리스·로마에서 '조국'은 바로 '선조의 땅(terra patria)'을 의미했다. 조국은 선조의 유골이 묻혀 있고 그의 영혼이 점유하는 땅이다.

고대 그리스의 아테네 사람들은 아테네를 "폴리테이아(πολιτεία,

Politeia)"라고 하고, 시민권을 가진 자신들을 "폴리티스(πολίτης, polítis; 복수형 πολίτες, politês)", 즉 '시민'이라고 부르며 자랑스러워했으며, 폴리스 시민권이 없는 주변 지역 사람들을 '야만인'으로 취급했다. 이들 야만인 사이에서는 출신 지역에 따라 같은 지역 출신들을 '파트리오타이(patriotai, 同鄕人)'라고 불렀다고 한다. 이렇듯 아테네 시민이 아닌 야만인들은, 마치 서유럽에서 근대의 '스테이트(state)'가 성립되기 전에 출신 지역에 따라 같은 지역 출신 사람들을 "○○네이션(nation)"이라고 불렀듯이, 그의 연고지에 따라서 명명되었다고 한다. 그 후에 폴리스의 판도가 확장되면서 고대 그리스뿐만 아니라 로마에서도 '파트리아(πατριά, patriá)' 혹은 '파트리스(πατρίς, patrís)'라는 말이 주로 '국가'를 가리키는 용어로 사용되었다.

고대 그리스에서 '국가'란 오늘날의 발칸반도 남쪽 주변도 포함하는 것이었고, 고대 로마에서는, 로마의 시(詩)에서 자주 언급되었듯이, 이탈리아반도 전체로 확대되는 지역을 표상하기도 했다.[2] 그

1 라틴어 'patria'는 세대(generation), 조상(ancestry), 가족(family), 종족(tribe)이라는 뜻의 고(古)그리스어 '파트리아(πατριά, patriá)'에서 왔는데, '조상의 땅'이라는 '파트리스(πατρίς, patrís)'에서 기원한 것이다. 이것은 '땅(land)', '나라(contury)'라는 뜻의 명사 'terra'와 '아버지의(fatherly, paternal)' 또는 '조상의(ancestral)' 및 '세습의(hereditary)'라는 뜻의 형용사 'patrius'로 이루어진 'terra patria'에서 앞의 'terra'가 생략되고도 동일한 의미의 명사로 관용적으로 사용되었다. 'terra patria'는 '조상의 땅' 또는 '상속지'라는 뜻이다.

2 그렇지만 스토아학파에서는 물론 다른 고대 유럽철학의 학파에서도 '조국(patria)'의 관념은 그들이 그 시민으로서 속해 있는 우주, 즉 '코스모스(cosmos)'를 의미하는 것이었다. 그러나 이 개념은 철학적 또는 종교적이기 때문에, 정치적인 것은 아니었다. 이 경우에 '조국(patria)'이라는 관념은 특정 국가나 특정 민족이라는 틀의 가치관에 얽매여 있는 현재의 정치적 지향에 대한 개방적 태도를 의미하는 '세계시민주의' 또는 '세계주의'라고 번역되는 '코스모폴리타니즘(cosmopolitanism)'으로, 이러한 태도를 지닌 사람들을 '코스모폴리탄(cosmopolitan)'으로 전제한다.

후 로마가 지중해 전체로 그 판도를 확장하여 이른바 로마제국이 되면서, 물론 로마제국 혹은 '로마 세계' 전체가 '조국'으로서 언급되었던 것은 아니었지만, '조국'이라는 말의 개념은 상당히 변화했다. 만약 병사가 갈리아나 스페인 또는 시리아의 방위를 위해서 전사(戰死)했을 때 그 전사가 '조국을 위한' 영웅적 죽음이라고 칭송되었다면 그것은 '로마 국가'를 위한, 즉 로마와 로마가 표시하는 모든 것들, 그 신들 혹은 '여신 로마', '조국의 아버지'인 황제, 로마에서의 교육과 생활 일반을 위한 죽음이고, 그가 우연히 방위하게 되었던 지역을 위한 죽음은 아니다.[3] 여기에서 '조국'은 실제 언제나 같은 것을 의미하지는 않았지만, 그 후에 보통 정치체로서 '국가' 자체를 의미하게 되었다.

고대 그리스 · 로마 시대 순국자의 신격화

고대 그리스에서는 '폴리스(polis)'[4]라는 도시공동체를 위한 전쟁에서 죽은 시민들이 높은 존경을 받았다.[5] 그 이유는, 정확하게 고증

3 로마는 '도시'와 '도시'로 연결되어 있었다. 이에 대해서는 Joseph Vogt, *Orbis Romanus,* Tübingen: Mohr, 1929 참고.

4 폴리스(πόλις, polis)는 시민권 또는 시민에 의한 정체를 가리키는 그리스어다. 우리나라에서는 고대 아테네 등 고대 그리스와 관련해 사용되는 경우에는 '도시국가'로 번역하는 것이 보통이지만, 여기에서는 '국가'로 번역하기로 한다.

된 것은 아니지만, 여러 가지이고 또 상당히 복잡했던 것 같다. 초기에는 사자(死者)의 부활에 대해서, 살아남은 사람들이 막연히 품었던 집단적인 공포와 같은 미신적인 신앙이 저변에 깔려 있었던 것이 아닌가 싶다. 그래서 시간이 흐르면서 사자를 신격화하려는 의사(擬似)종교적 욕구가 생겼다. 고대 그리스의 역사에서 전쟁영웅을 높여서 신과 같은 지위로 격상한 것은 기원전 5세기까지 거슬러 올라갈 수 있다. 이와 관련해서는 아테네를 중심으로 한 델로스 동맹과 스파르타를 중심으로 한 펠로폰네소스 동맹 사이에서 주도권 쟁탈전인 펠로폰네소스 전쟁(Peloponnesian War, BC 431~BC 404)을 상기해 보는 것만으로 충분할 것 같다. 고대 아테네에 케라메이코스(Κεραμεικός, Kerameikos)[6]나 트몰로스(Τμῶλος, Tmōlos)[7]라는 넓은 길이 있다. 그 길 양측에 있는 공적인 묘지에 '국가' 아테네를 위해 전쟁에서 죽은 시민들이 모셔져 있고, 거기에서 고대 아테네 최대의 정치가 페리클레스(Perikles, BC 495?~BC 429)가 펠로폰네소스 전쟁의 최초 희생자를 신들 사이에 차례로 줄을 세워 놓고서 장례연설을 했다고 한다.[8] 로마의 서사시인 푸블리우스 베르길리우스 마로(Publius Vergilius Maro, BC 70~BC 19)는 그의 미완성 장편 서사

5 이와 관련해서는 Numa Denis Fustel de Coulanges, *La cité antique: étude sur le culte, le droit, les institutions de la Grèce et de Rome*, Paris, 1864; 田邊貞之助 訳,『古代都市: ギリシア-ロ—マに於ける宗教·法律·制度の研究(上)』, 白水社, 1944, 특히 제13장 362~367쪽 참고.

6 케라메이코스(Κεραμεικός, Kerameikos)는 그리스 아테네의 한 지구로 아크로폴리스 북서쪽에 위치하는 지역의 이름이다.

7 그리스 아테네에 있는 산의 이름이다.

시 『아이네아스(Aeneas)』[9]에서 순국자를 흰색 리본을 머리에 두르고서 사제(司祭)나 예언자와 함께 사는 사람들로 묘사한다.[10] 이러한 역사적 정황에 관련해서는 고대 로마의 정치가 키케로(Marcus Tullius Cicero, BC 106~BC 43)와 시인 호라티우스(Flaccus Quintus Horatius, BC 65~BC 8)라는 이름을 언급하는 것으로 충분할 것이다. 그 후에 순국의 신성성(神聖性)은 이탈리아의 문예부흥기 시인이자 인문주의자 프란체스코 페트라르카(Francesco Petrarca, 1304~1374)와 근세 초기의 인문주의자들이 시민적 덕과 가치의 새로운 기준을 제시함에 따라 고대 로마에서 '조국을 위한' 죽음을 높이 숭상하고 이것을 윤리적 가치의 체계로 고양시켰던 것에 의해 재생되었다.

8 George Karo, *An Attic Cemetery: Excavations in the Kerameikos at Athens*, Philadelphia, 1943, p. 24f.

9 아이네아스(Aeneas)는 고대 그리스·로마 전설에 나오는 트로이의 영웅 이름이다. 그리스 이름은 아이네이아스(Aineias) 또는 아이네아스(Aineas)이다. 카르타고에서 여왕 디도와 사랑에 빠지기도 했으나 신의 명령으로 로마에 들어가 네 부족을 평정하고 로마 왕이 되어 나라의 기초를 닦았다. 그 자손이 로물루스라고 불리며, 로물루스의 로마 건국 신화를 노래한 것이 베르길리우스의 대서사시 『아이네아스』이다.

10 여기에 묘사된 순국자들이 바로 교회의 영광인 순교자(殉敎者)와 증성자(證聖者)의 선구자라고 해도 좋을 것 같다.

3

유럽 중세시대의 전사(戰死)

고대 그리스와 로마에서는 시민이 공동체를 위해서 전사하면 그 사자(死者)를 신격화했지만, 시민이 '조국을 위해서' 죽는 것 자체는 시민계급의 자기 이익을 위한 것이었다. 약간 중립적으로 말한다면, 누구라도 자신의 조국을 위해서 죽을 수 있도록 종교적 방향(芳香)과 의미에서 전사(戰死) 자체를 본격적으로 신성(神聖)으로 승화시켰던 것은 아닌 것 같다. 물론 그 후 고대 그리스와 로마의 시민적 사고(思考)가 여러 면에서 중세 유럽 사상의 형성에 많은 영향을 미친 것은 사실이다.

고대 그리스와 로마 초기에 도시국가(polis)에서 형성된 '조국을 위해서' 죽어야 한다는 시민적 모델이, 노예제 혹은 원시공동체가 붕괴되면서 새로운 기반 위에 성립한 계급사회로서의 중세 유럽, 곧 봉건제를 중심으로 한 경제적 사회구성체에는 쉽게 수용될 수 없었던 것 같다. 그 대신 그것은 지배권력자인 영주에 대한 영민(領民)의 세금부담 문제로 비화되었다. 이때 세금징수에 대한 저항을 해결하기 위해서 '조국' 개념이 다시 출현한다. 봉건 군주를 위한 몸값(유괴 등의 몸값), 군주 장자의 기사 서임(騎士敍任), 군주 장녀의 지참금이라는 봉건제의 3가지 기본적 공양(供養)은 고대적 또는 근대적 의미에서의 지역과 국가, '조국'과는 전혀 관계가 없는, 군주에 대한 사적(私的)인 세(稅)였다.

12세기까지 나중에 '제의 원조'라고 불린 제4의 사례가 출현했다. 이는 '왕국 방위를 위한' 과세다.[11] 아메리카합주국 출신 중세사가인 조셉 R. 스트레이어(Joseph Reese Strayer, 1904~1987)는 아주 자극적인 짧은 논문에서 프랑스의 카페 왕조 루이 6세(Louis VI le Gros, 재위 1108~1137)가 라인강을 넘어온 다른 봉건영주의 공격을 받았을 때(1124), 제단에 왕기를 놓고 '왕국의 방위를 위해' 기도를 올리며, 프랑스와 그 왕가의 수호성인 세인트 드니에게 제사를 올렸던 생 드니(Saint-Denis) 수도원에 가서 시주(施主)했던 것을 지적한다. 즉 '왕국 방위를 위해서' 신의 도움을 필요로 했던 것이고, 그것은 교회에 '시주하는 것'에 의해서 확보되었다.[12]

11 12세기의 왕국 방위를 위한 과세에 대해서는 Ernst Kantorowicz, *Kaiser Friedrich der Zweite,* Erg. Bd. Berlin, 1931 참고. 이에 따르면 로마 교황 마르티누스 4세(Martinus IV, 1210?~1285)가 프랑스 왕 루이 8세의 아들 샤를 단주(Charles d'Anjou, 1226~1285)에게 보낸 편지(1283)에서 "프리드리히 2세(Friedrich II)가 성지에서 돌아온 후, '정규로 징수하는 보조금'을 도입하였다"라고 기술했다고 한다.

12 Joseph R. Strayer, "Defense of the Realm and Royal Power in France," *Studi in Onore di Gino Luzzato,* Milan, 1949, p. 289ff.

13세기 말에 관계는 확실히 역전했다. 그때 이미 왕은 '왕국의 방위를 위해서' 시주를 받는 대신에, 탈취하게 되었다. 왕은 왕국이 긴급상황일 때 세를 부과하고, '왕국의 필요를 위해서' 교회에도 조세를 부과했다. '왕국의 필요를 위해서' 또는 '방위를 위해서' 그러한 세는 기존에 교황에 의해 '성지의 방위(와 필요)를 위해서' 모든 교회 또는 일부의 교회에서 징수되었던 십자군세[13]의 양식을 그대로 답습했다. 십자군의 목적은 초기에는 늘 그랬듯이 보통 이교도에 대한 공격을 위한 전쟁이 아니라 방위의 전쟁으로서, 즉 성지에 있는 크리스트교의 형제자매와 교회의 방위로서 공식적으로 기술되어 왔기 때문이다. 일찍이 노르만 왕조의 시칠리아 왕들은 방위 전쟁의 이념을 자신들의 왕국으로 도입하여 그것에 따라서 왕국의 방위와 필요를 위해서 세금을 매겼다. 간단히 말하면, 예루살렘과 성지라는 '주 크리스트 왕국'의 선(善)은 '프랑스' 또는 '시칠리아 왕의 왕국'에서도 선이었다. 다시 말해 프랑스 또는 시칠리아 왕국의 왕이 예루살렘의 여호와와 동급이 된 것이다.

중세 유럽에서 이러한 조세는 한 번 확립되면, 좀처럼 사라지지 않았다. 다만 그것을 징수하는 때에 사용되었던 말이 때때로 변했을 뿐이다. '왕국의 방위와 필요를 위해서'라는 오래된 논거는 최고의 봉건 군주인 '왕의 방위를 위해서'라는 표현도 추가되어 꾸준히 유지되었고, 현재에도 여전히 사라지지 않고 있다.[14] 13세기 후

13 중세 교회에서 십자군세는 총수익의 10분의 1세, 15분의 1세, 20분의 1세 등으로 다양했다고 한다.

반, 특히 프랑스에서는 조국의 보호를 위한 혹은 조국의 방위를 위한 조세가 과해졌다고 한다. 그리고 1302년에 프랑스의 필립 4세는 성직자들에게까지 보조금을 요구했는데, 그것은 성직자도 조국의 보호를 우선시해야 한다는 이유였다. 즉 고대의 선조들이 그렇게 했듯이 조국을 위해서 누구나 싸워야 한다는 것이 당연한 의무로 명령된 것이다. 그러므로 조국에 태어난 자는, 그가 설령 성직자일지라도 조국의 방위를 위해서 싸워야 한다는 것이었다. 여기에서 '조국'이라는 결정적인 말이 고대의 모델로 돌아가면서 영역적인 '국가'를 가리키는 상당히 근대적인 의미의 '국민국가(nation state)'와 같은 모습으로 부각되었다. 즉 13세기 말까지, 프랑스의 국민적 왕국은 스스로를 '조국'으로 부르고, '태어난 조국의 방위를 위해' 교회에 대한 세도 포함해서 세를 부과할 수 있을 만큼 충분히 강대해졌다.

전사(戰士)의 영웅적인 자기희생은 중세에도 존재했다. 다만 그들은 하나의 지역 또는 '국가'의 이념을 위해서가 아니라, 군주나 주인을 위해서 자기를 희생했다. 그것은 순교자가 주 크리스트를 위해서 죽는 것과 비교할 수 있다. 이 주군(主君)과 봉신(封臣)의 관계, 사적인 충성에서 귀결하는 사적인 희생에 대해서 중세 문학은 지나칠 정도로 높게 평가했고, 때로는 그 영광을 찬미했다. 주군에 대한 공격이 있으면, 봉신은 샹파뉴 공작(公爵)(Duc de Champagne)[15]

14 이들 문제에 대해서는 Gaines Post, "Plena potestas and Consent in Medieval Assemblies," *Traditio I*(1943), 371ff.; 같은 이, "The Theory of Public Law and the State in the Thirteenth Century,"(1943), 371ff.; *Seminar VI*(1948), 42ff, 특히 55ff. 참고.

을 따른다든가, 부르고뉴 백작(伯爵)(Comté de Bourgogne)[16]을 지키는 것이 당연한 의무가 되었다. 중세 그림에는 고대 풍으로 그 지역을 의인화했던 것도 남아 있지만, 피를 흘릴 가치를 부여해 주는 것은 그곳을 다스렸던 지배자, 즉 '공작(duc)'이나 '백작(comte)'이고, '영원의 부르고뉴'라든가 '샹파뉴의 이념'이라는 것은 없었다.[17] 이렇게 '조국'은 고대의 특징이었던 정서적 내실과도 관계가 없으며, 근대의 국가적 영토 혹은 영토국가와도 일치하는 것이 아니었다.

15 샹파뉴 공작(comtes de Champagne)은 프랑크 왕국의 샹파뉴(Champagne) 지방을 1022년부터 1314년까지 지배했던 영주들을 지칭하는 말이다.

16 부르고뉴 백작(Comté de Bourgogne)은 프랑크 왕국의 부르고뉴(Bourgogne, 현재의 프랑스 동부 프랑슈콩테)를 지배한 제후들을 지칭하는 말이다.

17 Kurt Weitzmann, *The Joshua Roll*, Prinston, 1949, figs. 65, 67, 69, 73 참고.

4

크리스트교에 의한 순국의 종교적 이데올로기화

중세 유럽 사람들이 품고 있던 순국(殉國)의 의미와 성격을 결정적으로 변화시켰던 것은 크리스트교였다.[18] 기원후 2세기 또는 3세기에 쓰인 것으로 추정되는, 초기 크리스트교도를 변호(辯護)하는 작

18 오늘날 우리가 알고 있는 근대국가의 정치적 또는 법적 관념들 가운데 상당수는 중세 크리스트교적 관념이 세속화되거나 타락한 결과라고 볼 수 있다. 순국사상 또한 그중의 하나다. 이러한 맥락에서 오스트리아 출신의 신학자이자 철학자인 이반 일리치(Ivan Illich, 1926~2002)의 말을 떠올리게 된다. 일리치는 서유럽의 근대성을 "크리스트교의 타락(The Corruption of Christianity)"이라고 표현하며, 그 기원을 가톨릭 세계(Latin Christendom)의 돌연변이에서 찾는다. 그에 따르면, 교회가 사람들로 하여금 크리스트교의 복음을 따르도록 하기 위해 교회의 궁극적 목적과 성직자의 절대적 권력을 정당화하였는데, 국가권력이 이를 변용하여 교회의 종교적 말씀(Dogma)을 정치적 이데올로기로 전환해 사람들의 복종을 유도하였다는 것이다. 이에 관한 자세한 내용은 Ivan Illich, *The Rivers North of the Future: The Testament of Ivan Illich* as told to David Cayley, House of Anansi Press Ltd, 2005(이한·서범석 옮김, 박홍규 감수, 『이반 일리히의 유언』, 도서출판 이파르, 2010)를 참조할 수 있다.

품(Christian apologetic work)인 『디오그네투스에게 보내는 편지(Letter to Diognetus)』[19]에서 저자는 크리스트교도에 있어서 이방(異邦)의 모든 곳이 그들의 조국이고, 조국에서 그들은 이방인이라고 쓰고 있다.[20] 유럽에서 사람들을 지상의 '조국'에 결속시키는 끈(絆)은 로마 제국 후기에 이미 느슨해졌고, 그러한 의미를 거의 상실했던 것 같다. 중세에 들어와서 지상의 조국 개념은 크리스트교에 의해 천상의 조국 개념으로 대체되었고, 순국의 성격도 정치적 행위가 아닌 종교적 행위로 이해되었다.

이렇듯 성 아우구스티누스(Aurelius Augustinus, 354~430)는 "왜 그러한 인간이 칭찬을 받는가?"라고 의문을 제기하면서, "그의 나라를 사랑하는 자였기 때문인가? 현세에서는 그럴지도 모르지만, 그는 천상의 나라를 사랑하는 자는 아니었다"라고 분명하게 말하고 있다.[21] 아우구스티누스는 많은 사례를 수집하고, 로마인들은 인간의 영광과 지상의 나라를 위해 위대한 사업들을 성취했다고 하면서, 크리스트교도가 '영원의 조국'을 위해서 이와 동일한 것을 이룩하는 것은 아주 수월하다고 말했다.[22] 쿠르티우스(Marcus Curtius)는

19 "디오그네투스에게 보내는 서한(Epistle to Diognetus)"이라고도 한다. 통찰력이 풍부한 교부문학(An insightful piece of patristic literature)이다.

20 Karl Ludwig Schmidt, *Die Polis in Kirche und Welt(Rektorratsprogramm der Universität Basel)*, 1939, S. 49에서 인용. 이 책은 이 문제에 대해서 약간의 실마리를 준다.

21 Augustine, *Contra Gaudentium I*, 37, in Migne, PL, XL III, 729. 주요 증거는 『신국론』 제5권 특히 제18장이다. 여기서는 로마인이 순수하게 지상의 조국을 위해서 한 위대한 행위가 제시되고, 크리스트교도에 대해 더욱더 위대한 '천국을 위한' 행위를 하도록 고무한다.

고대 로마의 건국설화에 등장하는 신화적 인물이다. 그가 사비니(Sabini)인들의 대장으로서 깊은 도랑(溝渠) 위로 날아가 가짜 신들을 무찔러 평정해서 로마를 건설하는 데 최고의 희생을 했던 것에 비하면, 크리스트교도가 영원의 조국을 위해 자신을 바치기는 아주 쉽다는 것이다.

아우구스티누스를 비롯한 교부(敎父, 크리스트교 신학의 주춧돌을 놓은 이들)들의 가르침에 따르면, 크리스트교도는 '순국'을 통해서 '내세(來世)'라는 나라의 백성이 되었다고 한다. 즉 현세(現世)에서의 조국을 위한 죽음은 영적인 '조국'인 천상의 예루살렘을 위한 죽음, 혹은 순교자, 증성자(證聖者), 성스러운 처녀라는 사람들이 범례적으로 보여준 진정한 자기희생에 비하면, 윤리적으로 거의 의미가 없다는 것이다. 그들은 자신들이 바라는 진정한 '조국'인 천상의 불가시적인 공동체, 즉 천상의 나라를 위해 그 생명을 바친 사람들을 '성인(聖人)'이라 칭했다.

하늘나라, 즉 '하늘에 있는 조국'으로 최종적으로 돌아가고자 하는 것은 지상으로 추방되어 방랑하는 모든 크리스트교도 영혼의 당연한 소원이었다고 한다. 그래서 성직자는 전쟁터에서 죽은 군인들의 장례식에서 성스러운 천사가 고인(故人)의 혼을 받아들이고, '천국으로' 그를 보내도록 신에게 간원(懇願)하였으며, 천국은 고대에 내세를 나타내는 코이네 파토리스(koinē patoris: 공통의 조국)와 비교될 수 있는 크리스트교도의 공통 조국이 되었다.

22 이에 관해서는 아우구스티누스, 『신국론(De civitate Dei)』 제5권 18장 참고.

크리스트교에서 '조국(patris)'의 관념이 이처럼 종교적·윤리적으로 정의되긴 했지만, 그것이 봉건시대 서유럽에 있어서 '조국'의 정치적 의미와 동일하다고 말할 수는 없을 것이다. 그렇지만 이 말 자체는 그 이전부터 존재하였으며, 반복적으로 사용되었던 것은 확실하다.

중세 봉건시대에 '조국'의 의미는 근대적이라기보다 고대적인 의미에 가깝고, 실제로는 어떤 사람의 고향, 즉 '태어난 마을이나 촌'을 가리키는 것이었다고 할 수 있다. 예컨대, 전쟁에 나가는 기사(騎士)가 고향으로 안전하게 돌아오도록 배려한다든가, 어떤 사람이 '고향과 양친을 방문하기 위해서' 마을이나 지방으로 돌아온다는 식으로 사용되었기 때문이다. 그것이 가장 일반적인 '조국(patria)'의 의미였는데, 한편으로는 더 넓은 범위를 가리키고, 고귀한 의미를 지닌 고대의 '조국'이 크리스트교의 시대에 존속했던 것도 사실이다. 예컨대 프랑크 왕국 초기에 수도원의 수도사들은 교회 조직과 왕, 조국의 안녕을 위해서 또는 왕과 조국의 영원한 구원과 행복을 위해서 기도하는 것이 정해져 있었다. 그리고 '조국의 아버지'라는 칭호는 때때로 중세의 군주에 적용되기도 했다. 여기서 '조국'이라는 말은 단순히 어떤 사람이 태어난 특정 지역 이상을 의미한다.

근대문명을 낳은 역사상 대변화가 그랬듯이, '조국' 개념의 변화도 12~13세기까지 거슬러 올라가 살펴보면, 지상에서 하늘로, 다시 하늘에서 지상으로의 변화 과정을 보여준다. 그 변화가 무엇을 의미하는지를 추적해 보면, 봉건군주의 시대가 본격화되면서 '조국'의 관념은 천상에서 지상으로 내려와, 고대의 정서적 가치를 다시 갖게 되었다. 그러나 이후 '조국' 개념은 고대 도시국가의 한계를 넘어 국민적 왕국, 혹은 국민적 영토공동체의 가시적 상징으로서 '왕권'에 관련되는 개념이 되었다.

그러나 조국을 위해서 죽는 것은 순교자가 천상의 '조국'을 위해서 죽는 것과 등가치(等價値)인 것일까? 여기에서 해외 '성지(聖地)'의 '성스러운 토지'와 '사랑하는 프랑스', 즉 프랑스인의 조국 '성스러운 토지'가 비교된다. 시인 오비디우스(Publius Ovidius Naso, BC 43~AD 17)와 베르길리우스 등의 시에는 이탈리아 남부에 있는 지명(地名) '라티움(Lătiŭm)'이나 '아우소니아(Ausonia)'가 나온다. 이를테면 "보라, 아우소니아의 토지는 너의 것이다. 항해해서 그것을 가져라!"라고 한다든가 "이것은 신들의 의지에 의해 선택된 땅이다"라는 표현도 나온다. 이것은 프랑스의 경우도 마찬가지다. '프랑키아(Frankia)'라는 명칭이 '자유인의 조국'을 의미하듯이, 프랑스 왕국은 새로이 선택된 사람들의 토지를 의미했다. 또 '신에 의해 청결하게 된 프랑키아'로서 그 성스러운 토지를 위해 희생하는 것을 최고의 가치로 여겼다. 그것을 방위하는 일은 동포애에 비견할 만한 의사종교적인 가치를 지니게 되었다.

실제로 이와 밀접하게 연관된 것은 '성지의 방위' 문제다. 성지를 위해서 싸우고 죽은 사람들의 보수가 무엇인가를 생각하는 때에, 이는 분명해진다. 1095년 클레르몽 공의회(Council of Clermont)[23]에서의 포고는 교회법적으로 완전히 옳고, 비난할 수 없는 방식으로 십자군 전사에게 면죄부를 부여하였다. 클레르몽의 제2의 법령은 애매하게 해석될 여지 없이, 이 원정(遠征)이 모든 참회(懺悔)와 같은 것으로 보아야 한다고 기술한다.[24] 즉 교회의 계율이 지금까지 회개(悔改)를 위해 부과해 온 단식(斷食), 시주(施主), 기도(祈禱), 순례(巡禮)와 같은 속죄벌은 십자군으로 전쟁에 참여함으로써 모두 면제된다는 것이다. 즉 십자군의 전쟁 참가 그 자체가 속죄(贖罪)였다. 그러나 그것은 교회가 현세(現世)의 사람들에게 부과할 수 있는 벌(罰)의 면제이고, 죄 자체의 사면은 아니었다. 마르틴 루터(Martin Luther, 1483~1546)가 주도했던 이른바 종교개혁에 동참했던 사람들은 바로 이러한 구별을 부정했는데, 십자군 시대 사람들에게도 그러한 구별은 의미가 있지 않았다. 모든 사료(史料)에서 십자군 전사의 보수(報酬)로 언급되는 것은 기묘하게도 교회에 대한 부담의 면제가 아니라, '죄의 사면'이다. 교황 우르바누스 2세(Urbanus II, 1035~1099)조차, 클레르몽 공의회에서는 이것을 바르게 표현했음에도 불구하고, 공의회의 주장과는 다르게 해석했다. 그는 십자군에

23 공의회(公議會, Οικουμενικές σύνοδοι, concilium oecumenicum, ecumenical council)란 크리스트교에서 전 세계 교회로부터 주교(主教) 등의 정규 대표자가 모여 교의·전례·교회법 등에 대해 심의·결정하는 최고 회의인데, 각 공회의는 개최지 명(名)을 붙여서 ○○공회의로, 같은 지역에서 여러 번의 공회의가 행해진 경우는 각각 제○회를 붙여서 특정한다. 클레르몽은 프랑스 중부의 도시로서 중세 유럽의 가톨릭교에서는 중요한 곳이다. 여기에서 1130년까지 교리 등에 관한 중요한 종교회의가 모두 7회나 개최되었다. 제1회 클레르몽 공의회는 교황 우르바누스 2세에 의해서 1095년 11월 18일 중부 프랑스의 클레르몽(Clermont)에 소집되었는데, 여기에서 프랑스 국왕 필립 1세를 불의로 파문에 부치고, 최종일인 11월 27일에 제1회 십자군을 선포했다. 이 회의에서 채택된 32개의 조항에 이르는 결의는 신의 평화의 준수, 성직매매와 속인 서임의 금지, 성직자의 국왕이나 세속영주에 대한 충성 선서의 금지 등 교회개혁을 강력하게 추진하는 역할을 했다.

24 Carl Erdmann, *Die Enstehung des Kreuzzugsgedanken, Forschungen zur Kirchen-und Geistesgeschichte 6,* Stuttgart, 1935, S. 316.

보낸 자신의 서간(書簡)에서 십자군으로서 부역하는 것이 '모든 죄의 사면'을 가져온다고 너무나 가볍게 주장했던 것이다. 이러한 관념은 성직자와 속인 모두에게 널리 퍼져 일반화되었다. 이러한 관념이 종교적으로 승화되었다면, 십자군 전사가 이교도와의 전쟁에서 죽는 일은 쉽게 새로운 순교로 간주될 것이다. 실제로 당시 십자군 전사는 자신의 모든 죄가 사면되고, 천국으로 직행한다고 확신했다. 나아가, 그들은 주 크리스트를 위해서 치르는 자기희생의 대가로서 내세에 순교자의 왕관을 얻는 것을 기대했는지도 모른다.

이탈리아 북부의 도시 피렌체에서 출생해서 예언자 또는 신앙인으로서, 자신에게 박해를 가한 조국 이탈리아뿐만 아니라 전 인류에게 영원불멸의 거작 『신곡(La Divina Commedia)』(1308~1321년 집필)을 남긴 알리기에리 단테(Alighieri Dante, 1265~1321) 또한 이러한 관념을 익히 알았던 것 같다. 단테의 조부 카차과이다(Cacciaguida degli Elisei, c. 1098~c. 1148)라는 사람은 제2차 십자군[25]에 참가해서 전사했다. 그래서 단테는 신의 옹호자와 순교자가 낙원의 평화 속에 있는 화성천(火星天)에서 그가 존경하는 선조와 만날 수 있게 된다고 하면서, 자신의 조부 카차과이다는 순교함으로써 이와 같은 평화

25 중세의 십자군 전쟁(Crusades)은 11세기 말에서 13세기 말 사이에 서유럽의 크리스트교도들이 성지 팔레스티나와 성도 예루살렘을 탈환하고자 8회에 걸쳐 감행한 대원정이다. 제2차 십자군은 1144년, 현재 튀르키예 동남부의 우르파[Urfa, 헬레니즘 도시 에데사(Edessa)]가 이슬람군에 의해 함락된 사건을 계기로 1147년에 파견되었다. 프랑스 왕 루이 7세와 도이치 왕 콘라트 3세가 이끈 이 원정군은 시리아의 다마스쿠스를 공격하려 했으나, 현지에 주둔하던 십자군 병사가 적의 감언에 속아 대거 이탈하면서 전력을 상실하고, 결국 아무런 성과도 거두지 못한 채 실패로 끝났다.

에 이르렀다고 찬양했다. 순교, 즉 순국에 대한 이와 같은 찬양은 시인이나 일반인의 말에만 나타나는 것은 아니다. 크리스트교 교회의 최고 지도자인 신부들도 이를 거들었다.

1100년경에 프랑스 샤르트르(Chartres)의 주교이자 교회법학자인 샤르트르의 이보(Ivo Carnutensis, 1040?~1115)는 그의 『교령집(Decretum)』과 『교회법 전집(Panormia)』에서 이교도와 이단자에 대항하여 크리스트교 신앙의 방위를 위해서 죽은 십자군 전사들에 관한 다수의 문언을 수집했다. 여기에서 전사들은 누구라도 하늘나라의 시민으로 받아들여졌을 것이라고 보았다. 이보는 전능하신 신께서는 전사가 자기 신앙의 진리와 조국의 구원, 크리스트교의 방위를 위해서 죽었다는 것을 알고 있다고 보았다. 그 전사는 이미 보수를 받았다는 교황 니콜라우스 1세(Nicolaus I, 재위 858~867)의 말을 인용하기도 한다.[26] 여기서 중요한 것은 교황 니콜라우스 1세가 신앙 또는 현세의 '조국'을 방위하기 위해 죽은 사람들에게 천상의 '조국'을 성의 있게 약속했을 뿐만 아니라, 신에 대한 사랑과 조국의 형제들에 대한 사랑을 동일하게 보았다는 것이다. 교황은 최종적으로 조국을 위한 전쟁과 죽음을 윤리적으로 정당화하고, 그것을 신성한 것으로까지 승화시키며, 이것이 바로 크리스트교 '동포애(caritas)'의 덕이라고 강조한다.

우르바누스 2세 시대 이후인 11세기에 쓰인 것으로 추정되는 프랑스의 무훈시(武勳詩) 『롤랑의 노래(La Chanson de Roland)』[27]에서 시

26 이에 대해서는 Carl Erdmanne, 앞의 책, S. 248 참고.

인은 프랑크 카롤링거 왕조의 샤를마뉴(Charlemagne, 재위 768~814) 왕 시대의 프랑스인 전사를 생각하면서 "만약 네가 죽으면, 너는 성스러운 순교자가 될 것이다"라고 노래한다. 물론 여기에서 샤를마뉴의 전사는 스페인에서 사라센(Saracen)[28]인들과 싸웠기에 십자군 전사와 같았다. 12, 13세기 프랑스 사람들의 전사(戰死)는 '프랑스인'의 전사가 되는 한편, 국왕 샤를은 '프랑스의 황제'로 간주되었다. 그러므로 사라센과의 전쟁에서의 죽음은 곧 프랑스의 황제, 프랑스인의 형제와 동포를 위한 숭고한 죽음으로 이해되었다. 그것은 또한 죽은 자의 순교에, 국가적 향기를 입히는 일이기도 했다. 그렇지만 종교적 혹은 봉건적 군주를 위한 죽음이 우선시되었던 것은 확실하다. 여기에서 순교의 왕관은 봉건군주를 위해 죽은 자에게도 수여되었다.

사실 성전(聖戰)이라는 십자군의 이념은 13세기 중엽에 이르러서는 완전히 세속화되었다. 그리고 그 자리를 대신한 것은 프랑스의 '왕관'이 상징하는 국왕 혹은 조국을 방위하기 위한 사이비 성전

27 이것은 프랑스의 무훈시 중에서 최고이자 최대의 걸작이라고 평가되지만, 작자는 미상이다. 이 무훈시는 778년 8월 15일 에스파냐 원정에서 돌아오던 샤를마뉴 대제(大帝)의 후위부대가 피레네 산맥 롱스포에서 바스크인의 기습을 받아 전멸했던 역사적 사실을 소재로, 전사자들을 추앙한다. 치밀한 구성과 기품 있고 힘찬 문체로 황제와 신에게 봉사하는 봉건시대 프랑스인의 무사도(武士道)를 찬양하고, 대장 롤랑의 용맹, 막료(幕僚) 올리비에의 슬기, 간신(奸臣) 가늘롱의 원한을 대립시킨다. 사라센 대군을 적군으로 설정해, 이슬람세력에 대한 그리스도교 신앙의 승리를 노래했다.

28 사라센(Saracen)은 중세의 유럽인이 서(西)아시아의 이슬람교도를 불렀던 호칭으로서 옛날에는 그리스·로마에 살았던 라틴문화권 사람들이 시리아 초원의 유목민을 사라세니(Saraceni)라고 부른 데서 연유하였다.

(quasi-holy war) 이념이었다. 프랑스의 왕 필립 4세가 플랑드르의 수공업자와 농민을 상대로 파괴적인 전쟁을 시작했을 때, 당시 왕에게 봉사하던 성직자들은 이를 옹호하는 설교를 했다. 가장 고귀한 종류의 죽음은 정의를 위한 고투에 따른 것이기 때문에, 프랑스 왕과 왕국의 정의를 위해 죽는 자는 신에 의해 순교자로서 왕관을 부여받는다는 주장이었다. 크리스트교에서 예시로 든 '정의를 위한 고투'는 순교의 왕관을 위해 지불되는 대가(對價)이고, 그 '정의'는 프랑스 왕과 그 왕국의 것이라고 치켜세웠다.

그렇지만 실제로 크리스트교의 교부들은 당시 신하와 백성들에게 성스러운 왕을 향한 희생을 요구했다. 이제 그 희생은 주군과 봉신의 오래된 봉건적 유대가 아니라, 국가를 유기체로 보는 이른바 국가 유기체론적 관념에 근거한 것이었다. 이에 따라 그들은 "왕은 머리이고, 신하와 백성은 사지(四肢)다. 그러므로 다리와 팔은 오로지 머리에 의해 통할되어야 하고, 또 그것에 봉사해야 할 뿐만 아니라 머리를 위해서 몸을 바치는 것이 자연의 이성이 명령하는바"라고 설파하였다. 그뿐만 아니라 "왕의 평화는 왕국의 평화일 뿐만 아니라 교회의 평화이기도 하고, 그것은 학식, 덕, 정의에 기한 평화이다. 또 성지의 획득을 위해서 군사력을 집결시켜야 한다"라고 요구했다.

프랑크의 왕이 전개하는 전쟁을 회피하는 자들은 공동체로서 교회 전체, 가톨릭교의 교의(教義), 성성(聖性)과 정의(正義), 그리고 성지로서의 왕국을 적대하는 자들이라고 천명되었다. 여기에서 어용신학자인 크리스트교 교부들은 "프랑크 왕국을 위한 전쟁"이 바로

"성지수호를 위한 성스러운 전쟁"이라고 선언하면서, 프랑크의 왕과 왕국을 위해서 죽는 것, 즉 순국을 종교적 이데올로기로 승화시켰다.

4장

민족과 국가 그리고 민족국가

근대 이후 거대한 파괴와 대량의 살육이 라는 무서운 악(惡)의 소굴이 내셔널리즘 이다. 내셔널리즘은 국가권력이 살육과 파괴라는 악을 정당화하기 위해서 만들어 낸 이데올로기다. 그 이데올로기는 국가권력의 범죄행위를 늘 정의(justice)로 포장한다.

1

언어가 만든 세계

인간은 서로 뒤섞여 분간할 수 없는 연속체로서 혼돈상태(chaos)에 있는 우주의 삼라만상에 이름을 붙여서 분별하지 않고서는 살아갈 수 없는 존재인 것 같다. 인간의 이름 짓기는 혼돈을 말로 나누어 끊고, 또 말을 붙여서 자기만의 세상을 만드는 작업이다. 이것은 어쩌면 조물주가 자기 형상대로 인간을 창조하였기 때문일지도 모른다. 예컨대, 크리스트교의 『구약』 「창세기」에는 하나님의 천지창조에 대해 다음과 같이 나온다. "태초에 하나님이 천지를 창조하시니라, … 하나님이 이르시되 빛이 있으라 하시니 빛이 있었고, … 하나님이 빛과 어둠을 나누사, 하나님이 빛을 낮이라 부르시고 어둠을 밤이라 부르시니라 저녁이 되고…"[1]라고 하나님도 말씀, 즉 언어로

1 『구약』 「창세기」 1장 1절~5절. 그 외 『신약』 「요한복음」 1장 1절~14절 참고.

천지를 창조하였다고 기록하고 있다.

태초에 하나님의 천지창조가 그의 말씀, 즉 '이름 붙이기(Namengebung)'에 의해서 정리되어 가듯이,[2] 인간들도 분별이 없는 카오스(Chaos) 상태에서 하나님의 피조물에 대해 자기 나름의 명명 작업(Benennungsarbeiten)에 의해 그 이름의 차이로 분별이 있는 자신들의 세계를 새롭게 재창조해 낸다. 세계는 비로소 인간의 세계로서 시작되는 것이다. 이러한 이름 붙이기란 말에 의한 세계의 새로운 해석이고, 차이화(差異化, Differenzierung)이다. 인간에게는 당초 인간 이외의 동물과 마찬가지로 신체에 기해 분별된 본능도식(本能圖式)의 단순한 세계밖에 존재하지 않았지만, 언어가 습득되면 언어에 기해 분별되는 새로운 세계가 생겨난다. 이것이 바로 비재(非在)의 현전화(現前化, die Präsentierung des Nicht-Seines)이다. 언어가 그렇게 만드는 것이다.

이렇듯 인간은 태어나면 눈에 보이는 것이든 보이지 않는 것이든, 이름을 붙여서 '사(事)'와 '물(物)'을 구별해야 한다. 여기에서 근본적인 문제가 생긴다. 그 문제는 바로 '사'와 '물'에 관한 이성의 문제이자 감성의 문제가 되기도 하고, 학문에서는 정의(定義)의 문제이기도 하고, 인식(認識)의 문제가 되기도 하며, 어떤 경우에는 숭배(崇拜)의 문제로 비화하기도 한다. 모든 문제는 여기에서 시작한다. 인간에게 '이름 붙이기'란 과연 무엇일까? 고대 그리스의 철인(哲人)들이 논의했던 아르케(ἀρχή, arche)[3]도, 텔로스(Τέλος, Telos)[4]도, 불교에

2 크리스트교(Jesusism, 基督教)의 경전 『바이블』『구약전서(the old Testament)』「창세기(Genesis)」1장 참고.

서 말하는 공(空, शून्य, śūnya)과 색(色, रूप, rūpa, allthingness, 세상에 존재하는 일체), 그 색(allthingness)의 빛깔(色, color), 소리(聲, sound & voice), 향(香, smell), 맛(味, taste), 느낌(觸, touch & feel) 그리고 그 추상적 원리인 법(法)도 각각 다른 이름으로 불린다.[5] 세계에는 구체적이든 추상적이든 온통 인간이 스스로 만들어 붙인 이름들이 북적거리고 있어, 그 수많은 명칭들이 우리의 눈(眼)과 귀(耳), 코(鼻)와 혀(舌), 그리고 몸(體)과 마음(心)을 끝없이 위협하지만, 어쩔 수 없이 그 이름에 의해 세계를 의식하고 알아가는 것이다.

인간이 처해 있는 이러한 언어적 상황을 프랑스의 정신분석학자 라캉(Jacques Marie Emile Lacan, 1901~1981)의 정신분석학[6]을 변용해 언급해 보면, 인간에게 사물에 대한 기호로서 언어가 가지고 있는 시원적(始元的) 시니피앙(signifiant)[7]이 탄생하는 현장은 인간에게 '원억압(原抑壓)'이라고 해야 할 것이다. 생물학적으로 미숙한 상태로

3 그리스어로 '시작' 또는 '기원'을 뜻하는데, 철학의 아버지로 불리는 탈레스(Thales of Miletus, BC 624~BC 546)의 제자인 아낙시만드로스(Anaximandros, BC 610~BC 546)가 '원초적 요소'라는 의미로 사용했다.

4 '완성'이나 '목적', '끝'을 뜻하는 그리스어로서 고대 그리스의 철학자들은 몸(體)의 죽음을 마주해서 선한 삶을 추구하는 길을 모색하는 것을 '텔로스'라고 했는데, 아리스토텔레스(Aristoteles, BC 384~BC 322)는 자연의 기관이나 실체 또는 인간 예술의 최종적 원인이라는 뜻으로 '텔로스'라는 말을 사용하고 있다. 오늘날 목적이나 의도에 대한 철학적 연구를 가리키는 '목적론(teleology)'이라는 말도 여기에서 나왔다.

5 불교(Buddhism, 佛教)의 경전 『반야심경(般若心經)』 참고.

6 Jacques Marie Emile Lacan(trans. by Anthonu Wilden), *The Language of the Self: The Function of Language in Psychoanalysis*, Johns Hopkins Univ. Press, 1997 및 新宮一成, 『ラカンの精神分析』, 講談社, 1995, 제4장(105~141쪽) 참고.

태어난 인간이라는 동물은 그것 없이는 살아갈 수 없는 욕동(慾動, Tribe, 사고와 감정을 유발하는 원동력)을 대체할 수 있는 언어를 사회적으로 보완해서 그 욕동을 억제해서 어느 정도로 성숙해 간다. 하지만 사회적인 대체제로서 언어란 결코 온전히 충족될 수 없는 욕동의 부분적 복사(複寫)에 불과하다. 욕동은 개개인의 의식 영역(the field of consciousness)에 억압되어 드러나지 않고 있는 것 같지만, 그의 원초적인 의식 아래에서 무의식(unconsciousness)의 근본 핵을 이루어 작동하고 있다. 그 원초적인 욕동은 다시 그 복사의 복사를 만들고 연속을 이루어 집단의 무의식으로 자리잡게 될 것이다. 그 결과, 인간의 무의식에서 연속적으로 축적된 억압이 야기하는 병리적 현상은 바로 언어의 형성 후에도 인간의 의식 차원에서 계속 일어나는 어쩔 수 없는 실상이라고 할 것이다. 이러한 맥락에서 보면, 인간에게 언어야말로 원초적인 억압 기제(repressive mechanism) 그 자체인지도 모른다. 한편, 오늘날 인간은 대부분 어느 국가의 성원으로서 살고 있는데, 이러한 인간의 정치적 현실에서 '민족(民族)'과 '국가', 그

7 시니피앙은 시니피에(signifié)라는 용어와 쌍을 이루어 스위스 언어학자 페르디낭 드 소쉬르(Ferdinand de Saussure, 1857~1913)가 그의 구조언어학에서 처음으로 사용했던 용어다. 시니피앙은 지향 방향을 표현하는 언어기호이고, 시니피에는 그 언어기호가 의미하는 내용을 가리킨다. 소쉬르에 의하면, 기호란 분리 가능한 두 개의 요소, 즉 시니피앙과 시니피에로 구성된다고 주장하였다. 그는 기호 속의 발음을 시니피앙, 그 발음에 의해서 생기는 관념적 내용을 시니피에로 간주하였다. 그리고 이들 간의 상호 불가분의 개념을 언어의 본질로 규정하면서 기호와 사물의 관계는 우연적인 결합에 불과하다고 역설하였다. 소쉬르의 이러한 이론은 언어학뿐만 아니라 구조주의에 영향을 주었다. 프랑스의 정신과 의사이자 정신분석학자인 라캉이 시니피앙의 우위를 나타내며, 시니피앙과 시니피에 사이의 경계선 결여가 정신병을 초래한다며 이를 정신병리학에 원용하였다.

리고 '국민'이라는 언어 자체가 인간 집단 사이에 자기편과 반대편을 가르고 분리해서 '우리(同志)'와 '오랑캐(敵)'의 대결을 통해 자신의 정치적 욕구를 충족시킬 수밖에 없는 원초적인 억압으로서 작용한다고 할 것이다.

여기에서 '민족'과 '(민족)국가', 그리고 '국민'의 문제를 본격적으로 논의하기에 앞서, 논의의 실마리를 얻기 위해 '민족'과 '국가' 및 '(민족)국가'라는 말 자체가 어떻게 만들어져서 어떻게 사용되고 있는가에 관해서 우리나라의 최고 규범인 헌법의 용례를 통해 간단히 살펴보고자 한다.

헌법 언어로서 국가와 국민, 민족

여기서는 우리의 일상생활을 지배하고 있는 우리나라의 기본법인 헌법의 실례를 간단히 살펴보겠다. 정치적 권력체(a political power body) 또는 정치 지배체제(a political ruling system)로서 '대한민국'은 헌법을 통해 '민족', '(국민)국가', 그리고 '국민'이라는 용어를 어떻게 사용하기에 그 구성원들에게 이를 언어적으로 각인시켜 우리의 내적 의식을 지배하고 있을까?

여기에서 우리 헌법의 모든 조항을 세밀하게 검토할 수는 없으므로 '대한민국'이라는 국가의 역사, 기본적 이념과 정신을 표명하는 헌법 전문과 「제1장 총강」에 한정해서 '민족'과 '국가' 및 '민족국

가'라는 용어를 직접 사용하고 있는 몇 개 조항을 중심으로 잉글리시 번역과 대조해 가면서 살펴보자.[8]

이에 대해 본격적으로 살펴보기 전에 지적해 두고 싶은 것은, 대한민국의 근간법인 헌법이 사용하는 헌법적 언어들이 그 용어의 연역과 역사적 의미에 있어서 잉글리시로 제대로 번역되어 있지 않다는 점이다. 대한민국의 근본 규범인 헌법 조항의 잉글리시 번역은 그야말로 '콩글리시(konglish)'의 극치라고 해야 할지도 모르겠다. 그렇지만 이에 관한 논의가 이 글의 목적은 아니므로, 의문을 표명하는 데 그치고자 한다.

주지하는 바와 같이, 우리가 소속되어 있는 나라의 이름이 '대한민국'이므로 우리 헌법의 정식 명칭은 '대한민국헌법'이다. 여기에서 '대한민국'은 한자로 표기하면 '大韓民國'이므로 '대한'+'민국'의 합성어다. 그런데 법제처가 관리하는 홈페이지[9]에 접속해 보면 '대한민국헌법'을 'constitution of the Republic of Korea'로, '대한국민'은 'the people of Korea'라고 잉글리시로 번역하고 있다. "언어적 기호는 자의적이다(lesignelling uistique estarbitraire)"라는 페르디낭 드 소쉬르(Ferdinande de Saussure, 1857~1913)의 말처럼[10] 언어란 화자가 자의적으로 쓸 수 있다. 하지만 그렇더라도, 잉글리시 번역을 다시 우리

8 헌법의 모든 조항을 예로 들 수 없지만, '국가', '국민', '민족'이라는 말의 용법을 살피기 위해서 법령의 외국어 번역은 법제처가 관리하는 홈페이지의 외국어 번역을 기준으로 한다.

9 법제처 국가법령정보센터 홈페이지. https://www.law.go.kr/engLsSc.do?menuId(검색일: 2025. 5. 14.)

말로 음역 또는 번역해서 옮기면, 위의 'constitution of the Republic of Korea'라는 표현은 '대한민국의 헌법'이 아니라 '고려공화국의 헌법'으로, 그리고 위의 'the people of Korea'는 '고려의 인민' 또는 '고려의 백성'이 되지 않을까 한다.[11]

헌법 전문에서 "대한민국"이라는 말은 "대한민국임시정부"에서 1회, "국민"이라는 말은 "대한국민", "국민생활" 및 "국민투표"에서 3회, "조국"과 "민족"이라는 말은 각 1회씩 사용되었다. 잉글리시로 "대한민국"이라는 말은 "the Republic of Korea"로, "국민"이라는 말은 "people" 또는 "all citizens", 또는 "nation(al)"으로, "조국"이라는 말은 "homeland"로, "민족"이라는 말은 "nation(al)"으로 번역되어 있다.[12]

헌법 제1장 총강에서도 "대한민국"이라는 말은 제1조에서 2회, 제2조, 제3조 및 제4조에서 각 1회씩, "국민"이라는 말은 제1조와 제2조에서 각 2회씩, 제7조에서 1회, "국가"라는 말은 제2조, 제5조 및 제9조에서 각 1회씩 그리고 제8조에서 2회, "민족"이라는

10 언어기호의 자의성(恣意性)에 관해서 강희원, 「법에 대한 기호학적 접근 - 한국법기호학을 위해서」, 『법철학연구』 제27권 제2호(2024), 229~232쪽; 丸山圭三郎, 『言葉とは何か』, 筑摩書房, 2008, 119~128쪽 참고. 그 외 소쉬르의 언어학 전반에 관해서 Ferdinand de Saussure, *Cours de linguistique générale,* 1916(오원교 옮김, 『일반언어학 강의』, 형설출판사, 1973) 참고.

11 우리나라의 공식적인 국호는 '대한민국'이다. 이것을 잉글리시 알파벳으로 표현하면, 천 년 전에 사라센 제국을 통해서 서유럽에 알려진 '고려(高麗) 왕국'의 잔재인 '고려공화국'의 잉글리시 표기 'Republic of Korea'가 아니라, 'Daehanminkuk' 또는 'the People State of Great Khan'으로 표기하는 것이 옳지 않을까 한다.

12 이러한 번역 용어의 선택이 제대로 되었는지는 상당히 의문스럽다.

말은 제9조에서 1회 사용되고 있는데, "대한민국"이라는 말은 여전히 "the Republic of Korea"로, "국민"이라는 말은 "people" 또는 "citizens", 또는 "nation(al)"으로, "국가"라는 말은 "state" 또는 "nation(al)"으로, "민족"이라는 말은 "nation(al)"으로 번역하고 있다.

번역어로서 민족, 국가 및 민족국가

'nationalism(잉글리시)' 또는 'Nationalismus(도이치어)'와 같은 유럽어를 우리말로 어떻게 번역·조어하는 것이 좋을까. 우선 그 전제로서 'nation', 'die Nation'을 우리말로 어떻게 번역할지의 문제가 제기된다. 사전을 찾아보면 'nation', 'die Nation'은 '국가', (한 국가의 구성원 전체를 의미하는) '국민'이라고 번역되고, 'nationalism'을 '민족주의' 또는 '국가주의'라고 용어화하기도 한다. 하지만 '민족주의' 또는 '국가주의'라는 용어가 부적합하다는 생각에서인지 '내셔널리즘'으로 음역하는 것이 보통이다. 이는 번역의 어려움을 그대로 보여준다.[13] 아래에서도 좀 더 자세히 언급하겠지만, 언어가 소통의 매체이기 때문에 언어의 사용에는 암묵적인 관행이 있다. 특히 언어 자체에 거대한 '권위' 또는 '권력'이 작용하는 것은 어쩔 수 없는 일이어서, 그것을 사용하는 사람은 그 나름의 소통을 위해서 싫더라도 받아들일 수밖에 없다. 그러나 서유럽과 일본의 학문으로부터 절대적 영향을 받았고 지금도 그 영향을 강하게 받고 있는 우리나라에서 번역어로 학문하는 자가 느끼는 비애라고나 할까?[14] 용어 문제로 엄청나게 고민을 하지 않을 수 없다.[15] 'nation(잉글리시, 프랑스어)', 'die Nation(도이치어)'의 한자 번역어 자체의 문제에 대해서는 뒤에서 살펴보기로 하고, 먼저 잉글리시 'nation'을 그대로 우리말로 음역해 '네이션'이라고 표기하면서 그 말이 어떻게 성립하게 되었는지를 조금 더 살펴본다.

여기에서 오늘날 우리가 사용하는 '민족주의(民族主義)'의 유럽어 'nationalism', 'Nationlismus'를 낳은 '네이션(nation, Nation)'과 '스

13 정치학이나 역사학 등에서 유럽어 'nation(잉글리시, 프랑스어)', 'Nation(도이치어)'의 번역어를 보면, 쓰는 사람에 따라 어쩌면 거의 자의적이라고 할 정도로 '민족', '국가', '국민' 등으로 번역되고 있다. 'nation'에서 파생된 'national', 'nationality', 'nationalism'이나 'nation state' 등의 경우에는 더욱더 혼란스럽다. 이와 관련해서 'race(잉글리시)' 'Rasse(도이치어)'의 번역어도 마찬가지다. 'race(잉글리시)', 'Rasse(도이치어)'는 '인종(人種)'이나 '종족(種族)' 등으로 번역되고 있는 것 같다. 인류학, 특히 문화인류학에서는 'ethnos(잉글리시)'와 'Ethnie(도이치어)'라는 말을 '인종'으로 번역하고 있다.

14 학문을 영위하는 데 있어 언어에 따른 문제 상황을 철저히 생각하는 습관이 아직 우리 사이에 뿌리내리지 못한 것 같다. 게다가 오늘날의 우리말은 이중, 삼중으로 외래 언어에 점령되어, 명확한 개념을 표현할 수 없는 모호한 언어로 되어 있다. 용어의 개념적 중추(中樞)는 한 글자 한 글자 고유한 의미가 있는 뜻글자인 한자(漢字)에, 그것도 일본식 조어(日本式造語)에 의존해 있고, 구문법(構文法)은 서구어, 특히 잉글리시의 문장 표현에 점령되어 있다. 그래서 우리는 자신이 인식하고 파악하는 것을 확실하게 드러낼 수 있을지 늘 고민에 빠진다. 이러한 문제 상황과 관련해서는 백인욱, 『번안 사회: 제국과 식민지의 번안이 만든 근대의 제도, 일상, 문화』, 휴머니스트 출판그룹, 2018 참고.

15 유럽어 'nation'의 어원은 라틴어 'natio'인데, 이것은 출생과 관련된 의미가 있다. 고대 로마에서는 로마 시민보다 신분이 낮은 같은 지역 출신의 외국인을 지칭할 때 사용되었는데, 그 의미는 그리스어 "τὰ ἔθνη(ta ethnē)"와 유사하다. 중세 대학에서 다양한 출신지의 학생이 모인 곳에서 이 말은 지역 출신의 학생집단을 지칭하는 말로 사용되었다고 한다. 이에 관해서는 박명규, 『국민·인민·시민: 개념사로 본 한국의 정치주체』, 도서출판 소화, 2014, 62쪽 이하 참고.

테이트(state, Staat)' 그리고 '네이션 스테이트(nationstate, Nationstaat)'의 기원을 간단히 살펴보기로 한다. 구체적인 맥락에 따라 우리말 '민족(民族)' 또는 '국민(國民)' 또는 '국가(國家)'로 번역되고 있는 유럽어 '네이션(nation)'이란 무엇인가? 이것은 외견상 아주 간단한 문제인 것 같지만, 실질적으로는 아주 복잡한 문제다.[16]

먼저, 유럽어 'nation'의 한자 번역어 '民族'이라는 말 자체에 대해서 살펴보자. '민족'이 '민(民)의 족(族)', 즉 '백성의 무리' 또는 '백성들'과 같은 보통명사적인 의미를 지닌 한자어로서 사용되고 있는 것은 분명 아닌 것 같다. 우리가 현재 쓰고 있는 학술용어 대부분이 그러하듯이, '민족'이라는 말도 유럽어의 번역어로서 성립된 것이다. 정확하게 고증을 할 수는 없지만, '民族'이라는 한자 번역어는 19세기 일본학자들이 서유럽 특히 도이칠란트의 근대문물을 수용하면서 그 맥락에 따라 도이치어 'das Volk'와 중세 라틴어에서 유래된 'die Nation'의 번역어로 사용한 것으로 추정된다. 그래서 '민족'이라는 말은 때로는 도이치어 'das Volk'의 번역어로서 'Volk'의 의미로 사용되기도 하고, 때로는 도이치어 'die Nation'의 번역어로서 즉 'Nation'의 의미로 사용되기도 한다. 그런데 현재 우리나라 문헌들을 일별해 보면, 그 용례로서 사용자가 자신의 편의에 따라 Volk와 Nation의 번역어로 '민족'과 '국민'을 혼용하고 있다. 사실, 도이치어 사전을 들추어 보더라도 'Volk'와 'Nation'은 아주 다양한 의미로 사용되는 것 같다. 상황이 이러하니 이들 언어의 번역어로, 그것

16 '민족' 개념의 수용사에 관해서 박찬승, 『민족·민족주의』, 소화, 2010, 「Part 1 민족」(25~122쪽), 특히 「1. 서양의 '민족' 개념」, 「2. 동아시아의 '민족' 개념 수용사」 참고.

도 일본에서 수입된 번역어를 사용하고 있는 우리가 민족과 국민을 혼동하여 사용하는 것은 당연한 일인지도 모르겠다. 하지만 지금 학술어로서 도이치어 'Volk'와 'Nation'은 각각 명백하게 다른 의미를 지닌 것으로 보아야 할 것이다. 따라서 이들 각각에 대해서 두 가지 다른 언어적 표현을 사용할 필요가 있다. 그렇지만 이것에 대해서도 고려해야 할 점이 더 있다.

첫째, 우리 국어사전을 들추어 보면 '국민'이라는 말은 "국가를 구성하는 사람 또는 그 나라의 국적을 가진 사람"이라고 정의되며, 한 국가의 권력에 종속하는 자, 즉 국가의 (구)성원[(構)成員]이라는 뜻으로 사용되고 있다. 이렇듯 우리가 '국민'이라고 말할 때, 여기에는 어떠한 국가의 소속원이 전부라는 의미가 포함된다. '국민'을 의미하는 '네이션'은 그 주체적 범위에서 국가와 서로 겹치는 것으로 생각된다. 그런데 유럽어 네이션(nation, Nation)이라는 말의 의미와 범주는 아주 예외적인 경우에만 스테이트(state, Staat)의 그것들과 일치한다. 그래서 유럽어 Nation의 번역어로 '국민'이라는 말을 사용하는 것에는 혼동이 수반된다.

둘째, 네이션이 너무나 자주 '민족'으로 번역되거나 '국민'으로 표현되고 있다. 민족문제, 민족자결, 민족주의 등에서처럼, 정치적·사회적인 맥락에서 사용되고 있는 민족을 국민을 의미하는 네이션이라고 다시 유럽어로 번역하기도 곤란하다. 그렇다고 이러한 관용(慣用)을 고칠 가망도 없는 것 같다. 도이치어 'Nation'과 'Volk'를 어떻게 번역할 것인가도 문제다. 예컨대, 'Klassengegensatz'나 'Nationenengegensatz'를 지금도 일반적으로 '계급 대립'과 '민족 대립'으로 번역해서 표현하고 있는 것을 함께 생각해 보면, 'Nation'을 특별한 경우에만 '국민'이나 '국가'로 번역하지, 보통은 '민족'이라고 번역하는 것 같다. 그렇지만 이와 동시에 'Völkerrecht'의 경우, 여기에서의 'Volk'를 '민족'으로 번역하는 것은 다소 혼란을 수반하지 않을까? 물론 혼란을 초래한다고 해서 그것이 완전히 잘못되었다고 할 수도 없다. 이러한 용례가 오랫동안 정착되어 왔기 때문에 오히려 편하다고 말하는 사람도 있을 것이다. 그렇지만, 이러한 불편이 상당한 정도까지 국민 일반의 관행 속에 뿌리내린 오늘날에는 Volk를 '국민'이라고 번역하는 대신 다른 방법을 따르는 것이 더 편리하지 않을까? 그래서 도이치어 'Volk'와 'Nation'을 구별하기 위해서 'Volk'를 '백성(民)' 또는 '인민(人民)'이라고, 'Nation'을 '특정 국가에 종속된 사람들'이라는 의미에서 '국의 민', 즉 '국민'이라고 하는 것이 어떨까. 물론 이렇게 하면 Nation이 Volk의 일부인 것처럼 이해될 위험이 있지만, 어쩔 수 없는 일인 것 같다.

추정컨대, 동양의 한자문화권에서 '가족(家族)', '종족(宗族)', '부족(部族)' 또는 '종족(種族)'이라는 말은 이전부터 사용해 왔던 반면, '민족(民族)'이라는 말은 없었던 것 같다. '민(民)'과 '족(族)'은 각각 독립해서 사용되었던 말로서 '민'은 하나의 지배자에게 종속되어 있던 피지배자들을 의미하고 '족'은 '일정(一定)한 공동성(共同性)에 의(依)하여 묶이는 부류(部類)' 또는 '한 조상(祖上)에서 갈라져 나온 같은 혈통(血統)의 무리'를 의미한다. 19세기 일본인들이 서유럽의 정치 및 사회사상을 받아들이면서 잉글리시 'nation', 프랑스어 'nation', 도이치어 'das Volk' 또는 'die Nation'이라는 유럽어를 번역하면서

위와 같은 의미의 '民'과 '族'을 합성해서 '민족'이라는, 지금까지 없었던 새로운 말로 조어한 것은 기발한 발상이었다고 생각한다.[17] 언어심리학적인 측면에서 '민족'이라는 합성어는 한 지배자(또는 지배자층)가 적대(敵對) 또는 경쟁 관계에 있는 다른 나라(國, 國家)에 대해서 자신이 지배하고 있는 나라라는 울타리 안에 있는 '가족', '종족', '부족' 또는 '종족'으로 분화된 백성, 다시 말해 피지배층 사람들을 하나의 '족(族)', 즉 민족으로 통합하는 데 결정적인 기여를 했기 때문이다.[18]

여기에서 '민족'이라는 말 자체의 어원을 고찰하지는 않지만, 'Volk'도, 'Nation'도 공히 '민족'으로 번역되는 것에는 양자를 일관하는 공통의 요소가 있기 때문일 것이다. 그래서 민족이란 무엇인가라는 물음에 이 공통적인 것으로 답하고, 그중에서 Nation을 특히 근대적인 것으로 그 특질을 규정하려고 한다. 현재는 그렇게 생각하는 것 외에 달리 개념을 정리할 길이 없는 듯하다. 물론 이러한 정리 방법이 민족이라는 것을 사회발달 및 사회구성 이론에 포함하기 위한 목적과 연계되어 있음은 다음에 부기해야 할 것이다.

17 실제로 일본에서도 '일본인(日本人)'이라고 하는 '민족(民族)' 개념이 성립하였던 것은 '일본'이라고 하는 이른바 국민국가 형성 후, 즉 메이지(明治) 이후이고, 이른바 '이데올로기 조성자(ideologue)'들에 의해 '일본민족'이라는 관념이 창출되었다고 한다. 이에 관해서 原尻英樹, 『世界の民族:「民族」形成と近代』, 放送大學教育振興會, 1998, 11쪽 참고.

18 근대 일본에서 유럽어의 번역어로서 '民族(민족)'이라는 말의 성립 등에 관해서는, 高田保馬, 『民族の問題』, 日本評論社, 1935(昭和 10); 같은 이, 『民族論』, 岩波書店, 1942(昭和 10) 등 참고.

'민족'이라는 말은, 도이치어 'Volk'가 그러하듯이 넓은 범위의 종족 내지 혈연집단이라는 의미로도 사용된다. 문화민족에 대해서 자연민족, 예컨대 타이완의 고사족, 남아프리카의 부시먼(Bushmen)족, 보르네오 북부의 말레이시아령 사바주에 거주하는 두순(Dusun)족, 북아메리카의 뉴욕주 온타리오호 남안에 거주했던 원주민 이로쿼이(Iroquois)족 등을 각각 하나의 '민족'이라고 부르는 경우가 이에 해당한다. 지금 거론하는 민족 개념은 그러한 경우까지 포함하는 것은 아니다. '민족'의 범위에 어디까지 포함할지는 그것을 사용하는 사람의 자유지만, '민족'이라는 말을 학문적으로 사용하는 경우에는 당해 이론의 구성에서 직·간접적으로 전제된 일정한 목적이나 그 저변에 깔린 일정한 의도가 있을 것이고, 그러한 의도에 의해서 일정한 한계를 갖게 될 수밖에 없다.

서유럽에서도 '네이션(nation)'과 '스테이트(state)'의 관계는 그다지 명료하지 않다. 원어의 상황이 이러하니, 그것에 짓눌려서 만들어진 이들 서유럽어의 번역어로서 조어된 우리말 '민족' 또는 '국민' 및 '국가'가 이들 중 어느 것에 대응하는지도 명료하지 않다. 이를테면, '국가'라는 우리말은 때로는 잉글리시 'nation'을 가리키고, 혹은

19 이와 관련해 우리에게 있어서 '국가' 개념의 기원과 형성에 관해서 박상섭, 『국가 주권』, 소화, 2008, 「Part 1 국가」(25~179쪽) 특히 25~100쪽 참고.

20 이와 관련해서 'nationalism(잉글리시)', 'Nationalismus' 등의 유럽어를 그 음역인 '내셔널리즘(또는 '나티오날리스무스')'을 선택해서 사용하는 사람도 있지만, 그 뉘앙스가 상당히 다르게 '민족주의', '국가주의' 또는 '국민주의'로 사용자의 의도에 따라 번역하는 경우도 많은 것 같다. 특히 최근 일본에서 '내셔널리즘'은 19세기의 서유럽의 편협

잉글리시 'state'를 의미하며, 또 때로는 'nation state'를 의미하기도 한다. 우리 용어법은 일본 사람들이 그들의 필요에 따라 'nation', 'state' 또는 'nation state'의 번역어로 사용했던 '國家'라는 한자어의 음역인 '국가'라는 말을 사용한다.[19] 그렇지만 '국가'라는 말의 자의성을 살펴보면, 서유럽의 'nation'이나 'state' 또는 'nation state'에 해

한 '민족주의'를 의미하는데, 이와는 다른 차원에서 '국민주의'라는 용어로 새롭게 포장해서 내세우고 이를 지지하는 자를 '국민주의자'라고 하면서 '내셔널리스트(민족주의자)'와 차별화하려는 주장이 나오고 있는 것 같다. 즉 '국민주의자'는 민족을 초월한 이른바 '보편주의자'라는 것이다. 그렇지만 이는 그야말로 말장난이 아닌가 싶다. '국가주의'라는 말은 영역(領域)을 중시하는 정치권력 중심적인 용어로서 전체주의적인 냄새가 진하고, '민족주의'라는 용어는 정치적 지배권력인 국가권력을 은폐하면서 피지배 민중의 혈통적 또는 문화적 동일성을 부각하기 위한 것이라고 말할 수 있을 것 같고, '국민주의'라는 용어는 기본권의 주체로서 국민을 전제로 해 국가가 국민의 민주적 정치체라는 것을 강조하기 위한 것에 불과하다고 할 것이다. 뒤에서 언급하듯이, 내셔널리즘은 그것을 '민족주의', '국민주의' 또는 '국가주의'라고 용어화하든 간에 영역을 중시하는 정치기구인 국가 중심주의를 벗어날 수 없다. 일본의 내셔널리즘 논의상황에 관해서는 조관자, 『일본 내셔널리즘의 사상사: '전시-전후체제'를 넘어 동아시아 사상과제 찾기』, 서울대학교출판문화원, 2018 참고.

21 참고로 'nationalsim'의 번역 문제를 역사적 차원 특히 유럽 근대사적인 맥락에서 간단히 살펴보자. '내셔널리즘'은 잉글리시 'nationalism'의 우리말 음역(音譯) 내지 음사(音寫)인데, 이것을 우리말로 개념 정의하기는 쉽지 않다. 'nationalism(잉글리시)' 또는 'Nationalismus(도이치어)'라는 유럽어는 한자(漢字)를 그 의사소통의 기초적 언어도구로 사용하고 있는 중국 대륙, 한반도 및 일본열도에서는 다른 의미적 맥락에서 '국민주의(國民主義)', '민족주의(民族主義)' 또는 '국가주의(國家主義)'라는 3가지의 표현으로 번역되어 왔다. 이 경우에 이들 한자 번역어 각각이 가지고 있는 뉘앙스는 동일하지 않다. '리버럴리즘(liberalism)'이라는 말도 유럽근대사에서 '내셔널리즘(nationalism)'과 함께 자주 접할 수 있는데, 리버럴리즘을 한자어로 '자유주의(自由主義)', '방임주의(放任主義)' 또는 '자유방임주의(自由放任主義)'로 번역하는 경우에도 마찬가지로 어려움에 봉착한다. 유럽 근대사를 보면, 서유럽에 있어서 이른바 근대국가 성립시기인 1870년경까지는 각 정치적 주도권력이 무엇보다 'nation'이라는 이름을 내걸고서 근대국가로서 형성되는 것이 기본적인 정치적 과제였는데, 그 의미에 있어서 이 시대의 내셔널리즘이 '국민주의'라는 말로 표현되었던 것이다. 그렇지만 1870년 이후 자본주의를 경제적 기본이념으로 하는 서유럽의 근대국가가 서서히 제국주의적 경향을 강

당하는 국가 관념[20]을 그대로 가지고 들어오는 것 자체가 곤란할 수도 있음을 알 수 있다.[21]

화해 가고, 강국은 동유럽, 아시아 등 다른 지역을 침략·점령하여 그 영역을 확대해서 그곳에 살고 있는 사람들을 지배·종속시켜 간다. 이러한 서유럽 근대국가 권력의 세력 확장에 대해 침략을 당한 지역의 정치세력은 그 지배하에 있는 독립국가를 만들 가능성이 없어진다. 요컨대, 'nationalism'은 서유럽사를 중심으로 한 서술의 경우에는 일반적으로 1870년대의 도이칠란트와 이탈리아의 통일을 중심으로, 그리고 잉글랜드, 프랑스, 러시아 등과 근대적 국민국가로의 형성을 세계사의 중심과제로 설명하는 경우가 많다. 'nationalism'이라는 정치 이데올로기는 이들 국가가 통일국가를 형성한 사실을 '강국으로 될 수 있는 조건'으로 표시하려는 지배권력의 의지에서 비롯된 것으로 이해된다는 점에서 현저한 특색이 있다. 서유럽 근대국가의 정치적 글로벌화(political globalization) 과정이라는 역사적 맥락에서 'nationalism'을 무리하게 개념 정의하면, '자기가 속하는 네이션을 타자로부터 구별해서 의식하고, 그 자유와 번영을 촉진하는 사상 또는 운동'을 의미하는 것쯤으로 이해될 것 같고, 대체로 최근에 이르기까지 '민족주의(民族主義)'→'국가주의(國家主義)'→'국민주의(國民主義)' 순으로 그 뉘앙스가 변해왔다. 즉 서유럽 근대국가의 지배권력이 동유럽·아시아 등 다른 대륙으로 그 지배세력을 확장·확대하는 과정에서 내셔널리즘의 3가지 역사적 특성을 표현하는 것으로 생각할 수 있다. 이를테면, 우리가 이와 같은 서유럽 근대국가의 통일 및 그 국가들의 세계지배라는 역사적 과정을 염두에 두고 파악해 본다면, 서유럽국가 지배권력의 역사에서는 '네이션'을 공동체성 및 그 소속원의 일체성을 부각하기 위해서 '국가' 또는 '국민'으로, 그리고 이러한 정치 이데올로기로서 '내셔널리즘'을 '국가주의' 또는 '국민주의'로 번역하는 것이 적절할 것 같다. 다른 한편, 서유럽 강대국의 침략을 받아서 지배를 당했던 동유럽, 아시아 및 아프리카 등의 지역에서 '내셔널리즘'은 대항적 이데올로기이다. 이들 피식민지역에서는 강대국의 침략으로 각성된 의식 있는 정치운동가 또는 지도자들이 그들의 독자적인 정치적 자유와 독립을 쟁취하기 위해 내셔널리즘을 침략자들에 대한 투쟁적 이데올로기로 탈바꿈했다. 그들은 '네이션'이라는 표현으로 자신들을 지배하는 외래의 정치권력과는 다른 부류의 종족이라는 것을 부각시켰다. 그래서 그들의 내셔널리즘은 국민주의보다는 '민족주의'로 번역하는 것이 적절하지 않을까 생각한다. 이 경우에도 유럽어 'nation(또는 Nation)'을 우리말로 '국민', '민족' 또는 '국가'로 보는가, 번역어의 내용을 어떻게 규정하고 그 범위를 어떻게 정해야 하는가는 또 다른 문제라고 할 것이다.

2

국가 신화와 정치신학

'국가'가 인간이 지닌 사회적 본성 전반을 포괄할 수 있는 제도가 아닌 것은 아주 명료하다. 오히려 오늘날 국내외에서 전개되고 있는 국가적 정치현상을 보면, 국가는 인간의 투쟁적 사회본능이 구현된 제도로 발달했다고 하는 견해에 동조하게 된다. 특히 근대 이후 서유럽에서 국가라는 이름으로 자행된 전쟁과 살육의 역사를 보면, 국가란 인간들의 사회적 본능의 일부로서 투쟁의 본능에 입각한 제도가 아닌가 싶다. 이런 의미에서 인간의 사회성이란 국가권력이 내세우는 이상이나 이념과는 완전히 몰(沒)교섭적으로 작용하고, 발전하여 완성되어 가는 성질의 것이다. 국가라는 제도는 그러한 투쟁본능을 강제적으로 조직하는 힘의 발전 이외에 아무것도 아니기 때문이다.

이러한 의미에서 도이치 헤겔류의 철학적 국가관은 사회와 국가를 혼동해서 국가생활은 사회생활이 가장 발달한 혹은 가장 완성된 양식이라고 보는 것이다. 이런 국가관에 따르면, 국가가 인간의 투쟁본능을 최고도로 조직화된 것으로 생각한다 해도 전혀 이상하지 않을 것이다. 인류이 평화적인 상호부조에 의해서 파괴된다고는 생각할 수 없지만, 권력과 권력이 충돌해서 전쟁본능이 발현되는 경우에 사회적 인류은 관념적인 것으로 변한다. 사회적 투쟁본능이 어떻게 해서 국가라는 제도로까지 조직화되었는가를 인류의 역사를 통해 관찰해 보면, 그럴 수밖에 없음을 절실히 깨닫게 된다.

보통 국가의 관념에 폴리스(polis)라는 고대 그리스의 도시와 같은, 또 고대 로마의 도시와 같은 소위 종족(種族)국가를 포함시키는 것은 적절하지 않다. 이들 도시국가는, 오늘날 우리가 국가라고 명명하고 있긴 하지만 그 성질이 전혀 달라서, 설사 이러한 종족이 엄격한 의미에서 혈연관계와는 아무런 관련도 없음에도 불구하고, 종족 단위에서 동족이라는 의식하에 결합한 것이었다. 이는 지배와 복종의 권력관계라는 사회적 결합으로서 존재하는 것 같다. 이것이 서서히 국가적 성질을 띠게 된 것은 전적으로 정복에 의한 지배와 복종의 권력관계가 발생하면서부터이다. 여기에서 그 결합의 고리는 종족이라는 혈연적 또는 지연적 관계가 아니라 무력(武力), 즉 정복적 통일(征服的 統一) 또는 강제적 통합(強制的 統合)이다. 이렇듯 국가의 탄생은 무력이 그 기본이다.

처음에는 이러한 정복에 의한 통일 또는 강제적 통합의 과정에서 무사(武士)들의 지배가 통일체 내에서 상호부조적인 생활을 대체한다. 그렇지만 무사들에 의한 정복적 통일 또는 강제적 통합으로서

'국가'가 성립되면, 무사들의 지배는 그들이 가진 투쟁본능과 평화본능이 분업화되어 국가 내부에서 국가권력의 가장 기본적인 기능으로서 전개된다. 국가의 본질인 투쟁기능과 평화기능의 분업은 국가 내외적으로 생활의 안보를 위해서 발생한 것이라고 해도, 한편으로는 무사가 보여주는 물리적 힘의 발로가 일반인들의 본능적 충실과 복종을 순치시키는 동시에, 무사 자체가 가지고 있는 직업적 투쟁본능을 비정상적으로 앙등시켜서 무력은 사회적 필요의 본위에서 무력 그 자체의 본위로 전환되었던 것이다. 원래 국가적 무력의 기원은 종족국가라는 집단의 외부에서 오는 적에 대한 방위로서 발생한 것이다. 그 무력이 국가 내부에 대해서도 작용하게 된 것은 국가가 친족관계에서 정복관계로 바뀌어서, 국가 내부적으로 국가에 대한 반항이 언제든 일어날 수 있게 되었기 때문이다. 일단 정복국가가 성립한 이상, 그것에 대한 반항은 국가적 불안인 동시에 사회적 불이익이기 때문에 그것을 평화롭게 유지하는 것은 오히려 국가적 필요 즉 지배자의 필요일 뿐만 아니라, 사회적 필요 즉 피지배자의 필요이기도 했다. 여기에서 지배권력에 대한 복종이 절대적으로 필요하고, 이에 기하여 그 지배와 복종의 무력적인 권력관계는 봉건국가에서 가장 뚜렷하게 그 특징을 발휘했는데, 서양 학자들은 이러한 봉건적 복종관계는 개인적 충성과 계약적 관계로 성립하는 것이라고 말한다. 봉건제후의 세력은 대체로 야인(野人)이었던 무사호족(武士豪族)의 귀순에 의한 것인데, 그것에는 귀순자와 강자 간의 보상적 계약이 암묵적으로든 명시적으로든 성립되었던 것이다. 이는 무사계급은 사회적 안보를 위해, 평화적인 일반 백성의 위탁에 의해 존속할 수 있었다는 의견 혹은 이론과 일치한다. 따라서 이러한 위탁에 의한 무력을 남용하여 무사가 일반의 사회적 생활을 위협하게 되었던 것이 국가적 제도가 성립되는 구체적인 요건이라는 일파의 견해에 근거를 제공한다. 봉건제후가 야인무사(野人武士)와 호족을 통일하여 자신들의 작은 국가를 완성했듯이, 그 후의 민족국가(nation state)는 이름일 뿐 진정한 의미의 혈연관계로 맺어진 것이 아님에도 지배자가 피지배자를 통일하고자 하는 구실로 같은 무리, 곧 동족(同族, connaturality)이라고 지칭한 것이다. 다만 진정한 의미에서 동족과는 구별되는 것이었기 때문에 '민족국가'라는 이름을 붙였다. 지배자는 여러 영역에 걸쳐서 거주하는, 실질적으로는 혈족이 아닌 약자들을 통일(統一)해서 하나의 집합체, 즉 국가를 완성한 것이기에 그 수단은 역시 폭력적인 무력에 의한 지배의 성질을 가질 수밖에 없다. 곧 무력이 국가의 중심세력을 이루고, 그에 대한 절대적 복종이 요구되었다. 그래서 국가는 안으로는 위계질서의 안전 보장자이면서, 밖으로는 사회성의 억압자로서 진화한 것이다.

이처럼 국가(권력)에 대한 맹종적 복속(服屬)이 사회생활의 정체와 불안을 야기하여 때때로 국가에 대한 혁명이 발발하고, 어느 정도 국가의 개조가 요구되어 관념적으로도 국가 사상의 변혁이 이루어졌다. 인류의 사회적 발달과 국가적 발달은 여전히 결코 서로 만나지 않는 평행선과 같이 진행되고 있다. 이러한 평행적 진행을 동일한 궤도에 놓고 가지고 가려는 시도가 바로 국가 관념의 철학화이다. 여기에서 국가를 이상화하는 철학은 지배권력자에게 추종하는 지식인들, 즉 어용지식인들이 만들어 낸 관념이다. 그 전형적인 예를 중세 유럽에서 크리스트교의 신학이 국가철학으로 변질되는 과정에서 찾아볼 수 있다.

앞에서 살펴보았듯이, 중세 유럽이 크리스트교화하고, 정치와 종교가 일체화되면서 성지 예루살렘의 회복과 이교도에 대한 크리스트교 국가의 방위를 위해 이른바 성전에서 하나님을 위해서 죽는 것, 즉 순교가 천상의 국가로 가기 위한 승차권으로 받아들여졌다. 우리가 유럽의 중세사를 통해서 배웠듯이, 서유럽에서 '정치=종교'는 '교회=국가'가 되고 이것을 구현하는, 교황이 지배하는 신성(神聖) 로마제국이 서유럽에 확립되었다. 그 결과, 크리스트교 신학의 지배설인 삼위일체론(Trinitarian Doctrines) 또는 삼위일체주의(Trinitarianism)에서 말하는 성부(聖父), 성자(聖子), 성령(聖靈) 삼위일체의 주신(主神) 크리스트와 크리스트가 지배하는 교회의 관계에 적용되었던 교리는 황제와 제국의 관계에도 그대로 확대 적용되었다. 그 핵심이 바로 '크리스트의 신비체(Corpus Christi Mysticum, Mystical Body of Christ)'이다.

신비체의 의미

'국가'의 본질을 이해함에 있어 크리스트교 교회의 신학적 도그마가 어떻게 국가의 정치권력에 전용되었는가를 살펴보기 위해서는 중세 크리스트교의 '신비체(神秘體, corpus mysticum, Mystical Body)'에 관한 논의까지 거슬러 올라가 볼 필요가 있다.

'신비체'라는 말은 인간의 몸으로 오신 예수가 인간을 위해 십자가에 못 박혀 신(神)이 된 이후 크리스트의 신체(Corpus Christi)에 관해 중세 크리스트교 교회 내에서 있었던 논의에서 등장한다. 이후 신비체라는 말은 여러 방면으로 영향을 주게 된다. 크리스트교를 둘러싼 신비체 논의는 국가를 신비체로 하는 논의로 전용되어, 마침내 모든 사회제도적 존재의 비유로 사용되었고, 중세 유럽의 도시나 대학, 심지어 주식회사에 대한 해석에도 영향을 주었다. '신비체'로서의 국가에 대해서는 칸트로비치(Ernst Hartwig Kantorowicz, 1895~1963)[22]가 그의 저작 『왕의 두 신체』[23]와 『Selected Studies』[24]에서 상세히 논하고 있다. 그의 논의를 필요한 부분만 자의적으로 요

22 에른스트 하르트비히 칸트로비치는 도이칠란트 태생으로 아메리카합주국으로 건너간 역사가이다. 중세 정치사·사상사·예술사를 연구하고 신성로마 황제 프리드리히 2세를 논한 『프리드리히 2세(Frederick the Second, 1194~1250)』(1927)와 중세·근세 군주제론·국가론을 다룬 『왕의 두 신체(The King's Two Bodies: A Study in Mediaeval Political Theology)』(1957) 등의 저작물이 있다.

23 Ernst Hartwig Kantorowicz, *The King's Two Bodies: A Study in Mediaeval Political Theology*, Princeton University Press, 1957(小林公 訳,『王の二つの身体(上·下)』, ちくま学芸文庫, 2003); Ernst Hartwig Kantorowicz, *Selected Studies*, New York: Johannes Jakob Augustin, 1965.

24 Ernst Hartwig Kantorowicz, *Selected Studies*, New York: Johannes Jakob Augustin, 1965. 이 책은 甚野尚志 訳,『祖国のために死ぬこと』, みすず書房, 1993(新装版: 2006)로 일본어로 번역 출판되었다. 일본어판에는 中世政治思想における「祖国のために死ぬこと」,「国家の神秘」,「キリスト」と「国庫」,「法学の影響下での王権」,「ダンテの「ふたつの太陽」,「芸術家の主権」 등 6편이 수록되어 있다.

약하면, '신비체'에 대한 해석의 변천은 다음과 같이 정리할 수 있다.

'신비체'는 크리스트교 경전 『바이블(Bible)』의 해석에서 유래한 말이다.[25] 예수가 '최후의 만찬'[26]에서 빵과 포도주를 가리키며 '이것은 내 몸이요, 피다'라고 했다는 일화에서 빵과 포도주를 뜻하는 성찬이 크리스트의 신비체로 불린 것이다. 성찬식은 예수의 살(肉)과 피(血)를 몸속에 넣는 신비한 행위로서 크리스트를 내재화하고 하나님과 일체화하기 위한 중요한 종교의식이다. 이처럼 신비체라는 말은 초기에는 비적(祕籍)에 의해 성찬(빵과 포도주)이 크리스트의 몸과 피로 바뀌는 것을 의미했다.

이후 크리스트교에서는 교인들의 모임인 교회 자체를 신비체로 지칭하게 된다. 교회 자체를 '크리스트의 육신'으로서 바라본 신비체라는 관념은 성 바오로(Paulus, 10?~67?)[27]까지 거슬러 올라가지만, 그 용어는 크리스트교 경전 『바이블』 자체의 전통에서 찾을 수 없고, 우리가 상상하는 것만큼 그렇게 오래된 것이 아니다. 신비체라는 용어는 프랑크 왕국의 후반을 지배했던 카롤링거 왕

25 『신약』 「마가복음(the Gospel of Mark)」 14장 17절.

26 예수가 십자가에 매달리는 전날 밤에 12명의 제자와 함께 행한 만찬을 말한다. 크리스트교 경전 『바이블』, 「마가복음」 14장 17절.

27 크리스트교의 사도로 본명은 사울(Saul)이다. 세 번의 대(大)전도여행을 하며 '이방인의 사도'로서 사명을 다하였다. 바오로는 크리스트교 최대의 전도자였고, 최대의 신학자였으며, 오늘의 크리스트교가 있게 한 크리스트교 형성의 역사상 가장 중추적 인물이다.

조(Carolingian dynasty) 시대 코르비 수도원(Abbaye de Corbie)[28]의 원장(재위 843~851) 파스카시우스 라드베르투스(Paschasius Radbertus, 785~865)와 같은 수도원 소속 수도사이자 신학자인 라트람누스(Ratramnus, ?~870?) 간에 있었던 성찬 논쟁(聖餐論爭, Eucharist Controversy)[29]에서 시작되었다고 한다. 라트람누스는 실제로 고통을 겪었던 육체가 그리스도의 '참된 고유한 몸(proprium et verum corpus)'이고, 이에 반해 성찬 자체는 크리스트의 '신비체'라고 표현했다. 이때 신비체는 교회 또는 크리스트교도 공동체의 단일성과 통일성을 의미하는 것은 아니고, 크리스트의 신비적인 육신인 깨끗해진 성체를 말하는 것이었다. 이것이 12세기 중엽 투르의 베렌게르(Bérenger de Tours, 999?~1088)[30] 등이 제기한 화체설(化體說)에 대한 대논쟁이 있기까지, '신비체'에 대한 로마가톨릭교회의 공식 견해였다.[31] 그러나 성체를 정신적 상징이 해석하고 신비화하는 투르의 베렌게르나 이단적인 분파주의자의 교의에 대해 교회는 성체가 영적·신비적인 의미가 아닌 현실에 존재하는 인간 크리스트의 육신임을 강하게 주장하게 된다. 그 후 성체는 의미심장하게 '참육신', '자

28 이 수도원은 오늘날 프랑스의 중북부 피카르디(Picardie) 지역의 솜(Somme)시에 657년에서 661년 사이 프랑크 왕 클로비스 2세(Clovis II, 637~657)의 왕비 성 바틸다(St. Bathilda)가 건립하였다.

29 성찬 논쟁은 크리스트교 교회에서 성찬 시 사용되는 빵과 포도주 자체의 의미를 어떻게 이해해야 하는가라는 해석 문제에 그 핵심이 있다. 이 논쟁은 일부 신학자들이 성찬을 숭배하거나 그것에 미신적인 사상들이 침투하여 성례를 오염시킨다고 주장하면서 시작되었다.

30 투르의 베렌가리우스(Beringerius Turonensis)는 11세기 프랑스 기독교 신학자이다.

연의 육신' 또는 단순히 '크리스트의 육신'이라고 불리게 된다. 덧붙이건대, 그 이름을 기초로 해서 1264년에 '크리스트 성체'의 제례가 가톨릭교회에서 제정되었다. 즉 당초 크리스트교회를 가리켰던 바오로의 말은 그 후에 성체를 지시하기 시작했다. 한편 그때까지 성체를 나타내기 위해 사용되었던 '신비체' 개념은 1150년 이후부터는 서서히 조직체로서의 교회로 옮겨간다. 최종적으로 교황 보니파키우스 8세(Bonifacius VIII, 1235?~1303)와 그의 교칙 『우남 상크탐(Unam sanctam)』[32]에 의해 '머리가 크리스트인 하나의 신비체'로서 교회의 관념은 이제 누구도 부정할 수 없는 탄탄한 말씀(dogma)으로 변질되었다.

31 화체설(化體說, transubstantiation)은 로마가톨릭교회의 공식 견해로서, 성찬식에서 성체인 빵과 포도주가 크리스트의 살과 피로 변한다는 설이다. 16~17세기 유럽에서 로마가톨릭교회의 쇄신을 요구하는 종교개혁이 시작되면서 화체설을 부정하는 다양한 해석론이 등장한다. 즉 빵과 포도주는 성별(聖別)의 기도 후에도 크리스트의 살과 피로 변화되지 않지만 빵과 포도주 안에 크리스트의 신성(神性)과 인성(人性)이 함께 실제적으로 임재한다고 하는 마르틴 루터(Martin Luther, 1483~1546)의 공재설(共在說, co-existentialism), 성찬은 크리스트의 죽음에 대한 교인들의 기념일 뿐이라고 하는 울리히 츠빙글리(Ulrich Zwingli, 1484~1531)의 상징설(象徵說, symbolism), 성령이 크리스트의 살과 피의 공로와 능력을 빵과 포도주를 통해 전달해 준다고 하는 장 칼뱅(Jean Calvin, 1509~1564)의 영적 임재설(靈的臨在說, spiritual presense) 등이 그것이다.

32 『우남 상크탐』은 1302년 교황 보니파키우스 8세의 칙서다. 그 제목은 중세 라틴어 문서가 흔히 그러하듯이 문서의 첫머리로, '유일하고 거룩한'이라는 뜻이다.

국가의 이상화:
신비체로서 국가

사회학적 또는 역사적 관점에서 보면, 유럽 크리스트교에서 '신비체'라는 용어는 교회 자체를 지시하는 것으로 교회가 위기에 처했을 때 사용되었다.

11세기 후반에서 12세기에 걸쳐 유럽의 주교(主教)·대수도원장(大修道院長) 등 고위 성직자들에 대한 서임권(敍任權, Investiture)을 둘러싸고 신성 로마 황제와 로마 교황 사이에 전개되었던 이론 및 실력에 의한 권력 투쟁, 이른바 서임권 투쟁(敍任權鬪爭, Investiturstreit) 이후에, 다양한 이유로 정치체로서 교회의 제도적·단체적 측면이 상당히 강조되는 위험이 야기되었다. 이로부터 중세 유럽에서 가톨릭교회의 세속화가 시작되었다. 그러한 세속화 과정에서 교회의 지배권력은 이전보다 훨씬 더 교회 행정조직체의 신비적인 해석을 통해서 세속의 정치권력과의 평형이 유지되어야 할 필요성을 절감하게 되었다. 이러한 상황에서 '신비체'라는 용어와 관념은 가시적인 교회라는 유기체적 구성물을 그 이전에 전권을 누렸던 전례적 영역과 접합하게 했다. 동시에 그것은 정치체 또는 정치적 유기체로서의 교회를 그때까지 자족적인 공동체로서 자기주장을 하기 시작한 세속적 정치체와 같은 수준에 두게 되었다. 신비체라는 용어가 내용적으로 변화된 시기는 서유럽의 사상사에서 단체적·유기체적인 교의가 새롭게 정치이론에 침투하고 중세 최전성기 및 후기의 정치사상을 결정적으로 구조화하기 시작한 시기와 일치한다.[33]

성(聖)과 속(俗)의 공동체라는 유기체적 관념에 추가해서, 로마법의 새로운 연구에 유래하고 그것과 밀접하게 관련된 일련의 단체에 대한 말씀론(Dogmatik)도 있었다. 성경에 대한 성직자들의 말씀론은 크리스트교 경전『바이블』의 체계적 해석론으로서, 그 말씀의 구현체로서 국가 관념에 강력한 영향을 미치기 시작했고, 이는 13세기 중엽에 정점에 도달한다. 당시 위대한 법률가이기도 했던 교황 이노센트 4세(Innocent IV, 재위 1243~1254)는 법률가적 입장에서 '만들어진 인격' 또는 의제적 인격, 다시 말해 법률적 인격의 개념을 도입하여 이를 정교하게 구상했다. 그것은 단체, 공동체, 또는 신체라는 인간의 모든 집합체에 대한 추상 개념이며, 국가 혹은 교회라는 인간들의 집합체에 대한 추상적인 관념 없이는 근대사회가 원활하게 존속할 수 없었다. 이러한 관념은 아리스토텔레스(Aristoteles, BC 384~BC 322)의 사회론에 의해 강화되고 윤리학적으로 고찰되는데, 그 영향을 받아서 '신비체'는 지전, 전례(典禮) 용어로서 가지고 있던 초월적인 의미를 대부분 상실해 버렸다. 순수하게 사회학적·법학적인 성격이 우위를 차지하기 시작한 것은 토마스 아퀴나스(Thomas Aquinas, 1225~1274)에서 확인할 수 있다. 그는 교회를 '신비체'로 보

33 솔즈베리의 존(John of Salisbury, 1115 또는 1120~1180)의『정체론(政体論, Policraticus)』(1159)은 이러한 시대적 상황을 반영하는 책이다. 이 책에서 솔즈베리의 존은 국가(國家)와 인체(人體)를 비교하는 유기체적 관점에서 신성한 법을 핵심으로 하는 유기체적 국가를 설파하면서 전제(專制)정치를 부정한다. 솔즈베리의 존은 잉글랜드 출신으로 파리와 샤르트르(Chartres, 프랑스 중부에 위치한 도시)에서 활약한 스콜라 철학자다. 그는 감각, 이성, 신앙의 3자를 인식의 원천으로 삼고, 인지의 유한성을 인정하며 회의론자의 겸손한 태도를 존중하면서도 이론의 실천을 중시하고 신에 대한 사랑과 철학을 결합하고자 했다.

는 대신 법학적으로 '신비적 인격'으로 정의했다.[34] 즉 '신비체'라는 용어가 여전히 지니고 있던 신비적 실체는 여기에서 사상(捨象)되어 버리고 법률가의 '의제적 인격'과 같은 뜻인 '신비적 인격'이라는 법적 추상 개념으로 대체된다.

그 머리가 크리스트인 신비체로서의 교회라는 숭고한 관념이 세속의 단체적·법적 내용으로 채워지는 한편, 세속국가는 거의 종교적인 영예를 요구하도록 자신의 지위를 높이고, 스스로를 '신비체'라고 부르며, 자신의 정당화와 목적달성을 위해서 '신비체'라는 관념을 이용할 수 있게 되었다. 법률가들은 촌락, 도시, 주, 왕국, 우주라는 5가지 이상의 '신비체'를 구별하기 시작했다.

예컨대 14세기 이탈리아의 법학자 발두스 데 우발디스(Baldus de Ubaldis, 1327~1400)는 '백성(people)'을 공동체의 개인들로서뿐만 아니라, '하나의 신비체에 모인 사람들'이라고 정의했다.[35] 프랑스와 마찬가지로, 잉글랜드에서도 '정치체(政治體)'와 '신비체(神祕體)'라는 용어는 명확히 구별되지 않고, 백성(people)과 국가(state)를 지시하는 것으로 사용되었다.[36] 이처럼 13세기 말 유럽에서는 국가의 대소(大小)를 불문하고 세속의 공동체도 '신비체'로 정의했는데, 그것은 모

34 Thomas Aquinas, *Summa Theologiae III*, q. 48, a. 2, ad I. 여기서는 '머리와 사지(四肢)는 하나의 신비체와 같은 것이다'라고 기술하고 있다. Henri de Lubac, *Recherches de science religienuse. XXIX*, 1939, 461, n. 4.

35 Otto von Gierke, *Das deutsche Genossenschaftsrecht III*, Berlin, 1881, S. 432.

36 잉글랜드에서 이 말은 중세 잉글랜드의 왕조(1399~1461 및 1470~1471)가 지배했던 시기에 빈번히 보였다고 한다.

든 정체(政體), 즉 아리스토텔레스적 의미에서의 '도덕적 정치체'를 가리키는 것이었다.[37] 물론 아리스토텔레스의 개념을 교회 용어와 연결하는 것에 전혀 곤란한 점은 없었다. 13세기 말 벨기에 철학자 폰테뉴의 고드프리(Godfrey de Fontaines, 1250?~1308?)는 '신비체'를 아리스토텔레스의 도식에 넣어서 모든 사람은 그의 자연적 본성에 의해서 사회적 공동체의 일부이고, 신비체를 구성하는 구성원이라고 규정했다. 그에 따르면 인간은 생물학적 조건과 타고난 본성이 '사회적 동물'인데, '사회적 동물'로서 인간은 그 자연 본성에 의해 신비체, 즉 공동체적 또는 집단적 사회조직체의 구성원이라는 것이다. 그리고 단테(Alighieri Dante, 1265~1321)는 공동체적 또는 집단적 사회조직체를 '인류'라고 정의하였는데, 그 후에 중세 유럽에서는 프랑크 왕국이든, 피렌체의 도시국가든, 다른 어떠한 사회적 공동체나 단체든, 그것을 '백성' 또는 '조국'의 의미로 정의했다고 한다.

중세 유럽에서는 '신비체'가 피지배민, 즉 백성의 '도덕적 정치체'와 동일시되고, 그 후 조국과 동일화되었다. 그 결과 조국은 현대적인 법인(法人)과 유사한 관념적 신비체가 되고 그것을 위한 죽음은 신성한 고귀성(高貴性)을 가지게 되었다. 그 결과 조국을 위한 죽음은 이제 종교적인 관점에서 생각되기 시작했다. 즉 그것은 교회의 '신비체'와 같이 현실성을 가진 국가의 '신비체'를 위한 희생으로서 나타난다는 것이다. 이는 바로 고대 그리스와 로마에서는 확실하게 존재했지만, 중세 초기에는 사실상 존재하지 않았던, 세속국가

37 Otto von Gierke, 앞의 책, S. 548, n. 75.

에 대한 윤리적 가치나 도덕적 감정의 회복을 의미한다. 그러나 이것은 '조국을 위해서 죽는다'라는 관념이 크리스트교로부터 이교화(異教化) 및 이단화(異端化)되었다는 것을 의미하는 것이 아니라, 오히려 크리스트교적 차원으로 승화되었다는 의미다. 인문주의의 영향은 있었지만, 조국을 위한 죽음이 지니는 반종교적인 측면은 확실히 크리스트교 신앙에서 유래하는 것이고, 그 힘이 이제 국가라는 세속의 '신비체'에 기여했던 것이다.

'국가'는 단지 인간이 살아서 거주하는 장소로서 땅이 아니다. 그것은 제3자화된 '우리(The We, Das Wir)'의 땅이다. 여기서 '우리'는 지금 여기에 있는 우리가 아니라, 이미 사자(死者)가 된 기억과 기록 속의 선조와 미지의 자손, 나아가 다른 나라들에 흩어져 있어서, 그야말로 상상 또는 공상 속에 있을 뿐인 하나의 특정한 땅에 지향된 '동포들'도 포함한 '우리'인 것이다. 이러한 '우리'는 어떤 기억을 공유한 장소에 의해서 매개된 '우리'다. 이리하여 토지와 영토는 신성화되고 '우리' 조국이라는 관념이 생겨난다. 그리고 많은 경우, 그 장소를 역사적인 것으로 표상하는 기념비와 이야기, 성지, 그 나라를 상징하는 특권화된 도시를 가진다. 여기에서는 '시민'도 일정한 법과 정부를 따를 뿐인 존재는 아니다. 당초에 하나의 법과 정부가 설립되는 데는 그 나름의 역사적 경위가 공유되어야 하고, 그것에 일정한 문화와 가치가 공유되어야 한다. 따라서 '시민'도 법적 주체뿐인 존재는 아니다. 상호 공유된 어떠한 의식에 의해 자신을 타자와 구별하여 '동포 시민'이라고 할 수 있으려면 그 나름의 역사와 문화의 공동성과 그 공동성을 상징하는 '신화적인 것'이 있어야 한다. 뒤에서 언급하겠지만, 이것이 국가가 '시민적·영역적 네이션'을 만들어 냈어도 그 기초에는 '종족 계보적 측면(ethnic-genealogical aspect)'이 있다고 잉글랜드 사회학자 앤서니 스미스(Anthony D. Smith, 1939~2016)가 주장하는 이유다.

그렇다 해도 '민족'을 엄밀하게 정의하는 것은 여전히 어렵다. '민족'이라는 관념 자체에 결코 확정된 자연적인 기초가 있는 것이 아니기 때문이다. 그러나 어느 정도의 역사적 경험을 공유하면서 공통의 문화를 가지고, 그것을 매개로 해서 '우리(We, Wir)'라는 공동체 혹은 같은 영역에 속해 있다는 동질감을 가진 집단을 '민족'이라고 부를 수 있다.

체코계 잉글랜드 철학자이자 문화인류학자인 어니스트 겔너(Ernest André Gellner, 1925~1995)는 '내셔널리즘'이라는 개념을 사회사적으로 연구했다. 그에 따르면 '네이션'을 하나의 공동체에 봉사하는 집단으로 관념하게 되는데, 내셔널리즘은 네이션의 의지에 따르고 있어 정의하기 어렵다고 한다. 그런데 만약 구성원의 혈통적인 정의(定義)에 의해서든 공유문화(표준화되고 읽을 수 있는 능력과 교육에 기초한 커뮤니케이션 시스템)에 따른 정의에 의해서든, 그 어느 것에 의해서도 정의될 수 없다면, 네이션이란 무엇인가라는 의문이 생긴다.

겔너에 따르면, '네이션'이라는 관념이 내셔널리즘을 만들어 낸 것이 아니라, 반대로 네이션이 내셔널리즘(nationalism, Nationalismus)에 의해서 생겨났다. 다시 말해, 내셔널리즘이 '네이션'이라는 관념을 만들어 냈고 지금도 그렇게 하고 있으며, '네이션'이란 관념이 내

셔널리즘이라는 이데올로기보다 먼저 존재하지는 않는다는 것이다.[38]

겔너의 주장은 반은 맞고, 반은 틀렸다. 역사적으로 보면, '네이션'이라는 관념이 명확하게 주창되기 시작하는 것은 내셔널리즘(Nationalism)과 함께라는 것이 확실하기 때문이다. 그러한 의미에서는, 겔너가 말하듯이, 민족이 민족주의라는 이데올로기를 만들어내는 것이 아니라, 민족이라는 환상을 탄생시키는 것은 바로 민족주의라는 이데올로기이다. 즉 민족이란 민족주의 이전에 존재하는 것이 아니라, 지배자들에 의해 주입된 민족주의라는 환상을 통해서 생겨난다고 말할 수 있다. 그러나 겔너는 내셔널리즘은 이전부터 존재했으며, 역사적으로 계승해 온 문화를 이용한다고 말한다. 여기에 네이션의 '종족적 기원(ethnic origin)'이 지니는 의미가 있다. '문화'를 언어와 독서능력에 있어서 표준화된 교육의 결과로 만들어진 하나의 의사소통(커뮤니케이션)의 세계, 즉 문화적 공동체와 같이 이해한다면, 그 문화(고등문화) 자체는 분명 이미 근대적인 네이션 스테이트를 상정한다. 그렇지만 '문화'에는 획일화된 교육뿐만 아니라 역사적으로 형성되고 일상 속의 관습이 되어 사고방식을 규정하는 거의 무의식화된 상징적 체계도 포함된다. 여기에는 분명히 '종족적(ethnic, völkisch)'이라고 할 수 있는 집단적 습속도 포함된다.

실제로는 겔너가 강조하듯이, 지방적·토착적인 다양한 문화(하위

38 Ernest A. Gellner, *Nations and Nationalism*, Cornell University Press, 1983(최한우 옮김, 『민족과 민족주의』, 한반도국제대학원대학교출판부, 2009) 참고.

문화)는 지배기구인 국가권력에 의한 교육과 관료기구를 통해서 강력하고 획일적인 성문화된 지배문화로 치환되어 간다. 지방적·토착적인 종족(민속)문화는 획일적이고 관료적인 고등문화 안에서 압살된다. 우리는 이러한 사례에 끊임없이 직면하고 있다. 그러나 이 경우에도 지배권력은 지방의 다양한 토속문화를 어느 범위 안에서 포괄하고 획일화한다. 이러한 경우, 국가적 민족문화와 지방적·토착적 종족문화 혹은 민속문화 사이에는 어떠한 공통성이 취해지고, 그 공통성이 강조되어 새로운 아이덴티티의 기반이 된다. 그것 또한 어떠한 의미에서 역사적·문화적 어법으로 말해져도 좋을 것이다. 그것이 차용된 것이든 창조된 것이든, 근대적 네이션은 그 기초에 역사적인 것의 공유라는 '종족적'인 어법을 가질 수밖에 없다. 따라서 이러한 '종족적'인 어법을 자명하게 할 수 있는 만큼, '종족적'인 어법이 얼마나 자명한가에 따라서 네이션의 의미와 그 강고함의 정도는 달라질 것이다. 지방적·토착적 문화를 정복하거나 변형해서 획일적인 '국민문화'를 낳는 과정에도 불구하고 뿌리 깊게 잔존하는 토착문화의 정도에 따라 네이션의 의미는 달라질 것이다.

3

민족이라는 신화

역사적으로 보면, '네이션'의 문제는 결코 새롭지 않다. 그럼에도 불구하고 여전히 절실한 현실적인 문제로서 거론되고 있다. 무엇보다 일반적으로 말하는 '민족문제'와 '민족운동'은 19세기 이래 20세기의 제국주의 시대를 관통해서 그 심각성을 더해갔다. '파시즘'으로 불리는 '극단적인 민족주의'의 경험도 그리 오래된 것은 아니다. 최근에 '민족'의 문제가 새로이 적극적인 의미로 제기되고 있는 것은 현 단계의 세계사에서 '평화'가 매우 중요한 화두가 되어온 수년간의 사정과 무관하지 않은 것 같다.

제2차 세계대전 이후 여러 중소국가, 특히 아시아 대륙, 아프리카 대륙, 중앙·남아메리카 대륙에서 이른바 민족 독립운동이 전개되어 대한민국을 포함한 다수의 네이션 스테이트들이 성립되었다. 하지만 자본주의 진영과 사회주의 진영 간의 이데올로기 전쟁, 이른바 냉전의 결과 1949년 북대서양동맹(NATO)의 성립을 정점으로 국제 정치는 양극화되었고, 새로운 형태의 국제적 종속이 진행되었다. 유럽 강국들조차 여러 방식으로 국제적 종속을 겪으면서 국가 주권의 위기 문제가 대두되었다.

냉전의 여파로 발발한 베트남 전쟁이 프랑스와 아메리카합주국 등 자본주의적 패권국가에 대한 베트남 민족의 승리로 끝나고, 1975년 베트남이 통일되면서 세계에서 '민족의 문제'는 수면 아래로 가라앉은 듯했다. 하지만 그 후 얼마 지나지 않아 1980년대 후반에 동서로 나뉘어 있던 베를린 장벽이 붕괴하면서 분단된 도이칠란트가 하나의 국가로 되고, 구소련을 중심으로 한 사회주의 진영이 해체되는 한편, 인터넷 기술 등 첨단 의사소통 기술의 발달과 더불어 자본주의 체제에 의한 세계화가 이루어지는, 이른바 '역사의 종말'[39]이라는 새로운 역사가 성립되어 가는 듯했다. 그러나 새롭게 등장한 중국과 아메리카합주국 간의 패권대결, 러시아와 우크라이나 간의 전쟁 등으로 인해, 구조는 다를지라도 제2차 세계대전 이후의 냉전시대와 유사한 상황이 다시 조성되고 있다. 이러한 새로운 국면에서도 여전히 '민족 문제'는 다시금 중요한 문제로 부각되었다.

특히, 이들 신흥 패권국가들 사이에 낀 한반도에서는 21세기의 신흥 패권국가로 부상한 중국과, 자신의 기존 지배권을 그대로 유

39 아메리카합주국의 일본계 정치학자 프랜시스 후쿠야마(이상훈 옮김), 『역사의 종말』, 한마음사, 1992 참고.

지하려고 하는 아메리카합주국 간 치열한 대결의 격랑에 휩쓸려, 70여 년 전 한 차례 큰 대리전쟁을 치른 한민족(韓民族)의 두 국가 지배세력들이 '민족'에 대한 지배권을 장악하기 위해서 이른바 '민족통일(national unification)'이라는 이념을 새로 내걸고서 철 지난 이데올로기적인 대결을 지금까지 벌이고 있다.[40] 이러한 대결에서도 '민족', '국민' 또는 '국가'[41]라고 번역되는 네이션, 그리고 '민족주의'

40 여기에서 한 가지 근본적인 의문이 제기된다. 언제부터 한반도에 터를 잡고 살아온 사람들이 하나의 '민족(民族)', 곧 한민족의 일원이라는 관념을 갖기 시작했는가 하는 문제이다. 이 문제는 앞으로 더 깊이 연구되어야 하지만, 가설적 차원에서 다음과 같이 추정해 볼 수 있다.
인류학적 관점에서 보면, 현생인류(homo sapiens)는 아프리카 대륙에서 기원하여 수만 년에 걸쳐 이동했고, 유럽어 'clan', 'tribe', 'race' 등으로 불리는 다양한 인종적 집단(ethnic group)의 형태로 유라시아 대륙과 아메리카 대륙으로 확산하였다. 이러한 집단 가운데 일부는 여러 경로를 거쳐 동아시아의 한반도에 도달하게 되었다. 크게 보아 한 경로는 중앙아시아·시베리아·몽골 지역을 거쳐 한반도 북부와 동해안에 정착한 경우이고, 다른 한 경로는 서남아시아·인도반도·중국 대륙 해안을 따라 이동하여 한반도 서해안과 남해안에 정착한 경우이다. 현재 연구 성과에 따르면, 전자를 예족(濊族)과 맥족(貊族)으로, 후자를 한족(韓族)으로 총칭하는 듯하다.
정치적 상황을 보면, 험준한 산악 지형 탓에 오랫동안 소규모 씨족·부족 단위로 고립되어 있다가, 새로운 집단의 도래와 정복을 통해 소규모 계급적 왕국이 형성되었다. 이후에도 왕국들은 집단적 전쟁과 정복을 되풀이하였다. 이러한 사실에 비추어볼 때, 예족·맥족·한족은 내부적으로조차 자신들이 하나의 '민족'이라는 의식을 20세기 초까지는 전혀 갖지 않았던 것으로 보인다.
한반도에 살던 사람들이 '하나의 민족'이라는 의식을 가지기 시작한 것은 20세기 초에 이르러서였다. 서유럽 문물을 먼저 받아들인 일본 제국이 한반도를 점령하고 조선 왕국의 지배계급이 주도권을 상실하자, 양반 계층의 일부 식자들이 일본의 식민 권력과 접촉하면서 서구적 사회·문화·정치 이데올로기를 습득하고 각성하였다. 그들은 민중을 동원하여 지배권을 회복하기 위해 '민족(民族, nation)'이라는 관념을 민중에게 주입했고, 이로써 민족의식이 싹트기 시작하였다. 특히 1919년 3·1운동과 중국 상하이에 수립된 대한민국임시정부를 계기로 민족 관념은 본격적으로 확대되었다. 나아가 1945년 해방과 함께 근대적 국가가 성립되면서, 국가권력은 공교육 제도를 통해 한반도의 주민들에게 자신들이 '한민족(韓民族)'의 성원이라는 의식을 주입하였다고 볼 수 있다.

라고 번역되는 '내셔널리즘'이 그 문제의 기저로서 등장하고 있다. 그렇다면 이러한 새로운 상황에서, 즉 선진국 내에서의 문제로서, 역사적으로 종속적 지역이 된 곳에서, 국가와 국가 간의 대결에서, 마치 약방의 감초와 같이 등장하는 'nation'의 번역어로서 '민족'이 어떠한 실체를 가지는지가 문제다.

민족,
상상의 공동체

먼저 내셔널리즘의 역사적 기원에 대해 살펴보면서 '네이션'에 관해 언급하고 있는 아메리카합주국의 유명한 정치학자 베네딕트 앤더슨(Benedict Richard O'Gorman Anderson, 1936~2015)의 이야기를 들어보자.[42]

'네이션'이란 근대의 산물이며, 가장 오래된 '민족'도 18세기 후반보다 과거로 거슬러 올라갈 수 없다. 앤더슨은 네이션과 내셔널리즘이 어떤 사회현상을 통해 형성됐는지 설명했다. 그가 찾아낸 원인 중 가장 유명한 것은 출판자본주의, 즉 자본주의적 야심을 가진

41 참고로 'national interest'는 '국익(國益)'으로 번역되는데, 여기에서 'national'은 '국가' 자체를 의미한다.

42 Benedict Richard O'Gorman Anderson, *Imagined Communities: Reflections on the Origin and Spread of Nationalism*, Verso, 1983(2nd edition, 1991)(윤형숙 옮김, 『상상의 공동체: 민족주의의 기원과 전파에 대한 성찰』, 나남출판사, 2003).

기업인들에 의한 출판물의 보급이다.[43] 결론부터 말한다면, 네이션이란 하나의 상상된 공동체라는 것이다. 하지만 구성원에 의해 상상되고 있다는 것은 어떤 공동체라도 마찬가지 아닌가. 예를 들어 가족은 개개인의 상상 속에서 서로가 같은 가족의 일원으로 인정하기 때문에 이루어진다. 함께 살더라도 그 상상 속에 포함되지 않으면 가족이 아니다. 그런데 왜 민족에 대해서만 상상적 의미가 강조되는 것일까? 이 질문에 답을 얻기 위해서 앤더슨은 내셔널리즘의 역사적 기원을 고찰한다. 그는 민족국가가 성립되기 이전 단계에 착안하여 네이션 즉 민족의 역할, 다시 말해 종교 공동체와 왕국이 사회 조직화를 위해 수행했던 역할을 살펴보는 것에서 시작한다. 민족이란 종교적 공동체로서 교회 그리고 정치적 공동체로서 왕국이라는 체계가 쇠퇴하면서 등장한 새로운 공동체이며, 이것에 새로운 활력을 불어넣은 것이 자본주의 경제의 진전과 더불어 인쇄를 통한 정보기술의 발전이라고 앤더슨은 주장한다. 왜냐하면 출판산업은 민족의식의 기반을 제공하고 새로운 형태의 상상의 공동체

43 네이션에 관한 앤더스의 논의를 살펴보면, 앤더슨은 네이션이 인류사 초기부터 존재했다고 믿던 원초주의자들과는 대립관계에 있지만, 네이션과 내셔널리즘에 관한 어니스트 겔너(Ernest Gellner, 1925~1995), 에릭 홉스봄(Eric John Ernest Hobsbawm, 1917~2012) 등의 논의가 네이션과 내셔널리즘이 근대성의 산물이자 정치적·경제적 목적을 위한 수단으로 만들어졌다고 본다는 점에서 이들의 입장을 역사주의 혹은 근대주의로 정의한다. 그는 이와 같은 마르크스주의 이론이나 자유주의 이론에 입각해서는 '내셔널리즘'을 올바르게 설명할 수 없다고 느꼈기 때문에 '상상의 공동체'라는 새로운 발상을 하는 것 같다. 근대주의나 역사주의에 서 있는 겔너나 홉스봄과 대조적으로 앤더슨은 민족주의 이념에 적대적인 입장을 취하지도 않고, 내셔널리즘이 지금과 같이 세계화되는 세계에서 쇠퇴할 것이라고도 생각하지 않는 것 같다. 그는 내셔널리즘의 유토피아적 요소에서 그 가치를 찾는 것 같다.

를 가능하게 했기 때문이다. 이러한 공동체가 성립하는 18세기부터 19세기에 걸쳐 민족국가가 등장한다. 민족국가는 행정조직으로 형성되었으나 그 조직 내부에서의 교류를 통해 성원들 사이에 공통의 시간 및 공간 인식이 생겨났고, 동포 또는 동료로서의 의식을 공유하기에 이르렀다. 앤더슨에 따르면, 대항해를 통해 발견된 외국어는 자국 언어와의 비교연구를 가능하게 해 언어학자와 문학자, 지식인들이 내셔널리즘을 키우는 문화적 기반이 됐다는 것이다.[44] 이러한 역사적 경위를 거쳐 19세기에는 공정한 내셔널리즘이라는 새로운 형태의 내셔널리즘이 확립되었다.[45]

19세기의 새로운 내셔널리즘은 현실적인 혈연·지연집단 또는 개체로 흩어져 있는 사람들을 '민족(nation 또는 국민)'이라는 이름으로 묶으려는 정략적인 의도에 따라 지배권력(국가권력)에 의해 만들어진 제국주의로서 전통 왕조의 원리와 혁신적 국가의 원리를 종합하는 정치적 이데올로기다. 앤더슨은 내셔널리즘이 일종의 언어에 의해 상상된 공동체 형태라고 파악하면서 사람들이 국민이란 말에 특별한 애착을 갖는 근본적인 이유는 국민이란 말이 자기희생을 수반하는 애정을 환기하기 때문이라고 말했다. 즉 앤더슨에 따르면, 민족이란 상상 속에만 존재하는데 민족 이외의 공동체는 그렇지 않다는 것이다. 구체적으로 실재하는 공동체에서는, 예컨대 "그는 내 동료다, 어쨌든 내 여동생 남편의 친구니까"라는 식으로 개인

44 앞의 책, 29~76쪽(2장 문화적 기원, 3장 민족의식의 기원)

45 위의 책, 117~148쪽(6장 민족주의와 제국주의)

이나 가족원을 중심으로 그 폭이 줄어들기도 하고 어느 정도 늘어나기도 해서 그 친밀성의 네트워크로서 실재할 수 있다. 그러나 '민족'의 경우는 이와 전혀 다르다. 통상 우리가 말하는 '민족'은 그것이 아무리 소규모라고 하더라도 그 민족의 구성원으로서 개인들은 다른 대다수 구성원들을 처음부터 거의 전혀 알지 못하고, 또 평생 구성원 전부를 간접적으로조차 알 기회도 가질 수 없으며, 만날 수도 없고, 멀리서 볼 수조차 없다.

그런데도 사람들은, 마치 '같은 민족' 또는 '동포'라는 상상 속에 어떠한 생생한 실체(reality)가 있는 것처럼 여긴다. 이를테면 스포츠 대회나 가요경연대회같이 기껏해야 매스컴에서 본 운동선수나 가수들을 자신의 형제자매인 것처럼 열광적으로 응원하듯이, 깊은 동포의식(brother consciousness)으로 연대하고, 때로 그것 때문에 자신의 목숨을 불사르기도 한다는 것이다.

지배권력의 부산물로서 민족 관념

이제 서유럽어 '네이션'과 '스테이트'를 어떻게 이해하면 좋을지 생각해 보자. '네이션'은 라틴어 natio에서 유래된 유럽어인데, 'natio'에서 알 수 있듯이 사람들의 집합체를 의미한다. 단수의 집합명사 'nation'에 나타나듯이, 그것은 어떠한 연계, 결속 또는 결합을 하는 사람들의 집단이고, 통상 공통의 조상, 문화, 언어 등을 가진다고 믿는 사람들이 만들어 낸 집단이다. '민족(Ethnic)'[46]도 거의 '네이션'과 유사한 말이지만, 그 함의는 약간 다르다.

이들과 대비해서 말하면, '스테이트'도 약간 다르다. 'state'는 본래 '어떤 통치의 상태'라는 의미에서 우선 통치기구를 의미하고, 더 나아가 어떠한 통치기구에 의해 통치되는 범위에 놓인 상태를 가리킨다. 옥스퍼드대학교에서 출판된 정치학 사전[47]에 따르면, 그것은 일정한 영역 내 공통의 이익에 의한 일정한 지배를 근거로 하여 조직된 정치적 기구다. 반면 우리말 '나라(國)'의 본래 의미는 '어떠한 왕의 통치가 미치는 영역'을 말하며 이것은 국가(國家)와도 약간 다르다. 우리말 '국가'가 주는 뉘앙스는 이들 서유럽 기원의 말과는 정확히 대응하지 않는다.

그래서 'nation state'인데, 이 단어가 하나의 결속을 가진 사회인 '네이션'과 공통의 통치체에 의해서 지배되는 기구인 'state'를 결합시킨 점에 주의할 필요가 있다. 하나는 'state'와 결부해서 'nation'이 본래 가진 'ethnic'의 측면을 다소 불식하게 된다. 'ethnic state'라고 말하지 않고 'nation state'라고 했을 때 'nation'은 일단 'ethnic'에서는 분리되고 그 사회적 결합이 조금 더 일반화되는 것이다. 'ethnic'이 명료하게 공통의 선조, 문화, 언어 등으로 정의되는 민족을 의미

46 '에스닉(ethnic)'이라는 용어에는 정치적 맥락의 '민족'이 아니라 혈통적 맥락의 '종족적'이라는 의미가 담겨 있다. 서유럽에서는 이 말을 주로 문화인류학적 맥락에서 전통적인 관습을 생활 속에 도입한 모습이나 전통 의상을 지칭할 때 사용하지만, 우리나라에서는 특별한 경우가 아니면 거의 사용하지 않는 듯하다.

47 Garrett W. Brown/Iain McLean/Alistair McMillan(ed.), *The Concise Oxford Dictionary of Politics and International Relations(4TH)*, Oxford University Press, 2018.

하는 것과 달리, 'nation'은 민족적인 다양성을 품으면서 훨씬 포괄적으로 일정한 문화나 경험을 공유하는 사회집단으로 정의된다. 따라서 여기서 말하는 'nation'도 어느 정도 느슨한 형태로 공통의 역사와 문화를 가진 집단을 가리킨다. 그것은 반드시 공통 선조, 공통 언어, 공통의 혈통이라는 민족적 특질에 의해서만 정의되는 것은 아니다. 'natio'는 공통의 출신이나 장소를 가진 집단을 의미하지만, 그러한 의미가 느슨하게 확대되어, 서로 '우리'라는 의식을 가질 수 있는 집단이 된다.

'네이션'과 '스테이트'는 원래의 정의(定義) 차원이 다르므로 반드시 자동적으로 혹은 자생적으로 서로 겹치는 것이 아니다. '네이션'이 일정한 역사적 구성체로 문화적 공통성에 의해 서로 연결된 집단인 것과 달리, '스테이트'는 하나의 지배기구를 가진 통치체에 의해서 묶인 집단의 상태이고, 게다가 통상의 경우 영토적으로 명시된 범위를 지닌다. 즉 주권이 행사되는 영역이 있다. 이러한 의미에서는 'state'가 근대적인 주권국가를 의미하는 것은 분명하다. 따라서 '스테이트'와 '네이션'이 반드시 서로 겹친다고 말할 수는 없다.

여기에서 국가에 관한 두 가지의 이해가 나온다. 첫째는 우선 주권성을 가진 통치기구로서의 '스테이트'가 성립되어서 '스테이트'로 볼 수 있도록 '네이션'이 형성된다는 측면이다. 여기에서는 우리가 통상 말하듯이, '국민은 창출된다'. 즉 국민은 만들어진다는 것이다. 다시 말하면, 국민이란 국가 지배권력의 필요에 따라 그것에 의해서 만들어지는 것이다. 이 경우 '국민의 창출'은 민족적 요소를 특별히 의식적으로 강조하기도 하지만, 상황에 따라서는 반드시 그렇지 않은 경우도 얼마든지 있을 수 있다. 물론 프랑스와 아메리카합주국의 경우와 같이 인종적으로 복합적인 근대국가에서는 혈연적 또는 종족적 요소가 제거되고, 다양한 혈족, 종족, 종교나 언어 등 역사적·문화적으로 포괄할 수 있는 공통의 이념과 이익에 따라 사람들을 하나의 통일체로 규합하고자 하는 '스테이트'에 의해서 '네이션'이 만들어진다고 했을 때, 고정된 혈연적 또는 문화적 뿌리를 부각시키는 대신, 서로 타협해서 만든 헌법과 같은 공통의 룰 또는 민주주의와 같은 제도적 이념을 들고 나오는 것이 전형적이다.

한편, 하나의 역사적인 묶음(결속)으로서의 '네이션'이 하나의 공통 주권을 잉태하고 그것이 근대적 통치기구로 전개되어 근대적 '스테이트'가 이루어지는 경우도 상정할 수 있다. 잉글랜드, 한국, 일본 등이 그 전형일 것이다. 이 경우에 'state'에 의한 국민 통합은 흔히 자연적으로 사회 안에 존재하는 공통의 문화적 특성이나 역사적 경험을 발굴해 내면 되기 때문에 비교적 쉽다. 때로는 '네이션' 그 자체의 뿌리인 민족성이 의도적으로 강조되기도 한다.

이러한 두 가지 유형의 '네이션 스테이트'를 상대적으로 구별할 수 있을 것이다. 애초에 이것은 상대적인 것이기 때문이다. 견해를 달리하면, 이러한 이중성은 모든 근대의 '네이션 스테이트'가 가진 두 가지 측면이라고 말할 수 있다. 그리고 이것을 두 가지 측면으로 이해할 때, 이 이중성은 앞에서 기술한 국가의 '시민적 측면'과 '역사적·문화적 측면'에 대응한다고 볼 수도 있다. 일반적으로 국가의 '시민적 측면'을 강조하는 경우에는 '스테이트'에 역점을 두고, '역사적·문화적 측면'이 강조될 때는 '네이션'으로 경도되는 경우가 많다고 말할 수 있다. 따라서 '네이션 스테이트'란 여기에서 말하는 국가의 '시민적 측면'과 '역사적·문화적 측면'이 결부되어 구성된 한 묶음의 집합체라고 해도 좋을 것이다.

여기에서 언급해 두지 않을 수 없는 것은 오늘날 우리가 '국가'로 번역하는 잉글리시 'state'나 도이치어 'der Staat'는 '나라', '땅' 또는 '국(國)' 등으로 번역되는 잉글리시 'land', 도이치어 'das Land'와는 그 의미가 전혀 다르다는 것이다. 우리말 '나라'로 번역되는 도이치어 'Land'는 방랑자에게 거주를 약속하고 허락하는 자유로운 영역을 뜻한다.

이러한 의미에서 '나라'와 '국가'를 구분할 수 있다. 우리말 '나라'는 자신이 태어나고 자란 땅, 즉 고향[48]을 뜻한다. 그러므로 '국(또는 국가)'이 없는 자는 있어도 '나라'가 없는 사람은 없다. 아무리 퇴락한 족속에게도 '나라'에 있어서 피부를 맞대고 살았던 이들 간의 사랑은 여전히 남아 있다. 그러나 국가권력에 의해서 자기 나라에서도 이방인으로 전락할 수 있다. 그러한 자들은 상황에 따라서는 나그네가 되어 자기 나라를 떠날 수밖에 없을 때도 있다. 나그네가 되어 다른 나라로 떠나는 슬픈 방랑자들은 사랑하던 이들을 남겨놓고 자기 나라에 대해 아쉬운 작별을 고한다. 그들은 승화된 고통 속에서 마침내 '세상을 여읜 경지'에 도달할 수도 있다. 그들에게 '나라'는 늘 돌아가야 할 곳이 된다. 나라는 방랑자들에게 언젠가 머물러 사는 것이 허용되는 장소, 즉 거주가 허락된 약속의 땅이 되

48 한자로 표기하면 '邦'(방)이다. 이는 초목이 자라는 곳을 뜻한다.

는 것이다. 도이치어 'Land'도 언젠가 돌아가 머물러 사는 것, 즉 삶을 약속하고 허락하는 자유로운 땅이라고 했다. 그래서 원초적인 성스러움이 빛나는 정주(定住)의 삶의 영역이라는 '나라'를 도이치인들이 남성, 즉 'der Land'가 아니라 중성, 즉 'das Land'라고 한 것이 아닌가 싶다.[49] 국가는 지배자를 위한, 지배자에 대한 정치의 공간이지만, 나라는 평온한 삶의 자유로운 공간이다. 이렇듯 '나라'와 '국가'는 다르다.

49 그렇지만 여기에서 도이치어에서 '거주(居住)' 또는 '정주(定住)'의 의미를 새겨보아야 한다. '거주' 또는 '정주'에 해당하는 도이치어가 'Wohnen'인데, 이것은 단순히 어떤 영역 안에서의 체류만을 의미하지 않는다. 'Wohnen'의 어원인 고트어 'wunian'은 '평화 속에 머물러 있음'을 의미한다. 여기에서 평화란 '자유로움(das Frye, 현대 도이치어 'das Frei')'을 의미하고, 고(古)도이치어 'fry'는 '…(으)로부터 보호를 받는다는 것'을 의미하기도 한다. 그러므로 도이치어 'Wohnen'에 내포된 본래적 의미는 보살핌을 받는다는 것을 의미한다. 본래적으로 보살핌을 받는다는 것은 단순히 그냥 내버려 두거나 아무런 해악도 가하지 않는다는 소극적 의미만을 갖는 것이 아니라, 어떤 것을 처음부터 오로지 그것의 본질로 되돌아가서 간직한다고 하는 적극적·긍정적인 사태까지를 의미한다. 'Wohnen'의 근원적이며 완전한 의미는 '우리'를 의미하는 도이치어 'Wir'와 더불어 사방(四方)의 세계를 구성했던 존재자, 즉 하늘과 땅, 그리고 신의 본질에 의해서 구원받는 사태를 의미한다. 따라서 방랑자들이 도달했던, 우리말 '나라'를 의미하는 도이치어 'Land'는 바로 '우리(Wir)'가 잃어버린 원초의 사방 세계인 것이다.

4

근대민족국가

근대국가의 기초로서 사회계약

사상사적 맥락에서 보면, 근대국가에 관한 사상, 즉 국가론은 국가를 외재적·기능적으로 관찰하는 것 같다. 그 출발점은 설령 의제적이라고 할지라도, 대등한 당사자들 간의 계약 체결을 전제로 한다. 이것은 국가의 성립을 계약의 결과로 보는 발상이다. 이러한 발상을 계약국가론(the contract theory of state), 사회계약론(the theory of social contract; du contrat social) 등 어떻게 부르든 하나의 정치사회를 계약적 시각에서 보려는 점에서는 공통적이다. 이러한 사회(국가)계약론은 17세기에 서유럽의 토머스 홉스(Thomas Hobbes, 1588~1679),[50] 존 로크(John Locke, 1632~1704),[51] 장 자크 루소(Jean-Jacques Rousseau,

1712~1778)[52] 등의 정치사상을 통해서 표명되었다.[53] 이것은 근대유럽에서 '자유로운 개인'에서 출발해 정치적 사회를 논리적으로 구성하려고 하는 것을 기본적 태도로 하는 국가에 대한 발상의 전환이었다.

근대 서유럽적 사회(국가)계약론에는 적어도 세 가지의 무시할 수 없는 시각이 숨어 있다. 첫째, 사회를 구성하는 것은 개개의 인간(로크의 경우에는 재산을 가진 가족의 장)이고, 그러한 의미에서 다양한 공동체나 집단, 계급 등은 해체된 것으로 간주한다. 둘째, 이렇게 구성된 사회는 인위적 구축체(構築體)이다. 셋째, 인위적 구축체로서 사회는 자신을 통치하는 주권 또는 정부를 성립시키는 것이다.

여기에서 이들 계약론자는 국가를 다종다양한 공동체나 자연적으로 생긴 계급의 역사적인 형성물로 보는 봉건적 사회관과는 전혀 다른 발상을 제시했다. 자연 상태에서 본래 자유로운 존재인 인간이라는 관념에서 보면, 국가는 항상 양면적인 존재로 간주된다.

한편으로 그것은 사람들 간의 계약에 의해 그 주권성의 발동, 즉 권력행사를 정당화하는데, 다른 한편으로 권력의 발동은 항상 개

50 Thomas Hobbes, *Leviathan, or The Matter, Forme and Power of a Common-Wealth Ecclesiastical and Civil*, 1651(김용환 옮김, 『리바이어던, 국가라는 이름의 괴물』, 살림, 2005).

51 John Locke, *Two Treatises of Government*, 1689(이극찬 옮김, 『통치론』, 삼성출판사, 1982).

52 Jean-Jacques Rousseau, *Du Contrat Social*, 1762(최석기 옮김, 『사회계약론』, 동서문화사, 1978).

53 이들 세 사람이 계약론을 전개했던 시대적 배경이 달랐기 때문인지, 계약론이라고 하지만 그 논리 구성과 의도에 커다란 차이가 있어 '계약론'이라고 일괄해서 총칭하는 것은 적절치 않을지도 모른다.

인의 자유와 대립할 가능성을 가진다.

요컨대, 개인은 주권을 가진 권력의 주체인 동시에, 그 권력과 대립하는 양면성을 지닌다. 홉스는 계약에 따라 주권자에게 절대적 권력을 부여해서 권력행사를 정당화하는 동시에, 주권자의 역할을 오로지 사회질서의 유지에만 한정했다. 로크는 생명과 재산에 대한 정당화의 자유로운 권리의 근거를 가장 기본적인 법인 자연법에서 찾으려고 하면서 정부의 역할을 개인의 생명과 재산의 보호에 한정하려고 했다.

여기에서의 문제를 일반적으로 말하면, 사회(국가)계약론이란 자유로운 개인들 간의 계약에 따라 정치적 권력을 설정하고, 국가(정치적 사회)를 설립하는 것이다. 즉 국가는 자연발생적인 공동체가 아니라, 자유로운 개인의 이익 계산에 따라 자각적으로 결합한 일종의 이익집단으로 간주되고, 그 통치는 어디까지나 합법적인 정당성을 가진다는 것이다. 여기에서 국가는 형식화된 통치양식에 불과하다고 하는 사고의 기초가 설정되고, 개인들에 대해서 외재적이고 형식적인 기구로서 전화(轉化)되는 길이 만들어졌다. 근대사회의 국가관과 정치 이해의 원천이 사회계약에 있다고 하는 이유도 바로 여기에 있다.

그렇다면 그러한 국가를 지지하는 것은 도대체 무엇인가? 최초의 설립계약에는 일치된 이해가 있고 주권이 설정되었다고 해도, 그 후 국가를 지지하는 것은 도대체 무엇인가? 확실히 국가는 개개인의 생명과 재산을 보호하기 위해서 설립되었다. 그렇다고 해도 국가가 창설되면, 필연적으로 국가는 개인의 자유와 대립하게 된다.

따라서 자유를 원하는 사람들에게 국가와 공적 권력은 오히려 불쾌하고 거북한 것이 될 터이다. 이러한 경우에 어떻게 국가와 공권력은 지지되는가? 이것이 문제다. 다시 말하면, 국가라는 집단의 결성은 다만 생명과 재산의 보존이라는 개개인의 이기적인 이해의 일치에 의한 것뿐일까? 그때그때의 이해 일치만으로 본다면 국가 등은 너무나도 편의적인 존재일 것이다. 만약 근대국가가 그렇다고 하면, 아무도 국가를 위험시할 필요조차 없을 것이다. 그렇지만 그것으로는 근대세계에 이만큼 국가(국민국가) 형성이 세계 도처에서 커다란 과제가 되고, 게다가 실제로 국민국가가 근대 역사에서 결정적인 역할을 수행해 온 이유를 이해할 수 없을 것이다. 그러면 무엇이 이 계약을 결정적으로 유효하게 만들었을까?

이에 대해서 루소는 '일반의지(一般意志, Volonté générale)'라는 개념을 가지고 답하려고 했다. 여기에서 후세의 사상가와 연구자들을 고민하게 하는 논쟁의 씨앗이 뿌려졌다. 그렇지만 사회계약의 논리를 파고 들어가다 보면 루소의 해결에 우리의 관심이 더 쏠리지 않을 수 없다. 사회계약의 가장 기본적인 문제란, 본래 자유로운 인간이 왜 자신의 자유를 스스로 주권자에게 양도하는가 하는 점이다. 왜 사람은 자진해서 권력에 복종하는가? 자유를 찾는 인간은 어떠한 조건하에서 자발적으로 권력에 복종하는가? 이것에 대한 답은 하나밖에 없다. 사람은 권력에 복종함과 동시에 그 권력의 주체가 되는 것이다. 사람은 스스로를 주권자에게 맡기는 동시에 바로 그것에 의해서 그 자신이 주권자가 된다. 그것이 어떻게 가능한가? 이론만을 말하면, 오직 하나의 가능한 조건이 있다. 그것은 기본적으로 모두가 계약에 참여하는 자여야 하고, 그 점에 있어서 공동의 의지가 있다고 가정하는 것이다. 모든 사람은 이러한 공동의 의지가 완전히 일치해서 공동의 의지 표현인 국가(정치적 주권)는 개개인의 의지를 그대로 실현하게 된다. 여기에서 개인의 자유가 국가와 대립하는 것은 결코 있을 수 없고, 오히려 개개인의 의지와 자유는 국가라는 집합적 의지에서 비로소 유효하게 표현된다. 이것이 자발적으로 공동체를 구성하는 유일한 조건이자 논리(logic)다. 개인의 의지이면서 동시에 공동의 의지인 그것을 루소는 '일반의지'라고 불렀다. 이와 관련해서 루소는 『사회계약론』에서 다음과 같이 기술하였다.

> 우리는 저마다 신체와 모든 힘을 공동의 것으로 하여 일반의지의 최고의 지도하에 둔다. 그리고 우리는, 각 구성원을 전체의 불가분적 일부로서 한 덩어리로 하여 받아들인다. 이 결합행위는 즉각 각 계약자의 특수한 자기를 대신하여 하나의 정신적이고 집합적인 단체를 만들어 낸다. 그 단체는 집회에서의 투표자와 같은 수의 구성원으로 이루어진다. 이와 같은 행위를 통해 단체는 그와 동일한 공통의 자아, 생명과 의의가 생긴다. 이처럼 모든 사람의 결합으로 형성되는 이 공적인 인격론은 전에는 도시국가라는 이름이 있었으나 지금은 공화국 또는 정체라는 이름을 가진다. 그것은 수동적으로는 구성원들로부터 '국가(État)'라고 불리고, 능동적으로는 '주권자', 같은 종류의 것과 비교할 때는 '나라'라고 불린다. 구성원은 집합적으로는 '인민(Peuple)'이라는 이

름을 갖지만, 개개인은 주권에 참가함으로써 '시민(Citoyens)', 국가의 법률에 복종함으로써 '백성(Sujets)'이라고 불린다.[54]

이것은 루소의 사회계약론의 핵심 부분이다. 여기에는 이해하기 어려운 표현들과 파악하기 쉽지 않은 사고 전개가 담겨 있다. 그래서 동시대인인 볼테르(Voltaire, 1694~1778)조차 루소의 사회계약론을 알기 어려워 했다는 말이 전해진다. 하지만 표현은 난해하지만 반대로 논리적 구조 측면에서는 결코 어렵지 않다. 루소는 사회계약의 당사자로서 개인은 그 신체와 재산에 관한 권리를 양도 불가능한 것으로 보는 논리에 기초하지만, 개인이 가진 모든 것, 즉 신체와 재산 등 일체를 계약 상대방의 '일반의지' 아래에 차출한 것으로 기술한다. 터무니없는 주장처럼 들릴지도 모르지만, 생각해 보면 그것은 당연하다. 각인(各人)의 신체나 재산 등 모든 개인적인 것='나의 것'을 절대 양도할 수 없는 것으로서 유보해 두면, '일반의지' 등은 성립할 수 없기 때문이다. 예컨대 신체와 재산이 개인에 귀속한다고 해도, 그 자체가 하나의 공동 약속이고, 그 약속의 가능성 자체가 '일반의지'를 요구하는 것이다. '각인의 것'이라는 관념이 중요하다고 해도, 예컨대 사유재산제라는 규정(rule) 자체는 공동의 의지로서 형성된 것이다. 그렇기 때문에 모든 '사적 권리'와 '개인적 소유'에 앞서서, 그것이 사회적인 것으로서 존립하기 위한 공동의 요해를 설정해야 한다. 그러기 위해서는 신체성과 생명 그리고 재

54 루소, 『사회계약론』 1편 제6장.

산으로 구성되는 '나'를 일단 포기하고 먼저 '공동의 것'으로 하는 것이 바로 '일반의지'를 구성하는 것이다.

로크와 같이 '사회(국가)'가 성립하기 이전에 미리 '자연권'이라는 불가침의 초월적 전제를 상정하지 않고 개인의 권리나 소유가 어디까지나 '사회'가 성립된 이후에 비로소 존재한다고 보면, 이는 논리적으로 당연한 결과다. 즉 '나'란 모든 것을 일단은 '일반의지'에 양도한 후가 아니면 성립할 수 없다는 것이다. 모든 것에 선행하는 것이 '일반의지'이고, '일반의지'를 가능하게 하는 것은 '공동의 자아'다. '공동성'은 그의 개별적인 생명과 신체 혹은 재산과 대립하는 것이 아니다. 그것은 개별적인 생명과 신체, 재산을 '나'의 것으로서 성립하게 하기 위한 공통적인 지평이다. 여별이 없는 나의 신체, 양도할 수 없는 나의 재산이라는 '나의 것'의 범주가 성립하는 데는 그것을 각각의 것으로 인정하는 상호 승인이 요구된다. 이를 위해서는 우선 이러한 '나의 것'을 당연히 공동체에 양도해야 한다. 이러한 양도를 가능하게 하는 것이 '일반의지'이고, 양도를 받는 주체로서 성립하는 것이 주권자다.

루소에 따르면 이렇게 성립한 집단이 '공화국'이다. 그것이 바로 '국가(État)'이고 그 구성원이 '인민(Peuple)'이다. 주권에 참가하는 자로서는 '시민(Citoyens)'이고, 국가법에 복종하는 자로서 '백성(Sujets)'이라고 불린다고 한다. 여기에서 '백성'은 현대어로 '국민'이라고 불러도 좋을 것이다. '공동의 자아'를 실현할 수 있도록 구성된 국가(공화국)의 '국민'이 바로 '시민'인 것이다.

이러한 루소의 논리를 조금 더 깊이 살펴보면, 국가(사회)는 (사회)

계약에 의해서 만들어진다. 이러한 계약을 가능하게 하는 것은 '일반의지'다. '일반의지' 안에서 사회의 구성원은 자신을 공동체에 양도함으로써 동시에 주권자가 된다. 이 점에서 모든 구성원은 완전히 평등하고 하나로 일치한다. 공화국이란 대등·평등하고 자발적인 사람들의 모임이다.

그러나 여기에서 가공할 만한 결론이 나온다. 바로 그 결과로서 '일반의지'가 그 자체로 절대적인 것으로 등장하는 것이다. 바꿔 말하면, '일반의지'를 실현하는 '주권성'은 절대적이고, 원칙적으로 어떠한 제약도 받지 않는다. '주권(sovereignty)'이라는 문자 그대로 '일반의지'는 지고한 것이 된다. '일반의지'를 전제로, 개인은 모든 자유를 '주권', 즉 '국가'에게 양도해야 하는 자이고, '일반의지'가 요청하는 한 개인은 '주권=국가'에 완전히 복종해야 한다. 하지만 '일반의지'란 동시에 개인의 이익을 실현하는 것인데, "주권자는 그것을 구성하는 개개인으로만 구성되어 있고, 그들의 이익에 반하는 것을 가지지 않기 때문"이다. 주권자란 공화국을 구성하는 모든 사람과 동일하고, 공화국에서 모든 사람은 자신의 이익을 위해서 주권자에게 절대적으로 복종해야 한다는 것이다.[55]

근대국가로서 네이션 스테이트의 실체

유럽에서 네이션 스테이트의 형성과정은 유럽 자본주의의 발달과

정과 일치한다. 서유럽에서 시작된 내셔널리즘이라는 이데올로기는 그것에 기초한 서유럽의 네이션 스테이트 내부에서 자본주의 발전과 함께 제국주의로 전개되었다.

근대 자본주의를 바탕으로 한 국내 시장 형성의 요구는 네이션 스테이트의 토대가 되었다. 국내 자본주의 시장이 형성되려면 국가 구성원의 모든 계급을 신분적인 제한에서 해방하고, 자유롭고 평등한 형식이 필요했다. 과거의 신분세습을 타파하기 위해서 민주주의적 권리를 주장할 필요가 있었다. 그 때문에 봉건주의와 절대주의를 타파하기 위한 민주주의 혁명이 일어나게 된다. 네이션 스테이트는 이러한 혁명의 결과로 생긴다.

(1) 시장 확대의 수단으로서 '네이션 스테이트'

자본주의의 발전과 더불어, 상품 교환을 매개로 한 사회적 분업

55 여기가 바로 인민주권론자 루소의 사회계약론이 전체주의로 흐를 수 있는 통로다. 뒤에서 언급하겠지만, 여기에서의 문제는 두말할 필요도 없이 '일반의지'라는 관념일 것이다. '자연법'과 '자연권' 혹은 '신'이라는 초월적인 것을 전제로 하지 않는 논리 속에 사회계약이 가능하려면 그와 같은 관념이 불가결했다. 그렇지만 그것이 논리를 떠나서 실제 이 세계에서 구체적인 모습을 드러내게 될 때는 공포스러운 전제(專制) 혹은 전체주의로 전환되는 것이 명확하다. 그런데 여기에서 공화주의와 민주주의의 근저(根底)적인 이론가라고 할 수 있는 루소가 전체주의의 이론가라는 역설 또한 성립한다. 루소에게는 자연법과 신이라는 초월성이 존재하지 않는다. 이 세속세계에서 공화주의와 민주주의의 구성이론을 천착했는데, 그것은 전체주의로 빠져버리는 것을 본의 아니게 논증한 것이라고 할 수 있다. 초월적인 존재를 일체 배제하였던 사회계약을 완수하는 순간에 '일반의지'를 사칭한 주권이 초월자가 되어버린 것이다. 미리 '신'이나 '왕권'과 같은 초월성을 전제로 하지 않으면, 사회는 그것 자체를 초월적 존재로서 절대화해 버린다. 공화주의적 민주주의를 논리적으로 철저하게 하면, 전체주의가 될 수밖에 없다. 이것은 민주주의자 루소의 사상이 가진 역설(paradox)이 아닐까?

이 발전하여 국내 시장이 형성된다. 이전까지 공통의 언어와 정신생활에 결속되어 있던 민족공동체는 새롭게 상품 교환의 시장으로 연결된다. 인간의 노동력마저 상품화되면서 임금노동과 자본이라는 두 요인이 경제생활의 양극으로 등장한다.

그러나 이러한 경제적 연계의 발전을 위해서는 정치적 변혁이 필요했다. 귀족과 성직자의 특권과 지주의 세습재산제는 폐지되고 귀(貴)·농(農)·공(工)·상(商)이라는 네 계층이 사라진다. 모든 사람들의 평등과 개인을 위한 사유재산제가 정착되면서, 학교와 사상에 대한 교회의 권위는 무너지고, 사상과 언론의 자유가 성립되었다.

자본주의를 대표하는 계급인 부르주아지는 '민족국가' 또는 '국민국가'로 번역되는 네이션 스테이트를 구축하는 데 앞장섰다. 부르주아지에게는 스테이트가 장악하고 있는 영토 내의 안정된 시장이 필요했고, 국내 시장의 안정적인 발전을 위해서는 '국민(nation)'이라는 이름의 통일된 공동체, 즉 국민상품시장(national commodity market) 위에 선 국가(state)가 확고한 주권이 확립되는 것이 필수적이었다.

국가는 주권이라는 공동의식에 확고하게 자리잡은 조직이다. 부르주아지는 네이션 스테이트의 성립을 방해하는 낡은 신분제도와 구(舊)권력을 일소하기 위해서 싸울 수밖에 없었고, 실제로 그들은 다른 어떤 계급보다도 앞장서서 투쟁했다.

자본주의의 발전과 더불어 서유럽에는 맨 먼저 잉글랜드, 그다음에 프랑스와 네덜란드에서 민족공동체(national community)를 기초로 한 중앙집권적인 스테이트가 성립했지만, 1789년 부르주아가 이끄는 프랑스 민중이 앙시앵레짐(Ancien Régime, 구체제)을 붕괴시킨 후,

유럽 네이션 스테이트의 형성은 마치 홍수 때 강둑을 넘어 들어오는 강물처럼 서유럽 전역으로 확산되었다.[56] 이렇듯 서유럽에서 네이션 스테이트의 형성은 군주, 귀족, 성직자에 대항했던 부르주아지, 소규모 상품생산자로서의 농민, 노동자 계급과 지식인 계급이 공동으로 신분제를 타파하고 평등사회를 쟁취한 결과였다.

1848년은 프랑스뿐만 아니라 유럽 전체에 있어 혁명의 해였다. 이때 전 유럽에서 네이션 스테이트가 성립되는 새로운 역사적 국면이 시작되었다. 서유럽에서 네이션 스테이트의 형성이 끝나고, 중부와 동부유럽에서 네이션 스테이트가 성립되기 시작하는 시기가 1848년경부터라고 말할 수 있기 때문이다.

56 프랑스혁명의 선구라고 말할 수 있는 아메리카합주국의 독립전쟁은 여기에서 기술하지 않겠다. 그러나 19세기 초부터 유럽 등지에서 독립과 혁명의 물결이 이어졌다. 1816년에는 아르헨티나가 독립했고, 1821년부터 1829년까지 계속된 터키(현 튀르키예)와의 전쟁 끝에 그리스가 독립했다. 1822년에는 브라질이, 1830년에는 벨기에가 네덜란드로부터 독립했다.

1834년에서 1842년에 걸쳐서 도이치 관세동맹이 체결되어 프로이센을 중심으로 하는 도이치 제국의 성립 기초가 만들어졌다. 1848년은 서유럽 혁명의 해였다. 이 해의 혁명은 유럽의 지도를 완전히 바꾸었고 네이션 스테이트의 운동을 서유럽에서 중부유럽으로 확산시켰다. 빈체제의 해체와 오스트리아 합스부르크 왕권의 전락이 시작되고, 그 폐허에 새로운 네이션 스테이트가 생겨났다.

1861년에는 이탈리아 왕국이 성립했다. 1866년에는 프로이센과 오스트리아 간의 전쟁이 프로이센의 승리로 끝나고 북도이치연방이 성립했다. 오스트리아 제국의 권위가 땅에 떨어지자, 프로이센 지배권력의 관심사가 도이치 민족(nation)에서 도이치 국가(state)로 적극적으로 전환되면서 이제 프로이센이 도이치 네이션 스테이트 형성의 중심으로 자리매김하게 되었다. 이어서 1870~1871년 프랑스와의 전쟁에서 프로이센이 승리하면서 도이치 제국이 성립했다.

도이칠란트의 통일과 터키제국의 해체는 발칸반도에서 여러 슬라브(민)족 독립운동에 힘을 실어주었다. 1877~1878년의 러시아-터키전쟁을 계기로 불가리아, 몬테네그로, 세르비아, 루마니아가 독립했다. 발칸에서 일어난 다양한 민족들의 독립은 20세기까지 이어졌고, 제1차 세계대전의 발발요인이 되었다.

서유럽의 네이션 스테이트는 아래로부터의 혁명, 즉 시민혁명에 의해서 형성되었다. 교회, 왕과 제후의 신분적 지배를 대신하여 부르주아지가 주도권을 장악하는 국가가 성립된 것이다. 그와 더불어 그전까지 교회, 왕과 제후에 대항해 함께 싸웠던 부르주아지와 프롤레타리아트는 서서히 서로 대립하는 계급으로 나누어졌다. 즉 서유럽에서 부르주아지는 반혁명 진영으로 변해갔고, 프롤레타리아트는 부르주아지에 대항해 새로운 사회주의 혁명의 방향으로 나아가기 시작했다.

이와 때를 같이해서 1848년 이후 중부와 동부유럽에서도 네이션 스테이트 형성 운동이 시작되었다. 그러나 이 지역의 운동은 프랑스와 달리 아래로부터가 아니라 위로부터 전개되었다. 노동자·농민 등 피지배 계급에서 출발한 것이 아니라, 외세의 압력 속에서 기존 지배권을 위협받던 상층 지배세력이 주도한 것이다. 지배권을 누리던 부르주아지는 교회, 왕, 제후와 타협하며 네이션 스테이트의 주인 지위를 나누어 가졌다. 이는 당시 프롤레타리아트가 부르주아지에 맞설 만큼 성장하지 못했기 때문이었다.

이탈리아의 통일은 이러한 위로부터의 운동을 잘 보여준다. 부르주아지와 도시 주민을 대표하는 혁명가 마치니(Giuseppe Mazzini, 1805~1872)가 청년 이탈리아당을 조직해 이탈리아반도 서편의 사르데냐(Sardegna) 왕을 맹주로 하는 통일운동 세력과 결합하였다. 그 결과 합스부르크 왕조와 교황의 지배가 무너졌고, 1861년 이탈리아 왕국이 성립하였다. 도이칠란트의 통일도 이와 비슷한 길을 걸었다. 비스마르크(Otto Eduard von Bismarck, 1815~1898)가 이끄는 프로이센은 오스트리아와 프랑스를 상대로 두 차례 전쟁을 치른 끝에, 1871년 통일을 완성하였다. 이러한 과정을 거쳐 1870년대에 이르면 동유럽과 발칸반도를 포함한 전 유럽에서 네이션 스테이트 성립이 마무리되었다고 할 수 있다.

서유럽에서 민족운동(national movement)은 네이션 스테이트의 성립과 더불어 제2의 단계로 접어든다. 이 단계에서 유럽사회는 부르주아지와 프롤레타리아트라는 두 계급이 대립한다. 프롤레타리아트는 새로운 지도자의 사상적 지도를 받으면서 점차 주체의식을 자각하고 조직화된다. 이들은 내셔널리즘이 아니라 인터내셔널리즘(internationalism)이라는 새로운 이데올로기 위에서 민족문제(national question)를 생각하게 되었다.

부르주아지의 내셔널리즘은 프롤레타리아트의 애국심과 민족의식과는 다르다. 부르주아지의 욕구 혹은 내셔널리즘은 국내 시장에 만족하지 않고, 국외시장의 획득으로 옮겨간다. 내셔널리즘을 위해서 그들은 애국심을 다른 민족에 대한 자기 민족의 우월감, 배외주의로까지 선동한다. 부르주아지는 자신의 내셔널리즘을 교육, 문화, 기타 모든 선전기관을 통해서 국민의 다른 계급으로까지 보급하고 해외의 시장획득을 위해 정치권력과 전쟁을 지지하려고 한다. 이리하여 19세기 말에는 자본주의가 제국주의로 전화(轉化)되는 것이다. 결국, 제국주의하에서 민족문제는 다른 양상을 띠게 된다.

제국주의는 선진자본주의의 부르주아지, 그것도 소수의 거대한 금융과두가 전 세계 수억 명을 지배하는 체제다. 제국주의 단계에서 네이션 스테이트와 내셔널리즘의 문제는 네이션과 네이션 간의 이해관계 및 하나의 네이션을 구성하는 여러 계급 간의 이해관계로 복잡하게 뒤엉키게 된다. 이는 1848년 이전 자본주의의 성립기와 같이 일의적인 확실한 원칙으로 설명될 수 없다. 그 결과 서유럽에 의해 다른 지역이 식민화되었고, 20세기 전반기에 이르러서는 두 개의 세계대전으로 파급되었다. 이러한 대전쟁의 비참한 경험에서 교훈을 끌어내려는 다수의 정치학자나 역사학자는 민족주의와 민족주권에 대해 부정적인 판단을 내린다.[57]

(2) '전쟁장치'로서 '(민족)국가'—최대 최고의 악

오늘날 전쟁을 수행하는 민족공동체라는 '네이션 스테이트'를 어떻게 생각하면 좋을까? 이것은 오늘날 이미 정치학자의 직업적 관심에 한정되지 않는다. 또 아무래도 정치학으로는 일반적인 관심을 만족시킬 만한 답을 제공하지 못하는 것 같다. 그 이유 중 일부는

57 19세기 후반에서 20세기 초반에 사이언스픽션(SF)의 시조라 불리는 프랑스의 쥘 베른(Jules Gabriel Verne, 1828~1905) 등과 같은 시기에 활동했던 잉글랜드 출신 작가이자 역사가인 허버트 조지 웰스(Herbert George Wells, 1866~1946)는 민족주의(nationalism)에 대해 다음과 같은 취지로 술회했다. 그에 따르면, 내셔널리즘에 기반을 둔 민족주권 완성의 욕구와 민족적 성공의 왕관으로서의 '제국주의'는 실제 19세기 후반에 세계의 정치사상을 지배하였으며, 인류 공통의 복지라는 훨씬 더 넓은 개념을 사실상 잘라 내 버렸다. 이는 그럴듯하지만 꺼림칙하고 불건전하게 작용하는 관념이며, 인간 성질의 기본이 되거나 불변적인 것은 아니다. 그것은 기계혁명이 나날이 절대적으로 필요해지고 있는 세계의 관리와 안전보장이라는 새로운 필요에 응할 수 없었다. 민족주의라는 관념을 사람들이 수용하게 되었던 것은 그것이 세계사의 과학적 연구가 줄 수 있는 철저한 견해를 가지지 않고, 또한 세계종교의 넓은 자비심도 가지지 않았기 때문이다. 일상생활의 모든 관행이 위험을 내포하고 있음에도 불구하고, 사람들은 이를 지금까지 자각하지 못하고 있다. Herbert George Wells, *The Outline of History, Being a Plain History of Life and Mankind*, 1920, vol. II, pp. 529-530.

오늘날의 정치학이 '국가란 무엇인가?'라는 문제를 정면에서 취급하지 않고, 오로지 정치적인 의지결정에 대한 분석 혹은 정치과정이나 행정과정에 관심을 옮겼기 때문이고, 또 일부는 '국가'라는 다면적이고 복잡한 역사적 구축물을 정치학이라는 한 분야에서 논하는 것이 거의 불가능에 가깝기 때문일 것이다.

'국가'는 확실히 다면적인 현상이다. 국가는 한편으로 집합적 권력의 행사기구이자 집단적 의지결정이라는 행동 단위의 하나다. 다른 한편으로는 문화적·역사적 공동체, 혹은 사람들의 정신적 유대의 결절점이고, 신화의 체계를 공유하는 '공동 환상체'이기도 하다. 이러한 구축물을 그 전체성에 있어서 공론화하는 것은 쉽지 않다. 그래서 그 이론화의 작업을 오로지 정치학에만 맡긴다는 것 자체가 무리이기도 하다. 실제 국가론은 정치학뿐만 아니라 역사학, 사회학, 문화인류학, 때로는 정신분석학 등의 관심을 불러일으키는 영역 횡단적인 대상이며, 다면적 연구의 대상임에 틀림없다고 할 것이다.

여기서는 개인이 국가를 위해 자신의 하나뿐인 목숨, 즉 '혈세'로서 공양하는 병역의무를 근거로 국가를 위해 죽는 것이 아니라, 국가를 위해 다른 사람을 죽일 것을 의무로 받아들이는 주의 또는 신조라는 현상과 관련해서 국가의 실체를 규명해 보려고 한다.

부르주아지가 장악한 근대'국가'는 침략과 약탈을 통해 축적된 부(富)를 '자본'으로 회전시켜 확대 재생산하기 위해, 이를 무한히 회전시키려는 '전쟁기계'를 규율을 가진 '국가군대'로 훈련하고 효율적으로 이용해 왔다. 그 '자본'이 더 많은 자기증식을 위해서 자원과 시장을 찾아 본래 '영토' 외부로 진출하기 시작하면 필연적으로 '전쟁'이 다시 활성화된다.

제국주의의 식민지 획득하고 탈취 전쟁을 일으킬 때 현지에 파견된 자의 다수는 본국에서 '국가'의 테두리를 벗어난 법외자(outlaw)들이었다. 게다가 고도로 발전한 '자본'의 매개 작용으로 인해 국가 전체를 동원하는 '총력전'이 기술적으로 가능해졌기 때문에, 제국주의적 팽창 과정에서 국가들이 충돌할 경우 '전쟁기계'가 전면 가동될 가능성이 커졌다. 지금까지 '전쟁기계'를 국경선 내에 머물게 한 '자본'이 이제 역으로 '전쟁기계'를 국경선 밖으로 해방하는 원동력으로 전화한 것이다. 그 결과 부르주아지가 장악한 근대국가는 필연적으로 전쟁을 유발하게 되었고, 국민을 총동원하는 파시즘의 총력전은 국가와 국가 간의 무한경쟁을 정당화하게 되었다. 이는 결국 '국가'와 '전쟁기계'의 관계가 크게 변동하는 계기가 되었다.

여기서 떠오르는 것이 프랑스 철학자 질 들뢰즈(Gilles Deleuze, 1925~1995)와 펠릭스 가타리(Felix Guattari, 1930~1992)의 '전쟁기계(machine de gurre, war machine)'론이다.[58] 그들에 따르면 서유럽적 의미의 '(민족)국가'는 독자적인 법칙에 따라 스스로를 재생산하면서 증식해 가는 자동 전쟁기계다. 이는 고대 인도유럽 신화에 나오는

58 Gilles Deleuze/Felix Guattari, *Mille Plateaux, Capitalisme et Schizophrenie 2*, Les Editions de Minuit, Paris, 1980(김재인 옮김, 『천 개의 고원: 자본주의와 분열증 2』, 새물결, 2001). 이들 두 사람은 「1227년-유목론 혹은 전쟁기계」라는 제목의 제12장에서 "공리 1-전쟁기계(machine de gurre)는 국가장치의 외부에 존재한다. 명제1 – 이러한 외부성은 먼저 신화, 서사시, 연극 그리고 각종 놀이에 의해 확인된다."라는 공리와 명제에서 시작한다.

전쟁의 신 인드라(梵, इन्द्र, Indra, 帝釋天)가 전제군주를 표상하는 바루나(वरुण, Varuṇa)와 입법자인 하늘의 신이자 사법의 신, 계약의 신인 미트라(मित्र, Mitrá) 중 어느 쪽으로도 환원되지 않고 제3의 신격을 형성하지도 않았던 것에 착안했다. 들뢰즈와 가타리는 이를 통해 전쟁기계가 국가장치로 환원되는 것은 불가능하며, 국가 주권의 외부에 국가의 법에 앞서 있는 것처럼 보인다고 주장한다. 구체적으로 말하면, 집단이 일정한 영역에 정착해서 농업활동을 영위하면, 그 영역은 왕의 지배 아래에서 통치되며 다른 집단으로부터 그곳을 지키기 위해 전투행위를 하게 된다. 따라서 '이전'부터, 즉 유목민 시대부터 '전쟁'이라는 영위(營爲)는 있었다는 것이다.

그 경우 '전쟁'은 우리가 알고 있는 영토전과는 다르다. 전쟁에 참여하는 전사들도 토지와 결부된 정체성(identity)과 생활양식을 가지고 있는 것이 아니라서, 상당히 다른 양상을 드러냈다. 영역 국가 간의 전쟁이라면, 주요 진지를 먼저 선점하는 쪽이 승리하는 것으로 끝나버릴 테지만, 애초에 영역에 고집하지 않고 고원(高原, plateau)에서 고원으로 이동하는 유목민들의 전쟁에서 '장소'를 점령하는 것은 거의 의미가 없다. 전사들은 물론 자신의 현재 진지를 벗어나 적이 진을 치고 있는 공간에 침입해 들어가 상대를 무너뜨리려고 한다. '탈영토화(déterritorialiser)'하는 동시에 '영토화(territorialiser)'하는 형태로 진행되는 유목민의 전쟁은 싸우는 적이 있는 한, 꾸준히 계속된다. 게다가 부족 간의 동맹관계 여하에 따라 '적/동지'도 바뀌므로 어떠한 형태로 승부가 날지는 더욱더 알 수 없다.

좀처럼 멈추지 못하는 '전쟁기계'라고 할지라도 일단 영역 '국가'가 성립하면, 서서히 국가기구 속에 편입되어 정치의 수단으로 이용되었다. 그러나 전쟁기계는 완전히 길들여지는 것이 아니다. 그것은 국가의 통제에서 다시 일탈하여 국가 자체를 탈영토화하는 부정형의 폭력에 의해 불안정해질 가능성을 내포한다. 국가의 존립을 위해서 전쟁기계의 필요성을 주장하여 성립된 상황이, 전쟁기계의 존립을 위해 국가가 이념적으로 방어막을 쳐야 하는 상황으로 바뀐 것이다.

근대의 국가권력자는 과거 중세의 봉건영주와 같이 폭력집단으로서 전쟁기계 자체를 소유하지는 않는다. 근대국가는 전쟁기계를 오직 국가적 제도의 형태로만 소유한다. 군사제도로서 조직화되었다고 하더라도, 전쟁기계는 혁명이나 반역 등 다양한 방식으로 국가권력을 탈취하기 위해서 기습해 올 수 있기에 국가권력의 골치아픈 씨앗인 것은 틀림없다. 그렇기 때문에 국가는 외부에 존재하는 전쟁기계의 유산을 승계하는 군사제도를 경계할 수밖에 없다.

카를 폰 클라우제비츠(Carl von Clausewitz, 1780~1831)는 민족국가에 있어서 절대전쟁의 흐름을 하나의 '이념'으로 보고, 민족국가란 국가권력자가 자신의 정치적 필요에 따라 이러한 흐름을 이끌어가기 위한 '지도적 이념'에 불과하다고 생각했다. 그는 당시 서유럽에서 프로이센 제국이 처해 있던 정세에서 이러한 일반적 상황을 예감했던 것 같다.[59]

59 앞의 책, 679쪽.

질 들뢰즈와 펠릭스 가타리는 지금까지의 인류학적 연구결과에 기초해서 원시시대에 '전쟁기계'를 구성하는 유목민족적 사람들의 처신은 도당(徒黨)을 조직해서 절도 횡령을 한 후 그 목적이 달성되면 곧바로 해산하고 다른 도당을 결성하는, 오늘날 '불량배'의 처신에 가깝다고 보는 것 같다. 근대국가의 테두리에서 벗어나 질서를 어지럽히는 법외자, 즉 불량배의 행동은 '전쟁기계'의 잔재다. 사람들이 일정한 토지에 정착하여 약탈해 온 사람과 물건 등의 '부'를 거기에 축적하고 대규모 사업 등에 대한 투자를 통해 그 가치의 증식을 도모하면 그것을 관리하는 고정화된 권력 장치가 생긴다. 그러면 '법'이라는 사슬이 '법외자들'을 취합해서 집단으로 묶어 조직화하고, 그다음에 그들을 국왕의 관리하에 있는 '군대' 제도에 편입시켜서 자신들의 '영토'를 지키는 역할을 부여한다는 것이다. 그렇지만 그들의 부랑자적인 성격이 없어지는 것이 아니라서, 때로는 그들이 다른 국가와의 전쟁에서 국왕의 의도를 넘어서 '전선'을 확대해 버리기도 했다는 것이다.

또한 유대교, 크리스트교, 이슬람교 등과 같은 사막의 '유목민'을 기반으로 해서 발생한 일신교적 종교에 근거한 '국가'는 강한 '전쟁기계'적 속성을 지닌다.[60] 일신교는 '유일신'의 정의(正義)라는 이름으로 '보편성'을 띤 '제국'의 건설을 표방하지만, 그러한 '무한의 정의'의 근저에는 자신의 '보편성'도 돌파하고 '전쟁기계'로서의 본령

60 이와 관련해 종교, 특히 일신교가 평화를 방해한다는 흥미로운 주장을 소개해 두고자 한다. 町田宗鳳, 『なぜ宗教は平和を妨げるのか「正義」「大義」の名の下で』, 講談社, 2004 참고.

을 발휘하려는 욕망이 숨어 있다. 사라센 제국의 급속한 영토 확장과 십자군도 그러한 현상이었다는 것이다.

유한자인 인간은 그 깊은 내면에 무한자에 대한 귀의 갈망을 가지고 있는데, 일신교적 종교는 인간의 이러한 귀의 갈망을 지배적 욕구로서 전 세계에 투영해 그것을 가시화하는 양의적인 도그마(ambiguous dogma)를 내장하고 있다. 그 도그마는 보편적 또는 정신적 지배권력으로서 국가권력을 통해 현실적으로 발현된다. 왜냐하면 그것은 제국주의적인 국가의 이념적 한계를 일탈해서 더 애매한 지대, 즉 국가 밖에 이르기도 하고, 또 거기에서 아주 특수한 적응과 변이를 정당화하기 때문이다. 그것이야말로 전쟁기계의 한 요소로서의 종교이고, 전쟁기계의 원동력으로서 성전(聖戰) 관념이다. 국가적 인물로서의 왕과 종교적 인물로서의 사제와 달리, 예언자는 종교 단체를 전쟁기계로 만들거나 혹은 전쟁기계로 승화되어 가는 운동의 방향을 결정한다.

중세 유럽국가에서 동방 진출의 원동력이었던 십자군도 틀림없이 크리스트교 자체에 내재해 있는 일종의 모험적인 종교적 요소가 정치·경제적으로 가시화된 것이라고 할 수 있다. 일반적으로 종교는 세계의 중심으로서의 성지를 성전에 의해서 정복하려는 형태로, 탈영토화를 재영토화에 의해 보상하려고 했다. 그럼에도 전쟁기계로 구성된 종교는 가공할 규모의 유목성, 즉 절대적 탈영토화를 동원하고, 또 해방하는 것이다.[61]

61 Gilles Deleuze/Felix Guattari(김재인 옮김), 앞의 책, 735~737쪽.

우리가 역사를 통해서 알고 있듯이, 중세 서유럽에서의 '십자군' 전쟁은 성지 예루살렘의 '탈환'이라는 명목으로 시작되었다. 그렇지만 예루살렘이 크리스트교의 고유한 '영토'라는 논리에 명확한 근거가 있는 것은 아니었다. 크리스트교에서 '신의 아들'이라는 예수가 예루살렘에서 태어났다는 것은 크리스트교 내부에서만 통하는 이치다. 애초에 예루살렘은 유대교의 성지일 뿐이고, 인인애(隣人愛)를 최고의 교리로 숭상하는 크리스트교의 교리에 따르면, 전쟁 자체가 인정되지 않는다. 고대 로마제국 말기에 크리스트교로 개종한 로마 황제가 예루살렘을 통치하던 시기도 있었지만, 그것은 로마의 속주 지배에 크리스트교가 올라탔을 뿐이다. 예루살렘의 탈취를 감히 '탈환'이라고 부른다고 해도, 어떠한 크리스트교 '국가'로 탈환되어야 하는가 하는 문제는 뚜렷하지 않다. 좀 더 강하게 말하면 그것은 영적(靈的)으로만 존재하는 '하나님 나라'의 영토로서 '탈환'한다는 의미였을 뿐인데, 독립적인 영토를 가지지 않은 정신적 국가의 '영토'로 한다는 것은 모순이다. 애초에 크리스트교는 '신의 나라'가 스스로를 '탈영토화'하고, 현실의 영토국가와 전혀 어울리지 않는다는 원칙을 지켜서 크리스트교의 영향권을 확대해 왔다.

그렇지만 실제 십자군은 성지 예루살렘의 '탈환' 작전에도 집중하지 않았고, 다른 크리스트교 국가도 포함해서 예루살렘과 전혀 관계가 없는 각지를 습격·약탈하고, 영토국가 간의 항쟁에 개입했다. 십자군에 참가한 전사 중에도 예루살렘의 탈환보다도 권력의 확대나 부의 획득이 목적이었던 자, 죄를 용서받으려고 지원한 자, 다른 토지로의 이동을 원한 자 등, 법외자적 동기를 가지고 행동한

자도 많았다. 십자군은 사람들 사이에 남아 있던 유목민적 모드를 환기시키고, '전쟁기계'를 재가동시킨 것이다.

근대국가는 축적된 부를 '자본'으로 회전시켜, 자본을 무한히 확대 재생산하는 '전쟁기계'를 가지기 위해, 규율을 가진 '군대'를 조교(調教)하고 이용하고 있다. '자본'이 더 많은 자기증식을 위해 자원과 시장을 찾아 본래 '영토'의 외부로 진출하기 시작하면서, 근대국가가 수행하는 '전쟁'은 다양한 방식으로 더 활발해질 수밖에 없다. 이것이 제국주의다. 고도로 발전한 '자본'의 매개 작용에 따라 국가 전체를 동원하는 '총력전'을 수행하는 것이 기술적으로 가능해지면, 제국주의적 팽창 경향을 가진 국가들이 충돌하는 경우 '전쟁기계'가 전 지구적 차원으로 전면 가동될 수 있다. 이렇게 되면 이전까지 단일 국가의 국경선 한도 내에 머물고 있던 '자본'은 역으로 '전쟁기계'를 국경선 밖으로 해방시키는 원동력으로 전화한다. 국민을 총동원하는 파시즘이 일으켰던 '총력전'은 '국가'와 '전쟁기계' 관계의 변동에 따라 일어났다. 현재 '전쟁기계'로서 아메리카합주국, 중화인민공화국 등과 같은 제국은 과거 파시즘 시대의 수준을 훨씬 능가한다.

다양한 국가들에서 '재출현'하게 된 이 세계적 규모의 전쟁기계는 두 가지 형태를 서서히 보여준다. 최초는 전쟁을 자기 자신의 운동 이외의 목적을 가지지 않는 무제한의 운동으로 삼았던 파시즘이라는 형태다. 그러나 파시즘은 제2의 형태의 전조에 불과하다. 파시즘 이후의 형태는 '공포'의 평화 혹은 '생잔(生殘, survival)'의 평화로서 평화를 직접적인 목표로 하는 전쟁기계다.

이 전쟁기계는 이제 지구 전체를 에워싸고 관리하기 위해 활동공간을 재형성해 가고 있다. 작은 전쟁기계들 상호 간의 충돌 자체를 억제하여 평화를 유지한다는 명목으로 연대하여 더 무서운 형태의 거대한 전쟁기계로 발전해 가는 것이다. 전쟁기계는 지배에 의한 세계평화라는 목적하에 새로운 기계적 세계질서를 스스로 인수한 것이다. 모든 국가는 이미 이 새로운 전쟁기계에 적합해진 수단 혹은 목표임이 틀림없어졌다. 바로 여기에서 클라우제비츠의 저 유명한 표현은 실제로 반전된다.[62]

'네이션 스테이트'가 민족 또는 국민의 공동체로 이해되기에 '전쟁기계'라는 점을 상상하기 어렵지만, 오늘날의 민주주의 제국이라고 말할 수 있는 국가들, 특히 아메리카합주국을 염두에 두면 비교적 쉽게 이해할 수 있을 것이다. 무한정의(無限正義)의 '제국'인 아메리카합주국은 자국의 경제적 우위와 발전을 위한 각종 자원을 획득 또는 독점하기 위해서 각 지역의 약소국가에 적극적 또는 소극적인 공격을 가하고 있다. 아메리카합주국은 자기 뜻대로 되는 괴뢰정권을 수립하고, 그것들의 정권을 동원하는 형태로 '세계질서'를 창출하기 위한 새로운 전쟁을 일으키려고 한다. 이러한 경향은 냉전 시대에도 이미 있었는데, 소비에트연방이 붕괴되면서 아메리카합주국이 '보편성'을 체현하는 유일한 '제국'이 된 결과, 극히 현저한 형태로 표면화되고 있다. 오늘날 '전쟁기계'로 변한 '무한정의의 제국'으로서 아메리카합주국은 '평화'를 '최종목표'로 하여 세계적

62 앞의 책, 810~812쪽.

차원에서 '전쟁'을 일으키고 또 전쟁에 개입하고 있다. 그러나 제국은 '전쟁'에서 승리해 약탈할 수 있지만, 그것에 반항하는 자가 있기에 필히 그다음 '전쟁'을 할 이유가 생긴다. '제국=전쟁기계'라는 등식에서 '세계질서'의 형성은 유목민적인 '전쟁'을 되풀이해 확대하려는 공간이 세계적 규모로 확보되는 것을 의미한다.

5장

전쟁과 병역의무,
죽음과 파괴의 언설

평범한 사람에게 네이션의 역사란 별 의미가 없다. 보통사람은 기껏해야 자기 가까이에서 살다가 먼저 간 몇 사람들의 이름을 알고 있을 뿐이다. 네이션의 역사란 지배자의 편에 선 역사가가 피지배자로 하여금 지배자에 대한 그의 복종이 당연하게 느끼도록 재구성한 것에 불과하다.

1

전쟁이란 무엇인가

앞에서도 언급했듯이, 러시아와 우크라이나의 전쟁이 계속되고 있다. 그뿐 아니라 이미 오래전부터 진영을 나누어서 크고 작은 국가들이 공동방위라는 미명하에 군사조약을 체결하고, 전투기, 항공모함, 미사일 핵폭탄 등 온갖 살상무기로 무장하고 전쟁 훈련을 하고 있다. 그 주역은 바로 '국가'다. 이 국가를 어떻게 이해하고 논해야 하는가. 특히 한반도에 서로 대립하고 있는 정치세력과 그 껍데기인 두 국가의 정치세력은 온갖 수단과 방법을 동원해서 "우리는 동포이고 한겨레다"라고 떠들어 대면서, 이른바 '민족통일(national unification)'이라는 명분을 앞세워 극한의 군사 대치를 수십 년간 이어오고 있다.[1]

20세기 말, 세계적인 경향으로서 경제와 정보가 글로벌화하는 한편, 자본주의 진영과 사회주의 진영 간의 대립이 머지않아 곧 끝날 듯하더니, 금세 새로운 대립이 생겨서 다시 과거로 회귀하는 것 같다. 이러한 급격한 과도기적 시대변화가 만들어 내는 조류 속에서 확실히 '국가'의 관념은 시장이나 시민 관념과 함께 다시 논해야 할 주제로서 전면에 등장하는 것 같다. 과거의 군사독재 권력에 의해서 국가제도적으로 양육된 정치지향적 법률 엘리트집단 특히 검찰집단이 정치권력을 완전히 장악하며 좌지우지하고 있는 한국의 현실에서 국가란 무엇인가라는 주제는 더욱더 중요하다. 많은 논자가 이러한 의미에 있어서 국가에 대해서 부정적으로 논하고 있다.

'전쟁(戰爭, war, der Krieg)'이란 병력에 의한 국가 간의 투쟁이다.[2] 광의의 의미인 내전이나 반란도 포함해서 전쟁은 유사 이래 집단을 형성한 인류가 반복해 온 집단적 폭력 현상이다.[3] 물리적인 공격을 수반하지 않는 치열한 다툼을 비유적으로 표현하기 위해서 정보전쟁·경제전쟁·무역전쟁·사이버전쟁·수험전쟁 등의 말도 쓰이고 있

1 여기에서 우리가 알아두어야 할 것은 통일(統一)은 지배자와 지배체제의 단일화에 불과한 것이지 그것이 곧바로 개개인의 자유와 평화의 보장이 되는 것은 아니라는 것이다. 같은 민족이기 때문에 반드시 하나의 지배권력에 의해 통일된 정치체제하에 살아야 한다는 것은 정치적 이데올로기에 불과하다. 이를테면 일본인과 한인이 같은 인류이기 때문에 일본국과 대한민국이 통일되어야 한다고 말하면 왜 안 될까? 통일은 우리의 자유와 행복 그리고 평화를 위한 하나의 방법일 수는 있지만, 유일한 방법은 아니다. 예컨대, 아메리카합주국과 대한민국이 통일되어 있지 않더라도 우리는 아메리카합주국에 살고 있는 한인들을 자유롭게 만날 수 있다. 남쪽과 북쪽의 이산가족이 서로 만나지 못하는 것은 통일되지 않았기 때문이 아니다. 설령 대한민국과 조선민주주의인민공화국이 하나의 정치체제로 통일되었다고 하더라도, 정치권력이 물리적 폭력에 기하여 공간을 나누어서 서로 통하고 교제할 수 없도록 막는다면, 사람들은 여전히 이산가족으로 남을 것이다. 이렇듯 통일은 개개인의 자유와 평화를 위한 하나의 필요조건은 될 수 있을지언정 충분조건은 아니다.

다. 이 경우에 '전쟁'은 국가폭력으로서 어떠한 폭력적 방식으로든 전쟁 당사자뿐만 아니라 인류를 포함한 생태계 자체를 파괴하는 것까지 정당화하는 의미로 사용되는 듯하다.

어떻든 전쟁은 태고부터 있었던 인류의 집단적 폭력행사로, 가장 원시적이고 무자비한 분쟁 해결 수단이다.[4] 고대의 전쟁학적 논고로는 고대 그리스 철학자 플라톤(Plato, BC 428/427~BC348/347)의 『국가(Politeia)』가 있다. 이 책에서 소크라테스는 다양한 영역의 장인, 전문가로 구성된 자족적인 국가를 상정하나 국가가 성립하였다고 해도 인간의 욕구는 끝이 없기에 자족하는 것 이상의 자원을 추구하여 다른 공동체와의 전쟁이 발생한다고 논한다.[5] 이러한 소크라테스의 언급은 전쟁의 근본을 정치체로서 국가에서 찾는 시각이다. 실제로 군사사(軍事史)에서도 국가가 전쟁의 주된 행위주체였

2 여기에서 '전쟁'이란 무엇인가, 그 본질과 원인을 무엇인지 다시 묻는다면 문제는 복잡해진다. 이에 답하려면 많은 시간과 지면이 요구될 것이다. 다만 오늘날 전형적인 의미에서 전쟁이라고 하면, 국가 간 무력 항쟁의 관계라고 말할 수 있을 것이다. 현상적으로 보면, 전쟁은 상대국가의 권력 의지를 배제하고 자국 지배권력의 의지를 관철하기 위해 군대를 동원하는 등 물리적 폭력의 행사에 의해 이루어지는 사실적인 관계 또는 상황이다. 그렇지만 가장 일반적으로 전쟁의 본질은 무엇보다도 집단적 투쟁관계라고 할 수 있다. 그러므로 '전쟁'이라는 말이 개념적으로 내포하는 광의적 의미에는 내전이나 반란도 포함된다.

3 전쟁의 개념에 대해서는 박재섭, 『전쟁과 국제법』, 일조각, 1964, 38~76쪽 참고.

4 전쟁에 대해서는 군사력을 이용하여 다양한 정치적 목적을 달성하려는 국가의 행위로 이해하는 입장(행위설)도 있고, 군사력을 사용한 결과 발생하는 국가 간의 대립 상태로 이해하는 입장(상태설)도 있다. 일반적으로 국가 혹은 그에 준하는 집단이 자위나 이익의 확보를 목적으로 무력을 행사하여 전투하는 것이 전쟁이다.

5 플라톤(박종현 옮김), 『국가』, 서광사, 1997, 373 d7-e7.

고, 지금은 더욱더 그러하다. 지금 지구상에서 거대한 톱니바퀴를 서로 물고 돌아가는 글로벌 자본주의체제는 정치체제에 관계없이 그 개별 관리주체인 '국가' 간의 전쟁을 소비하는 것 같다. 오늘날 전쟁은 바로 '국가'가 그 문제의 핵심이다.

물론 애초에 전쟁이 성립되기 이전에 '인간들은 왜 서로 대립하는가'라는 인간 본원적인 문제도 있다. 사회학자 막스 베버(Max Weber, 1864~1920)는 어떤 주체가 상대방의 저항을 배제해서라도 자기 자신의 의지를 달성하려는 의도로 방향을 잡은 사회적 관계 자체가 근본적으로 '투쟁'이라고 정의한다.[6] 이 투쟁은 물리적 폭력에 기초한 투쟁이나 투쟁 수단을 비폭력적인 것으로 한정한 평화적 투쟁으로 분류할 수 있다.

이러한 투쟁이 사회 속에서 발생하는 근본적인 이유를 설명하기 위해 정치사상가 홉스는 『리바이어던』에서 국가나 정치단체가 존재하지 않는 자연 상태를 상정한다. 즉 개인이 각기 동일하게 자기보존의 법칙에 따라 생활자원을 획득하고 적의 공격을 예방하려는 과정에서 결과적으로 만인의 만인에 대한 투쟁이 생기게 된다는 것이다. 투쟁이라고 해서 항상 물리적 폭력이 사용되는 것도 아니다. 물리적 폭력으로 상대를 말소하지 않더라도 협상이나 협력을 통해 쟁점을 해결하는 것은 원리적으로 불가능한 일이 아니다. 그러나

6 Max Weber(清水幾太郎 訳), 『社会学の根本概念』, 岩波文庫, 1972. 이 책은 베버가 죽은 후에 그의 부인 마리안네(Marianne)에 의해서 발간된 몇 개의 텍스트로 구성된 복합적인 그의 저작인 *Wirtschaft und Gesellschaft*(『경제와 사회』)라는 제목의 책 중 「제1장 Soziologische Grundbegriffe(1~30)」에 해당하는 부분이다.

경제학자 토머스 로버트 맬서스(Thomas Robert Malthus, 1766~1834)가 『인구론』에서 말한 것처럼 인구는 생활수단의 분량을 넘어 항상 증대되기 때문에 역병, 기아, 전쟁 등의 적극적 제한으로 과잉인구는 조정되어야 하며, 이를 위해 투쟁은 유혈사태로까지 발전하게 될 것이다. 왜냐하면 생존이 위협받는 사태는 인간에게 항상 극한 상황이며 사회 전체에 있어서도 투쟁을 폭력화하는 중대한 동기일 수 있는 것이다.

전쟁에 관해서는 종래 다수의 소위 과학적 이론이 존재했다. 생물학자는 전쟁을 생존경쟁의 한 형태라고 설명하고, 심리학자는 투쟁본능의 표현이라고 이해한다. 또한 사회학자는 전쟁을 생활력과 노동력을 지닌 노예의 획득을 목적으로 하는 종족적 지배투쟁이라고 말한다. 경제학자는 과거에는 자본의 발전에 수반하는 시장의 확대와 원료생산지의 획득을 목적으로 하는 식민지의 무력적 점령을 위해서 전쟁을 한다고 설명해 왔다. 그와 같은 소위 과학적 설명이 전쟁이 갖는 각 일면을 보여주는 것은 부인할 수 없다. 이러한 설명이 과학의 진보에 따라 비판·수정되고 새로운 설명에 의해서 치환될 수 있는 것도 사실이다.

그와 같은 과학적 설명이 과연 우리의 마음에 충분한 만족을 줄 수 있을까? 우리는 전장에서 싸우는 용사(勇士)가 단순히 투쟁본능을 발휘한다고 생각할 수 있는가? 또 우리는 만약 전장에서 전사한 용사의 혼령을 맞이한다면, 그를 단지 생존경쟁에 패한 자로서 볼 수 있는가? 전쟁의 승리를 기뻐하고 전쟁의 패배를 슬퍼하는 감정을 사회학과 경제학을 알지 못하는 자들의 희비(喜悲)에서 나온 단순한 감정의 발로라고 단정할 수 있는가? 단연코 '아니'라고 말하고 싶다.

전쟁은 우리의 마음을 쥐어짜고 기쁘게 하거나 슬프게 한다. 우리는 출정자를 격려해 전장으로 보내고, 전사자의 공을 기리며, 개선자를 기쁘게 맞이한다. 이는 전쟁이 단순한 자연적 사실을 넘어 사회적·정치적 의의를 지니고, 우리의 정신에 울림을 주는 사건임을 의미한다. 그러한 전쟁의 의의나 정신에 대해 과학은 아무것도 가르쳐 주지 않는다.

그럼에도 불구하고 지금까지 상당히 많은 논자가 전쟁의 의의와 정신을 긍정해 왔다. 그들은 인류의 역사에서, 그것도 근현대사에서 전쟁을 찬양하는 이른바 '전쟁의 형이상학'을 전개했다. 이러한 전쟁의 형이상학은 지배집단에 부역하는 어용학자들이 아무런 희생을 치르지 않고도 계속해서 민중을 지배하고 선동하기 위해 만들어 낸 지배집단의 정치적·사회적·심리적 이데올로기에 불과하다.

2

전쟁의 형이상학: 전쟁 찬양론자의 변명

전쟁은 엄청난 대량살상과 파괴를 수반하는 최악의 현상이다. 전쟁을 특징짓는 가장 중요한 요소로 주목되어야 할 것이 바로 무자비한 폭력이다. 지상에 살고 있는 모든 동물은 현실세계에 작용할 수 있는 능력을 가지고 있는데, 동물로서 인간이 자신이 가진 능력을 유형적 또는 무형적으로 다른 사람의 의지에 반하여 강제적으로 행사하면, 그것은 폭력이다. 유대계의 도이치 여성 정치사상가 한나 아렌트(Hanna Arendt, 1906~1975)의 폭력과 권력에 관한 정의[7]를 차용할 필요도 없이, 전쟁이란 국가라는 이름으로 적대국에 사

7 아렌트에 의하면, 인간은 개인으로서 힘(力, Kraft)을 갖고 있고, 권력(權力, Macht)은 다른 사람의 동의에 기하여 행사되는 힘이지만, 폭력(暴力, Gewalt)은 다른 사람의 의지에 반해 가해지는 힘이다. 이에 관한 자세한 논의는 Hanna Arendt, *Macht und Gewalt*, München, 1970 참고.

는 다른 사람에게 무차별적으로 행사되는 거대한 폭력이다. 그것은 양 교전국의 영역에 있는 모든 생명을 살육하는 극단적인 반인륜적·반생명적 범죄행위이다.

그렇지만 전쟁 찬양론자는 전쟁을 단순한 폭력과 구분하면서 전쟁의 의의를 정확히 파악해야 비로소 전쟁을 제대로 이해할 수 있다면서 전쟁 자체에 적극적인 가치를 부여한다. 나아가 그들은 실제로 우리가 지금까지 경험했고, 앞으로 생길 수 있는 전쟁에 대해 새로운 형이상학을 수립할 수 있으며, 그것이 요청된다고 본다. 이와 같이 전쟁을 형이상학적으로 찬양하는 입장에서는 전쟁에서 폭력을 통한 모종의 상호작용이 발생한다고 주장한다.

그런 주장을 하는 대표적인 책이 전쟁에 관한 고전적 저작으로서 프로이센의 군사평론가 클라우제비츠(Carl Clausewitz, 1780~1831)가 쓴 『전쟁론(Vom Kriege)』[8]이다. 클라우제비츠에 따르면 폭력은 세 종류의 상호작용을 초래한다. 그것은 서로 적대적 감정과 적대적 의도를 확대시키는 제1의 상호작용, 상대를 격멸하려는 제2의 상호작용, 그리고 전투수단으로 적과 맞설 수 있도록 하는 제3의 상호작용이다. 이들 상호작용을 전제로 생각하면 전쟁에서의 폭력은 이론적 필연성으로 무한정 확대될 수밖에 없다. 집단들 간의 전쟁을 예로 들면, 폭력의 성질에 따라 서로 폭력수단을 확대하면서 상대를 계속 공격하고, 이를 위한 적의를 계속 증대시키게 된다. 클라우제비츠는 이러한 전쟁의 이념형을 절대전쟁이라고 불렀다. 그러

8 Carl von Clausewitz, *Vom Kriege, Bd.1–3*, Berlin, 1832~1834.

나 동시에 이러한 형태의 전쟁은 현실의 전쟁에서 출현하는 것이 아니다. 그 이유로 절대전쟁과 함께 제기되었던 것이 정치 목적으로 전쟁을 정당화하는 것이다. 즉 정치적 제약이 작용하기 때문에 전쟁이 무제한적으로 폭력화되지 않으며, 정치적 목적이 전쟁의 성격을 규정한다는 것이다. 이러한 정당화를 단적으로 표현하는 것이 아래에서 볼 클라우제비츠의 명제이다.

전쟁이 단순한 폭력적 투쟁 상황일 뿐만 아니라 본질적으로 정치와 연관되어 있다는 클라우제비츠의 주장은 도이치 헌법학자 카를 슈미트(Carl Schmitt, 1888~1985)에 의해 사상적으로 더 발전했다. 슈미트는 독자적인 우적(友敵, Freund-Feind) 이론을 전개하면서 정치적 개념에는 항상 투쟁적 의미가 있으며 불가피하게 적과 아군으로 구분된다고 논한다. 슈미트에 따르면, 정치에 내재한 적과 아군의 이분법은 적에 대한 개념에 상세한 주의를 기울임으로써 심화될 수 있다. 슈미트는 그의 저서 『빨치산 이론(Theorie des Partisanen)』[9]에서 적에는 세 종류가 있다고 보았다. 즉 인습적이고 형식적인 성질을 지닌 재래적인 적, 실제적인 성질을 동반한 현실의 적, 범죄자의 성격을 가진 절대적인 적이 그것이다. 재래적인 적은 인도주의적 규칙에 근거한 국가 간 전쟁의 적이며, 현실의 적은 자신의 실존에 위협이 되는 적, 그리고 절대적인 적은 상대방을 문명이나 계급, 민족

9 Carl Schmitt, *Theorie des Partisanen. Zwischenbemerkung zum Begriff des Politischen*, Berlin, 1963. 이 책은 슈미트가 『정치적인 것의 개념(Der Begriff des Politischen)』(1932)에서 적과 동지를 구별하는 것이 정치라고 주장하면서 적 개념을 이론화하였는데, 이 적 개념의 이론을 발전시킨 것이라고 하겠다. 이 책에서는 세 종류의 적 개념을 도입한 빨치산 분석이 이루어지고 있다.

에 대한 범죄자로 차별화하는 적이다. 전쟁에서는 교전관계에 있는 쌍방이 각기 어떤 특성을 가진 적인가에 따라 그 전쟁의 정치적 목적이 다르게 될 수도 있고, 그 목적의 실현을 위해서 상대방에게 행사하는 군사적 수단을 차별화해서 제재의 정도를 조절할 수도 있으며, 근본적이고 치명적인 군사적 수단을 동원하여 상대방의 존재 자체를 말살시킬 수도 있다. 정치에 있어 수단으로서의 전쟁이 가지는 중요성은 상당히 보편적인 것인데, 정치적 수단으로 전쟁의 규모, 기간, 강도, 영향력 등은 각 국가의 정치적 상황이나 역할에 따라 좌우될 수 있다는 것이다.

전쟁을 하나의 정치행위로 간주하면서 전쟁을 찬양하는 논자들의 형이상학에 따르면, 전쟁은 국가의 기본권이고, 민족의식을 고취하기 위한 정치의 또 다른 방법이다. 전쟁을 정당화하고, 전쟁의 주체로서 국가를 지지하는 전쟁 찬양론자로 앞에서 언급한 클라우제비츠와 슈미트 외에, 네덜란드의 국제법학자 휴고 그로티우스(Hugo Grotius 1583~1645)[10]와 도이칠란트의 철학자 게오르크 빌헬름 프리드리히 헤겔(Georg Wilhelm Friedrich Hegel, 1770~1831), 막스 셸러(Max Scheler, 1874~1928) 등도 있다. 이들의 전쟁 찬양 형이상학까지 포함해서 조금 더 자세히 살펴보고자 한다.

10 휴고 그로티우스는 잉글리시 "Hugo Grotius"의 음역인데, 그의 모국어인 네덜란드어로는 "Hugo de Groot" 또는 "Huig de Groot"이라고 표현하였기 때문에 이를 우리말로 음역하면 "휘호 더 흐로트"가 된다. 여기에서는 잉글리시 음역 표현을 그대로 사용하기로 한다.

정당한 전쟁론:
휴고 그로티우스

근대 유럽에서는 인류가 원시시대부터 전쟁을 알았고, 역사의 대부분을 전쟁을 하며 보냈으며, 모든 주권국가는 자국의 이익을 위해 전쟁을 할 수 있는 자유가 있다는 견해가 지배적이었다.[11] 주권국가의 전쟁의 자유를 전제로 한 전쟁법의 확립자라고 할 수 있는 휴고 그로티우스는 원래 인간과 인간의 관계, 특히 국민과 국민, 국가와 국가의 관계가 존재하는 곳에서는 반드시 법률이 있어야 하므로 전쟁에 관한 법률도 존재한다고 보았다.

그러나 전쟁이란 애초에 국내의 재판소(법원)가 강제할 수 없는 것에 의해서 행해진다. 따라서 전쟁에 관해서는 국내의 재판소에 적용되는 법률이 적용될 수 없다. 그렇다고 해서 전쟁에 법률이 적용되지 않는다고 생각해서는 안 된다. 평화 시에 적용되는 법률은 전쟁에서 침묵한다. 그러나 영구적으로 타당한 법률, 즉 불문의 자연법은 여전히 효력을 발휘한다. 그로티우스에 따르면 적대자 상호 간에는 성문법, 즉 시민법(국가법)은 효력을 발휘하지 않지만, 불문법, 바꿔 말하면 자연에 의해서 인류에게 주어지고 국가 상호 간의 합의에 따라 정해진 법률은 여전히 타당하다.

여기서 말하는 불문의 자연법이란 그로티우스가 살던 때부터 사백여 년이 경과한 오늘날에는 조약이나 관습법의 형식을 취하는 실

11 이에 관해서는 박재섭, 『전쟁과 국제법』, 일조각, 1964, 76~86쪽 참고.

정국제법을 의미하는 것 같다.

그렇지만 국제법으로서 전쟁법이란 전쟁의 개시와 종결, 교전국 간의 전투 중립국이 준수해야 할 규범을 중심으로 하는 법률이다. 따라서 이러한 규범이 준수되는 것만으로 전쟁 자체가 정당한 것이라고 말할 수는 없다. 여기에서 정당한 전쟁과 위법한 전쟁이 구별되고, 오늘날 그 사상을 실정법화한 국제연방규약 또는 부전조약이 존재한다. 그로티우스는 이에 근거해 허용되지 않는 전쟁은 위법하고 그렇지 않은 전쟁은 적법하다고 말한다. 분쟁을 해결하기 위한 전쟁, 국가의 정책 수단으로서의 전쟁, 바꿔 말하면 침략적 전쟁이 위법한 전쟁이고, 자위(自衛)를 위한 전쟁이나 위법한 전쟁에 대한 제재로서의 전쟁만이 허용되고 정당하다고 본 것이다. 따라서 국제법상에서 의의 있는 전쟁은 이러한 의미에서 정당한 전쟁이고, 그렇지 않은 전쟁은 위법이고 범죄적이며 무의미하다.

여기에서 문제가 생긴다. 만약 위와 같이 법률상 유의미한 정당한 전쟁이 위법한 침해에 대한 자위의 전쟁이라면, 결국 기존의 국제관계를 유지하기 위한 전쟁만이 유의미한 전쟁이 된다. 결론적으로 역사적인 우연으로 인해 분할된 영토를 영구불변의 것으로 생각하고, 기존의 국제질서를 변경해 신질서를 확립하는 것은 정당한 전쟁에 의해서는 불가능하다. 따라서 의의 있는 전쟁은 단순히 보수적 전쟁이고, 역사를 추진하는 원동력으로서의 사명은 가질 수 없다.

만약 진정으로 정당한 전쟁만이 유의미하다면, 그 당연한 조건으로서 정당한 전쟁은 반드시 승리한 전쟁이어야 한다. 그러기 위해서는 당연히 정의(正義)와 힘 간에 예정의 조화가 성립해야 한다. 즉 정의를 실현하기 위한 범위에서 힘이 행사되어야 한다는 것이다. 그러나 현실에서는 승리한 전쟁이 위법한 전쟁인 경우가 많다. 그리고 위법한 전쟁이든 정당한 전쟁이든, 승리한 전쟁만이 신질서를 규정하는 법률을 창출할 수 있다. 그렇기에 전쟁은 새로운 법률을 창조한다. 이에 전쟁은 혁명과 유사하다. 혁명은 실패하면 내란이지만, 성공하면 새로운 정치권력이 되고, 새로운 법률의 창조자가 된다. 혁명을 법원(法源, Rechtsquelle)이라고 말하듯이, 전쟁 역시 법원이 될 수 있다. 그래서 전쟁이 법률에 기초하는 것이 아니라, 전쟁이 법률의 기초라는 것이다. 그렇기에 전쟁의 의의를 법률에서 찾으려고 하는 것 자체가 문제다.

법률이 전쟁을 정당화하는 것은 특정한 경우로 한정되지만, 그러한 경우조차 모순이 없는 것은 아니다. 따라서 전쟁의 의의를 오로지 법률적으로만 결정하려는 것은 적절하지 않다. 이는 다수의 법철학자 및 법학자들도 역시 인정하는 바다. 예컨대, 법의 사회적 실용성을 중시하는 목적법학(目的法學)을 주장했던 도이치 법학자, 루돌프 폰 예링(Rudolf von Jhering, 1818~1892)이 그의 저서 『법에 있어서의 목적(Der Zweck im Recht)』[12]의 모두에서 "목적법칙은 목적 없이 어떠한 의지 또는 행위도 없다고 말한다(das Zweckgesetz lautet: kein Wollen, oder was dasselbe, keine Handlung ohne Zweck.)"라고 하면서 '목적이 법의 창조자'라고 설파하였다. 이에 따르면, 법률이란 바로 '권력

12 Rudolf von Jhering, *Der Zweck im Recht,* Leipzig, 1877.

의 정치'이고 정치의 수단일 뿐이다. 즉 법률문제의 모순을 해결하는 통로를 정치에서 찾는다는 것은, 법률의 정치적 본성을 부정하지 않는 한 당연한 귀결임에 틀림없다.

국가 주권의 절대성의 징표로서 전쟁: 카를 폰 클라우제비츠

클라우제비츠는 "전쟁이란 다른 방법으로서 행해지는 정치의 연장이다(Der Krieg ist eine bloße Fortsetzung der Politik mit anderen Mitteln)"[13] 라고 하면서 전쟁이 네이션 스테이트(민족국가)에 있어 주권의 절대성의 증표로서 수행되는 정치행위라고 본다. 이러한 테제로 그는 전쟁에 대한 규범적인 우려를 하지 않으면서, 전쟁을 사실적·서술적으로 분석하여 스테이트(state)와 네이션(nation) 간의 사실관계를 밝힘으로써 반성을 수행하고자 했던 것 같다. '민족국가'라는 관념이 일상생활에서 의식되는 바는 적지만, 민족국가에서도 국가권력과 개인의 관계는 전시에 주권의 절대성 문제로 부각된다. 전쟁이 일어나면 국민은 병역과 전투에 동원되고, 경제나 사회는 통제되며, 주권의 주체로서 권력의 명령에 따르지 않는 것이 범죄가 되는 때에, 주권의 문제가 불쑥 개인에게 닥쳐온다. '주권'이라는 관념은 대외적으로 국가만이 국민을 대표하고 대내적으로는 정통적 폭력

13 Carl von Clausewitz, *Vom Kriege*, Bd. I, Kapitel 1, Abschnitt 24.

을 독점하는, 유일한 최고의 절대 권력을 의미한다. 오늘날 국가에서 사활이 걸린 문제가 바로 이 주권의 문제다. 주권은 장 보댕(Jean Bodin, 1530~1596)이나 홉스의 시대에 이론적으로 구성되어 중세적 세계에서 근대국가가 형성된 이래, 국가를 다른 사회조직에서 구별하는 결정적 지표가 되어왔다. 이렇게 전시에, 한국의 경우에는 평시에도 군대에 들어가는 것이 의무가 되었다. 특히 전쟁에 반대하거나 협력하지 않는 사람들은 '비국민'으로 취급되어 반역자가 되고, 전쟁을 명령하고 수행하는 정치권력자는 악마(惡魔)가 된다.

물론 '현실세계'에서 '전쟁'은 순수한 '의지'에 따라 무한히 '폭력'의 연쇄를 고조시켜 가는 것이 아니다. 전쟁에 관계된 당사자들은 특정 상대에게 어떠한 공격을 하면 자신 쪽이 어느 정도의 손해를 받는가를 경험적으로 알고 있고, 그러한 경험치를 예측해 자신의 행동을 제어한다. 서로 상대의 태도를 보면서 자신의 행동방식을 결정하기 때문에, 결과적으로 '전쟁'은 한계가 있고, 통상의 '정치'적 공격의 계속이라는 형태로 진행된다. 정치의 수단인 '정치'가 '국가이성(die Staatsräson)'이 '설정하는' '목적'을 넘어서 누구도 예상하지 못한 곳까지 가는 것은 아니다. 그래서 아메리카합주국의 정치철학자 마이클 왈저(Michael Walzer, 1935~)도 '전쟁은 다른 수단에 의한 정치의 연속'이라는 클라우제비츠의 테제를 진실이라고 두둔한다. 그는 살아 있는 몸을 가진 인간에게 무한히 확대해 가는 절대전쟁(absolute war)이라는 것은 상상할 수 없기에, 인간이 행위주체로서 전개하는 '전쟁'은 현실적인 정치로서 그 자체로 한계를 지닌다고 주장하는 것 같다.[14] 현실의 '전쟁'은 우리가 사회적·문화적으로 습득한 경험의 축적과 연계되어 있기에, 거기에서 완전히 해방된, 진정한 의미에서 상상할 수 없는 전쟁은 없다는 것이다.

물론 '전쟁'을 하는 당사자들 전부가 자신들의 '국익'에 대해서 현실적으로 일정한 목적, 즉 유한성 속에서 적절한 전투수단을 선택하는 합리적 인간이라면, 왈저가 말하듯이 '절대전쟁'의 추구는, 예컨대 아메리카합주국과 같이 다량의 핵무기를 보유한 국가의 지도자가 시도할 수 있는 것처럼 인류의 절멸로 이어질 수도 있다. 그러나 이러한 '합리적 인간'들로 구성된 '합리적 국가'상이 데카르트-홉스적인 근대 서유럽의 산물이고, '통상의 것'이 아님은 두말할 필요도 없다.

클라우제비츠나 왈저가 지닌 전통적인 전쟁관에 따르면, 전쟁이란 일정한 영역과 인민을 가진 주권국가가 자신의 목적을 실현하기 위한 수단이다. 이는 수단의 소유자인 '국가'가 '전쟁'을 자기 뜻대로 사용할 수 있는 것을 전제한다. 왈저는 그것이 클라우제비츠가 인식하는 '현실'이라고 간주하여 자신의 공동체주의적 논의에 끌어들이지만, 이른바 국가이성을 넘는 '정의/폭력'의 무한한 보복관계가 국제정세를 지배하고 있는 상황에서는 그것이 확실하다고 말할 수 없게 되었다.

14 Michael Walzer, *Arguing about War*, 2004(유홍림 외 옮김, 『전쟁과 정의』, 인간사랑, 2009), 특히 서론 및 제1부 1. 정의로운 이론의 승리(그리고 성공에 따른 위험들) 참고.

인류의 보약으로서 전쟁:
게오르크 빌헬름 프리드리히 헤겔

헤겔은 도이치 낭만주의시대의 대표적 철학자로서, 우리 학계에도 잘 알려진 익숙한 인물이다. 그의 정치철학과 법철학은 주저 『법철학강요(Grundlinien der Philosophie des Rechts)』(1821)의 거의 끝부분[15]에 집약되어 있다. 여기에서는 전쟁 찬양론자로서 헤겔의 전쟁관(戰爭觀)을 간단히 살펴보고자 한다.

모든 주류철학은 그것이 태어난 시대와 그것이 발 딛고 선 현실적 조건의 산물이다. 철학자로서 헤겔 또한 유럽대륙에서 켈트족과 게르만족 집단 간의 정복과 지배 전쟁으로 점철되었던 18, 19세기에 그에게 빵을 제공하였던 게르만족의 국가 프로이센 제국의 지배 권력에 봉사할 수밖에 없었고, 그의 전쟁 찬양론은 이러한 조건의 불가피한 어쩔 수 없는 결과라고 하겠다.

헤겔은 인간의 본질 및 실재를 오직 도덕·윤리적 이념을 실현하기 위해서 존재하는 가장 본질적인 유기체로 보았고, 국가 안에서만 발견되는 사회적 존재로 보았다. 국가는 전일적 존재이며 인간과 인간의 모든 제도의 종합이므로, 종교를 포함해서 인간과 인간의 모든 제도는 전체로서 국가에 필연적으로 종속한다고 보았다. 헤겔은 입헌군주국가를 국가의 최고이념형으로 보았다. 국가는 그에게 신적·윤리적 이념 그 자체였다. 국가의 주권은 전체의 인격 속

15 제3부 윤리 제3장 국가 A. §324~329.

에 있으며, 이것이 군주라는 인물을 통해서 대변된다는 것이다. 그의 국가유체론에 의하면, 개인들은 국가 안에서 통일성, 유기성, 진정한 일체성을 발견할 수 있고, 국가를 떠난 개인은 의미조차 없다고 한다.

헤겔에게 국가 간의 전쟁은 개인들에게 인륜성을 고양시키는 각성제이다. 그에 따르면 전쟁이 국가를 위해 개인의 생명을 희생하는 것에 불과하다 할지라도 개인에게 영웅적으로 행동할 수 있는 기회를 제공함으로써 인간에 내재한 최고인륜을 환기시킨다. 그래서 개인은 죽지만 최고인륜으로서 국가는 계속 존립한다. 국가는 어떠한 개인보다도 위대하다. 인간이 스스로 보편적인 대의, 즉 국가에 복종해서 국가를 위해 죽는 것이 인간의 진정한 용기이다.

전쟁은 민족(Nation)의 건강과 힘을 시험할 수 있고, 윤리적 활력을 보존하는 보약(補藥)이다. 평화는 현실적으로 부패와 타락을 초래하는 데에 반해, 전쟁은 그러한 악(惡)을 저지하는 역할을 한다. 평화의 상태에서는 국가의 모든 기관들이 비활력적으로 되고, 그 결과, 모든 인간이 죽음을 모면할 수 없게 된다. 투쟁 없이는 발전도 있을 수 없는데, 전쟁은 그러한 투쟁이 극도로 집적되고 강조된 형태에 불과하며, 전쟁을 통해서 최고의 진보가 이루어진다. 모든 민족은 전쟁을 통해서 비활력적인 상태를 극복할 수 있고, 평화는 바로 전쟁의 산물이기 때문에 전쟁이 없다면, 평화도 있을 수 없다는 것이 헤겔의 기본적 시각이다.

이렇듯 평화가 아니라 전쟁이 인간에게 진정한 평화를 맛볼 수 있게 한다는 것이 헤겔의 전쟁 찬양 형이상학의 결론이라고 하겠다. 이러한 맥락에서 보면, 헤겔은 세계단일국가의 성립을 평화의 이상적인 전제로 하는 영구평화론을 제창한 대선배 철학자 이마누엘 칸트(Immanuel Kant, 1724~1804)[16]가 커다란 오류를 범했다고 본 듯하다.

민족의식의 각성제로서 전쟁: 막스 셸러

우리에게 보불전쟁으로 알려진 프로이센과 프랑스 간의 전쟁사[17]를 살펴보면 프로이센군이 수도 파리를 점령하는 과정에서 루브르 박물관(Louvre Museum)이 포탄에 맞아 불탔다는 소식이 프로이센에 전해졌다고 한다. 루브르 박물관 화재와 관련한 프리드리히 니체

16 칸트는 저서 *Zum ewign Frieden*(1795)에서 영구평화를 달성하기 위한 조건을 논한다. 그가 말하는 영구평화란 '세계적 규모의 법적 상태'를 의미하기 때문에 국가, 즉 세계단일국가의 권력을 전제로 한다. 이러한 단일국가는 현실적으로는 불가능하므로 먼저 모든 국가가 민주적 법치국가가 되고, 이어 이들 국가 간에 '국제연맹'을 만드는 것이 영구평화를 실현하기 위한 유일한 방법이라는 것이다. 이마누엘 칸트(이한구 옮김), 『영구평화론: 하나의 철학적 기획』, 서광사, 2008 참고.

17 프로이센-프랑스 전쟁(1870~1871)은 프로이센의 주도하에 통일 도이칠란트를 완성하려는 비스마르크의 정책과 그것을 저지하려는 나폴레옹 3세의 정책이 충돌해 일어났다. 그 직접적인 계기는 에스파냐 국왕 선출 문제를 둘러싸고 양국 간의 분쟁에서 일어난 엠스전보(電報) 사건이었다. 이 사건은 연출자인 비스마르크의 의도대로 프랑스와 프로이센 양 국민을 격앙시켰고, 프랑스가 프로이센에 대해 선전포고를 함으로써 전쟁이 본격적으로 시작되었다. 프로이센-프랑스의 전쟁에 관한 더 자세한 내용은 앙드레 모로아(전영애 옮김), 『독일사』, 홍성사, 1990, 265~271쪽 및 앙드레 모로아(신용석 옮김), 『프랑스사』, 기린원, 1998, 제6장(453~463쪽) 참고.

(Friedrich Wilhelm Nietzsche, 1844~1900)와 야코프 부르크하르트(Carl Jacob Christoph Burckhardt, 1818~1897)의 에피소드를 읽은 적이 있다.

당시 스위스 바젤대학교의 한 교수휴게실에서 도이치계 철학자 니체와 역사가이자 미술사가 부르크하르트가 이러한 보도에 대해서 담화를 나누고 있었다. 두 사람은 프로이센의 승전에 대해서는 어떠한 기쁨의 표시도 하지 않았지만, 박물관이 소장했던 귀중한 예술품 전부가 사라지지 않을까 우려하면서 프로이센군의 야만적 행위에 대한 분노를 표시했다고 한다. 위대한 철학자 니체와 역사가 부르크하르트가 당시 프로이센과 프랑스의 전쟁이라는 역사적 대사건에 대해 부정적인 의미를 부여한 것이 흥미롭다. 그리스 문화사와 르네상스 문화사의 저자인 부르크하르트를 생각하면 단순한 이야기만으로 끝나지 않을 것 같지만, 니체가 전쟁에 대해서 어떻게 생각했는지는 그의 유명한 저작 『차라투스트라는 이렇게 말했다(Also sprach Zarathustra)』(1883)에서 찾아볼 수 있다.

> 그대들은 새로운 전쟁을 위한 수단으로 평화를 사랑해야 한다. 그리고 오랜 평화보다도 짧은 평화를 그대들에게 나는 권고한다. 노동이 아니라 싸움을. 그대들에게 나는 권고한다. 평화가 아니라 승리를. 그대들의 노동은 하나의 싸움이 되게 하라. 그대들의 평화는 하나의 승리가 되게 하라!
> 활과 화살을 가지고 있을 때만 사람들은 침묵하고 또한 조용히 앉아 있을 수 있다. 그렇지 않으면 부질없이 지껄이고, 말다툼을 할 것이다. 그대들의 평화가 하나의 승리가 되게 하라!

좋은 이유는 전쟁까지도 신성화한다고 그대들은 말한다. 나는 그대들에게 말한 좋은 전쟁은 어떠한 이유라도 신성화한다고. 전쟁과 용기는 이웃에의 사랑(隣人愛)보다도 훨씬 많은 일을 하였다. 이제까지 조난자(遭難者)를 구한 자는, 그대들의 동정이 아니고, 그대들의 용기였다. '선(善)이란 무엇인가?' 하고 그대들은 묻는다. 용감하다는 것이 선이다.

이와 같이 차라투스트라가 말하는 것에 비추어 볼 때,[18] 전쟁에 대한 니체의 생각은 부정적이지 않았던 것 같다. 니체도 전쟁에 대해 적극적인 의미를 부여했던 것이다.

여기서는 전쟁에 한층 더 적극적 의의를 부여했던 막스 셸러(Max Scheler)의 주장을 들어보기로 한다. 셸러는 부르크하르트류의 문화관을 비판하고 문화와 전쟁의 적극적인 의의, 말하자면 전쟁 찬양론을 전개한다. 그에 따르면 예술이나 철학, 종교 등의 소위 정신적 문화는 과학과 같이 어느 곳에서든 발달하거나 이식할 수 있는 것이 아니다. 그것은 인격적·개성적·민족적·국가적이며, 민족과 국가야말로 정신적 문화를 창조하는 기반이고 기초이다. 그리스 민족의 쇠망과 더불어 그리스 철학도 붕괴한 것이 그 예다. 민족 및 국가가 바로 예술품과 기타 문화적 창조물을 산출하는 '살아 있는 문화'

18 전쟁(Krieg)과 전쟁민족(Kriegsvolke)에 관해서 Friedrich Nietzsche, *Also sprach Zarathustra*, 1883, "ersten Teil: Zarathustra's Reden"(정진웅 옮김, 『짜라투스트라는 이렇게 말했다』(니체전집 4), 백문당, 1980, 제1편 [짜라투스트라의 말], 「전쟁과 전사」(61~63쪽) 참고.

자체다. 문화적 창조물은 전쟁뿐만 아니라 바람, 물, 불, 폭민(暴民), 벌레 등에 의해서도 파괴될 수 있다. 물론 국제법은 이러한 전쟁의 결과를 피할 것을 요구한다. 그러나 전쟁이 문화를 창조하는 살아 있는 문화, 즉 정신적 세계를 의미하는 민족과 국가를 파괴하는 것은 아니다. 오히려 인간이 민족적 정신의 창조 원천으로 돌아가게 하고 이것을 자각하게 하는 데 전쟁의 중요한 의의가 있고, 그 정당성의 근원이 된다. 전쟁을 통해서만 역사는 하나의 체험된 경험이 되는 것이다. 부르크하르트류의 문화관은 문화를 그 창조의 기저에서 추상하여 단순한 골동품 수집가의 향수적 태도로 보는 것에 불과한 것이고, 진정한 문화의 의의를 이해한 것은 아니다.

이것이 셸러가 제1차 세계대전의 한가운데서 도이치 전쟁의 의의를 간명하게 정리한 몇몇 저작[19]의 요지다. 제1차 세계대전 당시에는 다수의 철학자가 동원되거나 자발적으로 중요한 전쟁 철학을 발표하기도 했는데, 셸러의 저작에는 이에 대한 논의가 곳곳에서 보인다. 이제 다시 세계는 전쟁 중이다. 따라서 지금 전쟁에 대해 어떻게 생각해야 할지를 살펴보는 것이 무의미하지는 않을 것 같다.

셸러와 후설 모두에게, 때로는 압도적인 반대의 증거에도 불구하고, 전쟁(여기에서는 제1차 세계대전)은 해방을 가져왔고, 자신을 초월한 투사, 잠재력의 해방, 유대의 자유, 더 높은 것을 향한 부름, 인간

19 자세한 것은 Max Scheler, *Der Genius des Krieges und der Deutsche Krieg*, Leipzig: Verlag der Weißen Bücher, 1915; *Krieg und Aufbau*, Leipzig: Verlag der Weißen Bücher 1916 및 James Dodd, *Phenomenological Reflections on Violence: A Skeptical Approach*, New York: Routledge 2017, Chapter 6: "The War Writings of Max Scheler and Edmund Husserl(1914~1918)" 참고.

의 가장 깊은 곳에 있는 초월의 끌어당김, 즉 해방을 수반했다. 그래서 두 사상가 모두 맹목적으로 폭력과 자유 사이의 불가분적인 관계를 긍정하는 견해를 밀어붙이는 것이다.

우리는 여기에서 전쟁의 도덕적·윤리적 의의를 탐구해야 한다. 이마누엘 칸트는 윤리적·실천적 이성의 명령으로서 거론한 불가항력적 금지로서 '전쟁은 있어서는 안 된다'라는 명제를 제시했다. 전쟁은 개개인의 권리를 추급하기 위해 집행할 수 있는 방법이 아니라는 것이다. 또한 도이치 철학자이자 심리학자 프란츠 브렌타노(Franz Brentano, 1837~1917)는 제1차 세계대전 중에 전쟁의 윤리적 의의를 부정했다. 국가를 개인보다 가치가 높은 생명이라고 이해하고, 가치가 높은 생명의 번영을 위해서 가치가 낮은 생명이 재산과 피를 희생해야 한다는 것은 불합리하다고 비판했다. 이는 수단과 목적이 전도된 것이고, 인간이 국가를 위해서 존재하는 것이 아니라 국가가 인간을 위해서 존재하는 것으로 보았다.

그런데 막스 셸러는 칸트의 형식적 윤리가 개인과 인류를 직접 결부시켜서 민족국가의 윤리적 가치에 대한 인식을 방해하고 전쟁의 윤리적 의의를 이해할 수 없게 한다고 비판했다.[20] 실제로 윤리적 견지에서 보면, 브렌타노의 말에서도 이해할 수 있듯이, 전쟁의 의의를 부정하는 사상은 대체로 개인주의의 윤리에 근거한다. 개인주의에서는 개인이 절대적인 가치를 가지고 있고, 국가는 그러한

20 우리나라에서 막스 셸러는 『우주에 있어 인간의 지위(Die Stellung des Menschen im Kosmos)』(1928) 등 철학적 인간학에 관한 글을 남긴 인간학자로 알려져 있다.

개인의 인격을 완성하기 위해 개인에 의해 만들어진 것으로, 개인의 인격 형성에 기여하는 수단인 한에서만 의의를 가진다는 것이다. 그런데 국가가 전쟁을 하는 경우, 개인은 많은 희생을 치러야 한다. 따라서 영원한 평화가 바로 윤리적 요청이고, 전쟁에는 윤리적 의의가 없다. 계몽적 개인주의와 유대적 공리주의가 이러한 윤리의 기둥으로서 그 기저를 형성한다.

정치로서 전쟁:
카를 슈미트

이제 전쟁을 또 하나의 정치로 이해하려는 시각을 살펴보자. 위에서 클라우제비츠가 어떠한 생각으로 전쟁을 정치의 연장이라고 말했고, 그 진의가 무엇이었는지 보았다. 여기서는 특정세력이 '국가'라는 이름으로 살상과 파괴를 명령하고 무차별적으로 무자비하게 자행되는 전쟁의 정당성을 정치철학적으로 정당화할 수 있는가라는 문제를 생각해 보고자 한다. 이와 관련해서 클라우제비츠의 주장을 더욱더 심화시켰던, 20세기 전반에 도이치 내셔널리즘에 기반한 히틀러 정권의 정치적·법적 봉사자인 이른바 결단주의(決斷主義, Dezisionismus)의 공법학자 카를 슈미트(Carl Schmitt, 1888~1985)의 주장[21]을 살펴보겠다.

슈미트에 따르면, 근원적인 정치적 구별은 '적(敵)'인지 '동지(同志)'인지 구별하는 것이고, 단지 친구의 존재뿐만 아니라 적의 존재에 의해서 고유한 정치적 관계의 가능성이 주어진다. 적이란 극한의 경우에 현실적으로 주체와 충돌할 수 있는 가능성의 정도에서 그 실존성을 지닌 타자로서 국외자이다. 정치적 대립이란 적과 동지 관계의 가장 심각하고도 극단적인 대립을 의미하고, 국가는 근세 유럽 사상에서 볼 수 있는 가장 전형적인 정치적 단위다. '정치적'이라는 말과 '국가적'이라는 말이 같은 의미에서 사용되는 것은 위의 사정을 기초로 한다. 전쟁이란 조직화된 정치적 단위인 국가와 국가 간에 행해지는 무력적 투쟁을 의미하고, 적의 개념에는 전쟁의 현실적 영역에서의 가능성이 포함된다. 그래서 전쟁은 적대관계에서 생긴다. 적대관계는 타자라는 존재를 현실적으로 부정하는 것이다. 그것은 다른 존재의 현실적인 부정이기 때문이다. 전쟁은 적대관계의 극한에서 실행되는 것이다. 그러므로 그것은 일상적으로 일어나는 사실도 아니고, 상태적인 것도 아니며, 이상적인 것도 바람

21 이에 관해서는 Carl Schmitt, *Politische Theologie. Vier Kapitel zur Lehre von der Souveränität,* Berlin, 1922; Carl Schmitt, *Der Begriff des Politischen. in: Archiv für Sozialwissenschaften und Sozialpolitik,* Bd. 58(1927), SS. 1-33(윤근식 옮김, 『정치의 개념』, 법문사, 단기 4294년, 7~77쪽) 참고. 이 책의 옮긴이 윤근식은 성균관대학교 정치외교학과 교수로 근무했는데, 위의 슈미트 논문과 이를 비판했던 Hans Krupa, *Carl Schmitts Theorie des "Politischen"*(1937)를 함께 번역해서 『정치의 개념』(카를 슈미트, 한스 크루파 공저/윤근식 옮김, 위성문고64, 법문사, 단기 4294년)이란 제목으로 우리나라에 소개했다. 그런데 이 책의 옮긴이 서문(3쪽)에서는 카를 슈미트의 위 논문이 1917년 함부르크에서 단행본으로 출간된 것으로 소개한다. 그런데 도이치 나치즘 공법 이론의 기초인 이른바 결단주의적 헌법론자 카를 슈미트의 『정치의 개념』이라는 논문이 처음으로 출간된 것은 Carl Schmitt, *Der Begriff des Politischen, in: Archiv für Sozialwissenschaften und Sozialpolitik,* Bd. 58(1927), SS. 1~33이고, 1932년에 중립화와 탈정치화 시대에 대한 강연 원고과 함께 단독 출판물로 처음 출판되었으며, 히틀러가 정권을 장악한 1933년에 그 당시의 시대정신에 맞게 보완되어 새로운 판이 만들어졌던 것으로 알고 있다. 옮긴이가 잘못 소개한 것이 아닌가 생각된다.

직한 것도 아니다. 또 전쟁은 정치의 목적도 아니고, 목표도 아니며, 그 내용도 아니다. 그럼에도 불구하고 전쟁은 인간의 행위와 사유를 적 아니면 동지라는 근원적인 방법에 따라 결정하고, 이로 인한 정치적인 행동을 통해 현실의 정치로 될 가능성이 있다. 그러므로 이 경우에는 전쟁이 정치의 내용이 될 수도 있고, 이러한 가능성은 어떤 특수한 상황에서 성립한다. 전쟁에 대한 평화주의자의 반대라도 그것이 극도로 고무되는 경우에도 전쟁이 일어날 수 있고, 또 전쟁을 회피하려는 의도가 전쟁도 마다하지 않을 정도로 정치적으로 지나치게 앙양되는 경우에도 전쟁이 야기될 수 있다는 것이다.

그와 같이 카를 슈미트는 전쟁이 정치 개념에 그 극한의 경우로서 포함된다고 보지만, 동시에 국가가 이러한 정치의 단위이므로 국가에 대해서 전쟁의 권리를 긍정한다. 국가가 전쟁의 권리를 가지고 있으므로 국가 스스로의 결의에 따라 적을 결정하고, 그 적과 투쟁하는 것을 전쟁이라고 한다. 국가는 전쟁할 권한을 지니고, 여기에는 인간들의 목숨을 처분할 권한도 포함된다. 따라서 전쟁의 권리는 자국민에 대해서, 한편에서는 죽음의 각오를, 다른 한편으로는 적국에 사는 인간에 대한 살해를 요구할 수 있다고 한다.

슈미트에게 전쟁이란 실존적 의미가 있는 것이지, 규범적인 것이 아니다. 그러므로 윤리적·법적으로 전쟁의 정당성을 기초하는 것은 불가능하다. 따라서 '정당의 전쟁'이라는 것도 정치적으로 통일된 국가가 오로지 '진정한 적'에 대해서만 전쟁을 하는 것이 허용된다고 하는 것은 당연하다. 그래서 전쟁은, 이상(理想) 또는 법규범 때문이 아니라, 진정한 적에 대해서 행해진다는 것에 그 의미가 있다.

슈미트에 따르면 전쟁은 그 정당성이 법적으로 기초될 수 없다는 이유로 정치의 영역에 들어간다. 그러한 의미에서 카를 슈미트가 말하듯이, 법규범으로는 전쟁의 의미를 이해할 수 없다는 것을 인정해야 한다. 동시에 전쟁의 정치적 의의를 순수하게 정치적으로 성찰한다면, 역시 카를 슈미트와 같이 생각해야 한다. 그러나 이는 결국 도덕적으로 정의로운 전쟁이라는 것은 없음을 의미한다. 따라서 병사가 전장에서 목숨을 걸고 싸우고 온 국민이 후방을 지키는 것도, 국가라는 거대한 정치적 괴물(Leviathan)의 도구적 행위로서의 의미밖에 가지지 않는다. 전쟁의 정치적 의의란 무엇인가? 그것은 단순히 적나라한 현실도 아니고, 자연적인 현상도 아니며, 단지 정치적 맥락에서만 그 의의를 가질 뿐이다. 그렇다면 과연 정치적 의의는 윤리적 근거를 가질 수 없는 것일까?

3

전쟁의무로서 병역의무의 형이상학

루소가 말한 '일반의지' 개념은 본질적으로 논리적 요청에 의한 것이라서, 그것 자체로 추상적 개념이다. 그래서 현실의 구체적 국면에서는 그 의미 내용을 확정해야 한다. 우리는 어떠한 것을 '일반의지'로서 상정할 수 있을까? 이는 사회계약의 본질로 돌아가서 보면 분명해진다.

사회계약이 나오게 된 최초의 문제란 무엇이었을까? 이에 루소는 "공동체 구성원들이 힘을 전부 합해서 각 구성원의 신체와 재산을 지키고 보호하는 결합의 한 형태를 찾는 것"이라고 답한다. 여기에 사회계약의 출발점이 있다. 바꿔 말하면, 자연 상태에서 사람들은 신체(생명)와 재산을 자신의 힘으로 지킬 수 없다. 그래서 '공동의 힘'을 모을 수밖에 없다는 것이다. 이것은 기본적으로 홉스의 문제 설정과 동일하다. 다만 홉스와 달리 루소가 말하는 사회계약은 계약의 성격을 결정하는 또 하나의 중요한 제약이 전제된다. 루소의 사회계약은 각자가 모든 사람과 결합하면서도, 자기 자신에만 복종한다는 조건이 부가되어 있다는 점이 홉스의 사회계약과 다르다. 인간이 사회적 상황에 따라 다른 계급으로 나뉘고, 이러한 계급 간의 권력 갈등이 사회계약의 필요성을 정당화한다. 좀 더 부연하면, 루소에게 일반의지에 의한 사회계약은 각 개인의 자유의지를 제약하는 것이 아니라 개인의 자유의지를 더 많이 실현하는 수단이라는 점에서 홉스와 구별된다. 루소가 말하는 사회계약에는 모든 각인(各人)이 그 계약에 의해 결합하면서도 각인의 자유의지와 주체성을 포기하지 않는다는 전제조건이 부가된다. 그러므로 그 조건을 밀고 나가려면, '일반의지'라는 가정을 일단 전제하고 이론을 전개할 수밖에 없다.

여기에서 분명한 것은 우선 사회계약에 의해 달성되어야 하는 것은 구성원 전체의 신체와 재산의 보호이고, 이 안전보장을 위해서만 그 '공동의 힘'이 요청된다는 것이다. 즉 구성원 전원의 신체와 재산을 보호하기 위해서 '국가'가 요청된다. 그렇다면 일반의지의 구체적 표현을 어떻게 이해하면 좋을까? 하나의 답은 모든 사람에게 똑같이 적용되는 '법'이다. 신체나 재산의 보호를 규정하는 '법'은 모든 사람의 공동이익이 된다. 따라서 이러한 종류의 기본적인 법에 따르는 것은 한편으로 자유를 양도하는 것이지만, 동시에 자기 이익을 실현하는 수단이 된다. 이리하여 '법'은 일반의지의 표출이 된다. 그러므로 공화국이란 '법'에 의해 통치되는 국가이다.[22]

그렇지만 공화국에는 또 다른 측면이 있다. 그것은 애초에 공동의 집합체로 존재하는 국가의 필요성과 관련되어 있는데, 여기에서 또 하나의 과제가 나온다. 그것은 신체와 재산에 대한 외부의 위협에 맞서는 공동방위로서 국가라는 측면이다. 국가공동체가 집단적 방위를 목적으로 한다고 보는 고대 그리스 이래의 흐름은 논할 필요도 없이, 국가란 무엇보다도 '공동방위체'다. 그렇게 되면 일반의지에 대한 구체적인 표현 중 하나는 국가의 공동방위일 것이다. 물론 이러한 '공동방위체'란 대외적인 의미뿐만 아니라 대내적 의미에서도 그러하다. 그렇지만 일반의지가 관철되는 한, 논리적으로 보자면 사회 내부에서 질서가 침해되고 구성원의 생명과 재산이 파괴되는 것이 아니므로, 이 공동방위를 오로지 대외적인 것으로 보아도 좋을까?

이를 통해 비로소 루소가 '일반의지'라는 이름하에 우선은 구성원이 그 생명과 재산 등 일체를 공동체의 주권하에 맡겨야 한다고 하는 이유도 명확해진다. 구성원의 생명과 재산을 지키는 '공동방위체'를 조직하는 한에서만 주권자는 절대적인 권력을 가져야 한다. 만약 구성원이 각자 자기 생명과 재산을 '나'의 것으로서 자신에게 유보할 수 있는 능력이 있다면 공동방위 따위는 불필요하다. 이때 '일반의지'는 구성원에게 관철될 수도 없고, 관철되게 해도 안 된다. 즉 구성원(국민)이 생명과 재산을 스스로 지킬 수 있으면 굳이 공동방위체(국가)를 구성할 필요가 없으며, 구성원의 생명과 재산을 공동방위체가 지켜주지 않는다면 이 또한 국가의 존재 이유가

22 여기에서 '공동의 힘'이란 바로 '일반의지'를 실현하는 국가의 폭력을 말한다.

사라지는 것이다. 루소가 '일반의지'라는 이름하에 구성원의 생명과 재산 전부를 공동체의 주권에 맡겨야 한다는 이유는 그 공동체가 구성원의 생명과 재산을 지켜준다는 전제하에 가능한 것이다.

그러므로 공동방위를 위해서 모든 것을 주권자(국가)에게 바치는 것, 이것이 국가 성립의 지상 조건이 될 수밖에 없다. 그런데 이 경우 주권자란 공화국이고, 따라서 주권자는 '우리(the We, das Wir)'[23]가 되는 것이다. 그러므로 국가의 명령에 복종하는 것은 자기 자신에게 복종하는 것이고, 국가에 대한 복종은 자기 자신을 주인으로 보는 자발성을 띠어야 한다. 그래서 루소는 시민은 주권자가 요구하면, 자신이 국가라고 할 수 있으므로, 봉사를 곧바로 해야 할 의무가 있다고 보았다. 국가를 위해서 봉사한 생명 자체도 국가에 의해서 끊임없이 보호되는 것이기 때문이다. 그리고 루소는 "통치자가 시민을 향해서 '네가 죽는 것이 국가에 기여하는 것이다'라고 하면 시민은 죽어야 한다"고 보았다. 왜냐하면 이 조건에 의해서만 그는 안전하게 살아왔고, 그의 생명은 단순히 자연의 은혜일 뿐 아니라 국가로부터 받은 조건부의 선물이기 때문이다.[24]

일체의 선험적인 신적 초월성을 부정한 후에 자유로운 개인이 계약에 의해서 자발적으로 국가를 구성하고, 그 속에서 다시 시민적 자유를 빼앗긴다고 하는 근대국가의 논리를 파고 들어가면 이와

23 여기에서 "우리"는 나와는 별개의 "제3자"로서 우리인 것이다.

24 민주주의자 루소가 말한 것이라고 생각하기에 이 문장은 자극적으로 보일지도 모른다. 그러나 여기에서 루소의 문장을 과장해서 인용하는 것이 아니다. 루소의 사회계약론은 계약론적 국가상의 논리적 귀결에 불과하다.

같다. 자유로운 자연인의 자발적 계약에 따라 민주적 국가가 성립한다고 보는 근대적 이념이 봉건사회와 절대 왕정제에서 혁명적으로 떨어져 나와 '근대'를 특권화함에 따라 이러한 계약적 논리가 '시민은 조국을 위해 죽어야 한다'는 의무를 만들어 낸 것이다. 국민국가(nation state)란 모든 국민(시민)이 국가의 방위라는 기본적인 측면에서 평등하고 대등하다고 보는 국가다. 국가에 대한 절대적인 복종이 동시에 자발적 자유의 표현이라고 하는 아찔한 표현(acrobatic expression)을 가능하게 하는 것이 '일반의지' 개념이다. 이것이 사람은 일반의지가 명하는 것에는 절대 복종해야 한다고 보는 신념의 토대다.

4

'평화를 위한 전쟁'이라는 거짓말

제1차 세계대전에서 전사한 자와 부상당한 자의 수는 대략 다음과 같다. 도이칠란트에서는 각각 200만 명과 430만 명, 러시아에서는 170만 명과 595만 명, 오스트리아-헝가리에서는 120만 명과 362만 명, 프랑스에서는 136만 명과 430만 명, 이탈리아에서는 65만 명과 94만 명, 아메리카합주국에서는 13만 명과 25만 명 정도였다고 한다. 이 엄청난 규모의 인명피해가 만약 지진이나 홍수로 인한 것이었다면, 우리는 그것을 오로지 불행이라고 말하고 천재(天災)로 치부해 버릴 것이다.

그런데 전쟁에서 서로를 살상한 것에 대해서는 다르게 평가한다. 특히 혈기왕성한 청년들이 군인이라는 이름으로 전쟁 상대국의 수많은 청년을 서슴없이 살상한 것은 살인행위가 아니라 애국행위라는 이름으로 칭송된다. 전쟁에서의 죽음과 부상은 천재지변에 의한 죽음이나 부상과 비교될 수 없을 만큼 의의가 크고 값진 것이라는 관념은 전쟁 당사국들이 이들 살인자를 호국의 영웅으로서 기리고 대우함에 따라 형성되었다. 결론부터 간단히 말하면, 근대 서유럽에서 국가권력에 의한 살상을 권장하고 미화하는 것은 권력에 추수하는 수많은 지식인, 특히 철학자와 윤리학자들이 전쟁을 찬양하고 정당화함에 따라 이루어졌다. 이는 마약과 같이 황홀하고 환상적인 언어로 장식된 전쟁 형이상학(the metaphysics for war)을 형성하는 데 확고한 근거를 부여했다. 사실 국가에 대한 무조건적 충성은 고대국가에서 현대국가에 이르기까지 계속되고 있다.

전쟁 자체가 대량 살상과 파괴의 폭력 현상이다. 그러한 현상은 특히 오늘날과 같이 글로벌화된 사회에서는 전쟁 당사국들뿐만 아니라 주변 국가들에게 정치적·경제적·사회적·문화적·정신적 결과들을 부차적으로 수반한다. 전쟁 당사국들에 한해서 보더라도, 물자부족으로 인한 생활의 궁핍화 또는 곤란화, 특히 패전국에서 지배권력자들에 의해 은연중에 고취된 이른바 민족정신 내지 국민정신의 재긴장, 승전국 및 그 조력국에서 전시산업에 종사하는 자들이 얻는 천문학적인 경제적 수익, 이에 따른 사치와 방종의 확산도 빼놓을 수 없는 부수적 현상이다.

전쟁의 부정적 결과로서 일반 민중의 물질적·정신적 피폐가 가장 심각하다. 경우에 따라서는 제1차 세계대전의 결과에서 볼 수 있듯이, 한편에서는 신생국가의 탄생, 다른 한편에서는 혁명이나 내란의 발발 등도 있을 수 있다. 이러한 결과를 보면, 지배권력자의 입장에서는 부정적인 차원이든 긍정적인 차원이든 전쟁의 의의를 논하는 것 자체가 전혀 의미 없는 것은 아니라고 말할 수 있다.

물론 어떤 사건의 결과가 선(善)이라고 해서 그 원인이 모두에게 선이라고 할 수 없고, 또 결과가 악(惡)이라고 해서 그 원인도 악이라고 말할 수 없는 경우도 있다. 유의미한 사실에서 무의미한 결과가 생길 수도 있고, 무의미한 사실에서 유의미한 결과가 성립할 수도 있다. 그러므로 어떤 사실이 특정 개인이나 집단에 지니는 의의는 사실 자체를 기준으로 논해야 한다. 그러나 전쟁에서는 결과에 따른 선악의 판단이 처음부터 성립할 수 없다. 전쟁에 대한 형이상학적 판단을 내리면서 특정인이나 특정 집단을 위해서, 또는 그 반대편에 있는 개인이나 특정 집단에 대해서 그 부수적 현실과 분리한 채 전쟁 그 자체의 의의를 논해서는 안 될 것이다.

그럼에도 근대 유럽에서 절대국가의 지배권력에 맹종했던 전쟁 찬양론자들은 이른바 민족국가의 입장에서 추상적인 차원에서 전쟁의 적극적 의의를 주장했다. 이들의 입장에서 보면, 개인주의적 관점에서 국가를 개인의 의사가 합치됨에 따라 형성된 수단적 가치에 불과하다고 이해하는 사상은 이제 극복된 과거의 것으로 간주해야 한다. 루소의 '일반의지'는 사라지고 국가 자체가 최고의 가치, 즉 목적이라는 것이다. 이를테면 이들은 헤겔이 『법철학강요』에서 주장하듯이, 민족국가가 윤리적 이념의 실존이고 객관적 가치의 주체이며 민족 또한 객관적 고유가치의 실재라는 것이다. 즉 개인의 고유가치와 인격적 가치를 충분히 인정해야 하지만, 개인은 민족 안에 존재하고, 국가의 일원으로서 존재할 뿐 민족과 국가 없이는 존재할 수 없다. 또 개인에 의한 창조적 가치가 국가와 민족을 초월한 의의를 가지며, 국가와 민족이 소멸해도 오히려 그 가치가 빛을 발할 수 있다는 것도 인정한다. 하지만 가치의 위계적 질서 속에서 개인의 창조적 가치는 국가와 민족의 가치보다 훨씬 상위에 있을 수 없다고 보았다.

이 장은 앞에서 언급한 전쟁 찬양의 형이상학적 내용을 간단히 정리하며 마무리하고자 한다. 지배자들 간에 패권 다툼이 치열했던 서유럽에서, 특히 20세기 초에 내셔널리즘의 극치인 나치즘(Nationaler Socialismus)을 낳았던 나라답게 도이칠란트에는 전쟁을 찬양하는 철학자와 윤리학자들이 다수 있었다. 이것은 어쩌면 역사적인 필연이 아니었나 싶다.

우리나라에서 실질적 가치윤리학의 제창자로 잘 알려진 유대계 철학자 막스 셸러의 전쟁 찬양 형이상학은 경악을 금할 수 없다. 셸러는 제1차 세계대전 이후 도이칠란트의 동란기에 살상과 파괴의 전쟁을 직접 체험했음에도 불구하고 실질적 가치윤리학이라는 맥락에서 전쟁을 가능하게 하는 근본적인 인식이 정신적·전체적 인격자로서 민족의 실재를 인정하는 것이라면서 전쟁을 지지했다. 그의 주장에 따르면 전쟁이란 국가 스스로 위에 서고, 자기의 윤리성을 자각하고, 그 윤리 위에 서서 존재하고 작용하는 권리를 가지는 국가의 가장 강력한 존재 이유를 의미한다. 그러므로 전쟁은 단순한 자연적 현상이나, 단순한 법률적 현상이 아니다. 요컨대 전쟁은 단순한 정치적 현상이 아니다. 전쟁에는 하나의 윤리적 현상인 근거가 있고, 도의적 기저가 있다. 그렇기 때문에 국가는 그 일원인 개인에게 국가를 위해서 생명을 바칠 것을 요구한다.

어떠한 개인이 국가의 인격을 인정하고 민족의 실재를 인정하는 것은 자신의 역사를 통해 인식하는 것이고, 또 그가 속해 있는 국가가 스스로를 자각한다는 것은 그 국가의 지배자가 민족적·역사적 사명을 자각하는 것이라고도 말할 수 있다. 그러므로 셸러의 윤리학에서 실질적 가치란 바로 지배를 위한 투쟁 지향적인 사이비 윤리인지도 모른다. 전쟁 시에 특별히 역사가 고려되고 전쟁이 역사가 진정으로 체험되는 경험이라는 주장은, 전쟁을 통하여 그 구성원에게 국가와 민족이 가장 깊게 인식되고, 단체로서 국가 또는 민족의 역사적 사명이 자각되기 때문일 것이다. 그와 같이 구성원들이 자기 자신을 자각하고 자신들의 역사적 사명을 자각한 국가와 민족이 단체로서 권리를 가지고 수행하는 전쟁은 적어도 그들에게만 도의상 올바른 전쟁이라고 할 수 있다. 이러한 도의적인 의미를 지닌 전쟁에서 국가는 전 역사를 걸고 세계 역사의 심판대에 선다고 말할 수 있을 것이다. 이러한 맥락에서 그들에게는 '세계사는 세계 재판소다'라는 말이 절실한 의미를 지닐 수도 있을 것이다. 그렇지만 그것은 일방적인 착각 또는 망상이 아닐까?

한편 전쟁을 찬양한다는 주장을 직접 밝히지는 않았지만, 셸러의 주장을 적극적으로 지지하는 듯한 입장을 취한 자들이 여럿 있었다. 대표적인 예로 율리우스 빈더(Julius Binder, 1870~1939)와 구스타프 라드부르흐(Gustav Radbruch, 1878~1949) 등이 있다. 이들은 우리에게도 잘 알려진 도이치 법철학자들이다.

빈더는 전쟁은 국가가 자기 존재의 권리를 주장하는 것이고, 정당한 전쟁이란 승패조차 그 절대적 의의를 가지는 '성전(聖戰)'을 의미한다고 말했다. 그에 따르면, 패전은 오직 자기를 망각하고 자기 존재의 권리와 그 권리를 위한 투쟁을 포기하는 국가에 대해서만 확정적이고, 국가의 존재 의미를 유지하고 있는 국가는 패전을 승전으로 바꾸기 위한 전쟁을 결코 포기할 수 없다. 왜냐하면 세계사는 세계 재판소라고 할 수 있다. 왜냐하면 역사란 전쟁에서 승리한 자에 의해서 쓰이기 때문이라는 것이다.[25]

라드부르흐는 그의 대표 저서 『법철학(Rechtsphilosophie)』의 마지막 장에서 "전쟁의 가치 판단(Das Werturteil über den Krieg)은… 어느 정도까지 그 고유한 사명을 만족시키는가에 기초해서 내려져야 한다"라고 전제하고서 전쟁의 가치를 긍정하고 지지하는 전쟁의 윤리학, 법철학, 역사철학, 종교철학을 논하면서 법철학의 대미를 장식한다.[26] 그에 따르면, 세계사는 전쟁에 의한 지배의 역사이고 판결로서 세계사는 전쟁의 승자에 의해서 쓰인다. 그러나 세계사의 재판소에는 종심(終審)이라는 것이 없다. 즉 세계사 재판소의 판결에는 확정이라는 것이 없고, 타자를 지배하기 위해 자기 역사와 민족, 문화의 사명을 자각하고 자신의 존재를 주장하는 국가에서 세계사 재판소의 심급 추진은 무한히 허용된다는 것이다.

이러한 지배자 중심주의적 가치관에 따르면, 전쟁이란 자연법에

25 이에 관해서는 Julius Binder, *Der 28. Juni und die Kriegsschuldfrage,* Langensalza: H. Beyer & Söhne, 1929; Ders., *Der deutsche Volksstaat,* Tübingen: Mohr, 1934 등 참고.

26 Gustav Radbruch, *Rechtsphilosophie 8. Aufl.* Stuttgart 1973, §29(최종고 옮김, 『법철학』, 삼영사, 1975, 제29장).

근거해 지배하기 위한 국가의 권리이고, 그것의 진정 정당한 의의는 역사와 민족을 자각하게 하는 국가적 행위다. 국가의 도의(道義)는 국가와 국가를 관통하여 그 위에서 타당성을 지니는 세계의 도의다. 도의의 전쟁이 세계의 도의를 무시해서는 안 된다. 또한 도의의 국가에 진정으로 정치가 성립할 수 있고 법률이 행해질 수 있으므로 도의의 전쟁은 항상 도의의 정치여야 하고, 법률의 규범을 존중해야 한다. 그럼으로써 비로소 진정으로 전쟁의 의의가 이해되고, 인식되며 자각될 수 있다는 것이다. 20세기 초에 셸러나 빈더, 라드부르흐가 그랬듯이 도이치 파시즘(Faschismus) 권력에 아부하고자 한 다수의 도이치 철학자들과 법학자들은, 차라투스트라의 말을 통해 "그대들이여, 그대들의 적을 찾아야 한다. … 새로운 전쟁의 수단으로서 그대들은 평화를 사랑해야 한다. 그리고 오랜 평화보다도 짧은 평화를 사랑해야 한다. 그리고 오랜 평화보다 짧은 평화를 그대들에게 나는 권고한다.…"[27]라고 외치면서, 삶(Leben) 자체의 원천을 '권력에의 의지(Wille zur Macht)'로 본 선배 철학자 니체의 사상을 따르고자 한 것이 아닌가 싶다. 이는 전쟁과 평화에 관해 앞뒤가 전도된 인식이다.

전쟁의 의의를 진정으로 인식하는 것은 전쟁이란 일상적인 것도, 상태적인 것도, 이상도, 바람직한 것도 아님을 인식하는 것을 의미한다. 물론 어쩔 수 없는 전쟁이 있을 수밖에 없지 않은가? 이 경우에 전쟁은 평화를 위한 정치적 수단으로 허용되어야 하지 않는가

27 Nietzsche(정진웅 옮김), 앞의 책, 63쪽.

하고 반문할 수도 있을 것이다. 이렇게 반문하는 자들은 전쟁의 의의를 진정으로 자각하면서 전쟁의 반면(半面)에 성립하는 평화의 의의도 인식한다. 이 경우에도 평화는 전쟁의 수단이 아니라, 전쟁의 목적이자 목표가 된다. 어쩔 수 없이 평화를 위한 전쟁을 한다고 해도 전쟁의 의의를 인정할 수 없다. 이러한 전쟁은 정치가 아니라 반(反)정치의 미필적인 극한이다. 전쟁이 평화의 수단이 되어서는 안 된다.

살아 있는 문화로서 민족과 국가가 견고한 기초 위에 존립하고 있기에 개인이 자신의 고귀한 가치를 창조할 수 있다고 하면서 국가와 민족이 궁극적 가치라는 사상은 그 근거가 잘못되었다. 그뿐만 아니라 정당한 전쟁이라는 것도 강자의 논리이므로 허용되어서는 안 된다. 정의(正義)를 위한 전쟁이든, 평화(平和)를 위한 전쟁이든, 모든 전쟁은 악(惡)이다.

인간의 역사에서 전쟁은 옛날부터 지속되어 왔다. 그러나 전쟁의 본질은 역사적으로 변해왔다. 근대에 들어오면서 무기나 수송수단의 발달로, (민족)국가 간 주도권 쟁탈을 위해서 충돌하는 전쟁은 국가 주권에 종속되어 있는 일반 민중까지 총동원되어 서로를 적대시하면서 살육하는 장이 되었다. 그 결과 전쟁 노예로 양육된 군인뿐만 아니라 무고한 민간인들까지 무차별적으로 살육당하게 되었다. 특히 20세기에 발생한 전쟁의 희생자는 그 이전까지의 전사자들 전부를 합한 것보다 많다. 이전의 전쟁에서는 희생자의 과반이 군인이었지만, 제2차 세계대전에서는 민간인의 희생이 군인보다 많았다. 통계에 따르면 6.25전쟁, 베트남전쟁, 중동전쟁의 민간인

희생자의 비율은 이전에 비해 높아져 전체 희생자의 85%에 이르렀다고 한다. 지금도 계속되고 있는 러시아와 우크라이나 간 전쟁의 전체 희생자 수가 얼마나 될지는 알 수 없지만, 이 전쟁에서도 군인 희생자의 수보다 민간인 희생자의 수가 많을 것이다. 만약 본격적인 핵전쟁이 시작된다면, 틀림없이 무차별적인 살육에 의한 인류의 소멸, 나아가 지구 자체의 괴멸로 이어질 것이 분명하다. 현대의 전쟁은 결코 국가 간의 스포츠가 될 수 없다. 전쟁은 '국가'권력 자체에도 지극히 위험한 것이므로, 그러한 방향으로 더 나아가지 않도록 하는 데 정치가 한정되어야 한다고 보는 것이 『전쟁론』의 저자 클라우제비츠의 '진의'가 아닐까 생각한다. 이러한 행위 수행적 성질을 내포하는 클라우제비츠의 전쟁테제를 사실 확인문으로 잘못 이해하고서 '전쟁'을 국가 주권의 절대성의 표현으로 잘못 파악한다면, 전쟁으로 생긴 '법외적인 폭력(out-of-law violence)'이 이른바 '국가이성'을 넘어버리고, '국가'라는 틀 자체를 위험하게 할 것이다.

오늘날의 상황을 보면, 첨단기술에 의해서 세계가 하나로 소통하며, 세계시장에서는 분류(奔流)와 같이 세차게 흐르는 자본이 시장을 확장하기 위해 이른바 민족국가의 경계를 무너뜨린 지가 이미 오래되었다. 다른 한편으로, 인류라는 보다 높은 차원에서 새로운 정체성(identity)을 모색해 나가기 위해서는, 이제 민족주의, 종교적 아비주의(religious paternalism)[28] 및 근대주의를 배제하고, 특정 종교의 경전 기술만 완전히 절대적으로 옳다고 하는 종교적 근본주의의 운동이 무력화되어야 한다는 주장도 나온다. 이리하여 다수의 평론가와 학자는 이미 근대적 '네이션 스테이트'의 시대는 끝났고, 국가권력이 정치적 야욕을 실현하기 위해서 내세우는 정치적 허구에 불과한 단계에 이르렀다는 것이다. 그렇지만 그렇게 말한 다음에도, 그 목소리가 높지 않더라도, 지금의 상황은 '네이션 스테이트'로서의 국가가 사라질 정도로 성숙된 것이 아니라는 의문도 여전히 제기되고 있다는 말을 덧붙일지도 모른다. 만약 그들이 목소리를 높여 국가권력자들의 이익에 영합해서 "네이션 스테이트는 없어지지 않는다"라고 말한다면, 사태는 다르게 변할지도 모른다. '네이션 스테이트'로서 국가(國家)를 부정형으로 논하든 긍정형으로 논하든, 여기에서는 큰 차이가 없을 것이다. 이미 지나간 것 또는 지금 지나가고 있는 것을 회고하면서 논하든가, 그 현대적 의미를 새로이 논하는 방식이 여기에서는 오히려 큰 차이가 있을지도 모른다. "100년 후 또는 그 이후의 일은 정확히 모르겠지만"이라고 유보해도 상관없지만, 지금 우리에게 요청되는 것은 '네이션 스테이트로서 국가'에 대한 재고 또는 그러한 국가 개념의 재정의, 나아가서는 국가 자체의 부정이고, 국가의 의미와 역할의 재편성임을 간단히 언급해 두고자 한다.

이런 주장은 무엇보다 현재의 상황, 예컨대 경제의 글로벌화와 세계적인 정보화, 지구환경과 생태계의 위기 등 세계적인 문제와도

28 우리 학계에서는 잉글리시 'paternalism', 도이치어 'Paternalismus'를 보통 '가부장주의', '온정주의' 또는 '후견주의'라고 번역한다. 그런데 유럽어 'paternalism'이라는 말에는 수직적·종속적 지배를 전제하는 부정적인 의미가 내포되어 있다. 그래서 나는 오래전부터 'pater'가 'father'의 고어적 표현이라는 점을 감안하여 우리말 '아버지'의 낮춤말인 우리말 '아비'라는 말의 어의를 적극적으로 살려 '아비주의'라고 조어해서 부정적인 뉘앙스를 풍기는 용어로 사용해 왔다.

연관되어 있다. 이들 문제는 네이션 스테이트로서 국가의 역할과 의미를 재고하도록 만든다. 이는 과거의 이상주의자들이 꿈꾸었던 민족적인 것에 대한 각성과 종교적인 것에 관한 범인류적 관심이었던 '탈국가적' 사태와도 결코 모순되지 않는다. 경제와 정보, 환경과 생태계 문제의 글로벌화는 지금 다시 국가 역할의 재정의를 요청하고, 민족과 종교에 대한 각성은 다시 국민이라는 집단적 정체성의 재구성을 요청하고 있다.

다만, 그것은 내셔널 아이덴티티(national identity)와 귀속의식만이 결정적으로 중요하다고 하는 것은 아니다. 그러기는커녕 분명히 오늘날 개인의 자유는 확대되었고, 개인이 세계의 정보를 입수하고 여행할 기회도 많다. 외국에 살고, 외국 기업에 근무하는 선택지도 급속도로 증가하고 있다. 그러한 의미에서 개인 의식 차원이 현재한 국가가 아니라 전 세계를 무대로 펼쳐지고 있다는 것을 부정할 수 없다.

인간에 내재하고 있는 자기의식(self-consciousness)과 귀속의식(belongingness)은 중층적이다. 우리는 우선 나 자신이라는 자기 정체(self-identity)의 의식이 있고, 가족의 일원이라는 의식, 어떤 민족의 일원이라는 의식, 어떤 기원의 일원이라는 의식, 그리고 세계에 관심을 표시하는 인류의 일원이라는 의식, 혹은 아주 추상적인 인간 존재라는 의식도 가지고 있다. 그 중추적인 의식 속에 특정 국가의 일원이라는 국민의식(national consciousness) 또는 국가자각(state awareness)도 있다. 이러한 자기의식 혹은 귀속감의 중층은 당연한 것이다. 여기에서는 이를 전제로 하고 있다. 그 전제하에서 특히 '민족'과 '국가'라는 차원의 귀속의식 또는 소속 욕구(belonging need)에 관심을 고정시켜 이러한 의식 또는 욕구가 본능적인지, 그렇지 않으면 주입된 것인지[29] 하는 문제에 대해서는 다음 장에서 살펴보기로 한다.

29 그것은 국민이나 국가에 대한 일반적인 이론을 구성하는 것이 곤란할 뿐만 아니라 세계적으로 보아도 특히 선진국의 지적 활동 분야에서는 '내셔널리즘'에 대한 경계감이 앞서기 때문이다. 실제로 국가나 국민에 대한 논의가 곤란한 의론을 봉인해 버리려고 하는 정서적 경계심이 그 원인이라는 점을 부정하기 어렵다. 오늘날 서유럽에서도 지식인들 사이에서는 애국주의(patriotism)는 물론이고 내셔널리즘 역시 기본적으로는 부정적 이미지를 내포한다. 그래도 그것은 결코 대한민국에서와 같은 반응을 불러일으키는 것은 아니다. 서유럽은 지난 수년간 EU(유럽연합) 통합과 민족분리 운동, 동유럽 국가들의 독립, 러시아와 우크라이나 사이의 전쟁을 실마리로 해서 내셔널리즘을 도마 위에 올리고, 새로운 분석의 시각을 찾으려는 움직임이 아주 활발하다. 따라서 국가와 국민의 관념이 의론 속에 기피되는 사태는 아직 없다. 그렇다면 대한민국은 어떤가. 대한민국에서는 지금도 국가와 내셔널리즘에 대해 논하는 것을 금기시하는 것처럼 보인다. 거기에는 한국 특유의 사정이 있는 것이 틀림없다.

6장

국민에게 죽음을 강요하는 국가

국가를 위해 죽는 자는 자신의 피로 이상국가가 건설되어, 어딘가 다른 곳에서 다시 새로운 삶을 계속할 수 있을 것이라고 믿는다. 그러나 그것은 착각에 불과하다.

1

전쟁의 시대

현재 인류는 사용하는 사람의 의도에 따라 우리말 '민족국가' 또는 '국민국가'로 번역되는 '네이션 스테이트'의 시대에 살고 있다. 전 인류가 그런 것은 아니지만, 인간들은 '네이션 스테이트'라는 테두리 안에서 상당한 물질적 번영을 이룩하고 있다. 그렇지만 다른 한편으로 네이션 스테이트들은 그 테두리 밖에서는 '전쟁기계'로서 서로 각축하고 있다. 이러한 의미에서 네이션 스테이트의 시대가 본격적으로 시작된 근현대, 특히 20세기 이후는 그야말로 대규모 전쟁의 시대라고 말해도 과언이 아니다. 앞에서 언급했듯이 인류 역사상 이 정도로 많은 인간이 전쟁에 의한 죽음을 어쩔 수 없이 맞이해야만 했던 시대는 없었다. 사실 지금까지 인류는 기아나 역병으로부터 죽음을 회피하는 여러 가지 다양한 기술과 방법을 얻었지만, 전쟁에 의한 죽음은 어쩔 수 없이 각 개인이 체념하고 받아들이는 듯하다.

전쟁으로 인해 엄청난 수의 사자(死者)들이 발생하는 것은 군사기술의 악마적인 발달도 한 요인이기는 하지만, 네이션 스테이트라는 정치체제가 개인들이 처한 구체적인 사회적 조건의 차이를 넘어서 그들을 네이션이라는 이름하에 결집시키는 힘이 훨씬 더 근원적인 요인일 것이다. 이러한 네이션 스테이트의 응집력으로 오늘날에도 여전히 개개인은 자기 생명보다 국가의 유지를 중시하고, 손에는 총을 들고, 중무장한 탱크를 몰며, 총알과 포탄이 비 오듯이 쏟아지는 전장(戰場)으로 돌진해서 적국으로 지정된 다른 네이션 스테이트의 영토를 침공해 들어가 일말의 가책도 없이 그 터전을 파괴한다. 또한 그 구성원인 군인과 민간인들을 무차별적으로 대량학살하고, 자신들에게 닥쳐오는 고통을 감내한다. 여기에서 '왜 인간은 그렇게까지 국가를 중시하는 것일까? 아니, 왜 인간이 그러한 국가를 필요로 하는가?' 등의 근본적인 물음들이 제기된다.

여기서는 먼저 민족 또는 국민이라는 네이션의 정치공동체로서 국가의 수호라는 명분으로 그 구성원인 개인에게 죽음을 강요하는 네이션 스테이트가 어떠한 방식으로 개인에게 그의 생명을 요구하는가 하는 문제를 사회·정치적 이론의 차원에서 살펴볼 것이다. 또한 국가에게 순국자가 마치 자진해서 용감하게 자신의 목숨을 헌사하듯이 죽음을 선택했다고 치부하는 것에 관해서 정신분석학적으로 접근해 보려고 한다.

2

죽음의 이데올로기로서 '내셔널리즘'

우리말 사전에서는 '내셔널리즘'이 "국가의 공동체적 이념을 강조하고 그 통일, 독립, 발전을 꾀하는 주의" 또는 "민족의 독립과 통일을 가장 중시하는 사상"이라고 정의하면서, "19세기 이래 근대국가 형성의 기본 원리가 되었으며, 분열된 민족의 정치적 통일을 목표로 하는 형태와 외국의 지배로부터의 해방이나 독립을 목표로 하는 형태로 크게 나누어진다"라고 부언한다. 여기서는 우선 내셔널리즘 일반론에 관해 살펴보자.

이와 관련해 주로 앤서니 스미스(Anthony David Stephen Smith, 1939~2016)의 이론을 참고하고자 한다.[1] 앤서니 스미스의 논의는 아주 최근의 것이고, 두 유형의 네이션 개념에 기초해서 개략적으로 내셔널리즘을 파악하고 있는데, 그것에 상당한 근거가 있다고 판단되기 때문이다. 스미스는 네이션을 '시민적 영역적 네이션(civic territorial nation)'과 '혈통적 계보학적 네이션(ethnic genealogical nation)'으로 구분했다. 그는 이에 따라 내셔널리즘을 유형화하고 네이션 스테이트의 형성을 설명하고 있다. 즉 전자에 근거한 네이션 스테이트는 시민권, 영토 및 공통의 법, 공통의 정부, 정치적 문화, 시민적 종교(시민적 정신)를 기반으로 하는 연대로서 정치체이고, 후자에 근거한 네이션 스테이트는 역사적 기억, 집단으로서의 운명, 신화-상징복합체, 혈통 신화를 기초한 정체성 의식(a sense of identity)에 근거한 정치체라고 한다.[2]

사실, 이와 같은 구분은 스미스에게만 한정된 것이 아니다. 도이칠란트의 역사학자 프리드리히 마이네케(Friedrich Meinecke, 1862~1954)[3]가 말하는 '국가네이션(Staatesnation)'과 '문화네이션(Kulturennation)'도 이와 비슷하고,[4] 체코의 수도 프라하 태생의 역사

1 앞에서 이미 언급했듯이, 에릭 홉스봄(Eric John Ernest Hobsbawm, 1917~2012)이나 어니스트 겔너(Ernest Gellner, 1925~1995)는 네이션(nation) 및 내셔널리즘(nationalism)을 근대 특유의 산물로 보는 데 반해서 앤서니 스미스(Anthony David Stephen Smith, 1939~2016)는 문화적 공동체와의 연속성을 중시하는 입장에서 네이션 및 내셔널리즘을 파악한다. 이와 관련해서 내셔널리즘에 대한 사회주의 진영의 비판적 견해에 관해서는 임지현, 『민족주의는 반역이다』, 소나무, 1999 참고.

2 Anthony David Stephen Smith, *The Ethnic Origins of Nations,* Blackwell, 1986(巣山靖司 外 訳, 『ネイションとエスニシティ—歴史社会学的考察』, 名古屋大学出版会, 1999).

3 프리드리히 마이네케(Friedrich Meinecke, 1862~1954)는 도이치 역사가로서 사실의 추이(推移)보다는 역사 속에서 작용하는 이념을 추구하였으며, 딜타이·트뢸치와 함께 정신사(精神史) 또는 이념사(理念史)의 방법을 확립함으로써 역사학계에 많은 영향을 끼쳤다. 주요 저서로는 *Weltbürgertum und Nationalstaat. Studien zur Genesis des deutschen Nationalstaates*(1908); *Die Idee der Staatsräson in der neueren Geschichte*(1924); *Die Entstehung des Historismus*(1936) 등이 있다.

가 한스 콘(Hans Kohn, 1891~1971)이 말하는 '서유럽형 네이션'과 '동유럽형 네이션'의 구분과도 겹친다.[5] 역사적으로 보면, 근대 서유럽에 이르러서 의식적인 형태로 '시민적' 또는 '영역적'인 국가가 형성되었다는 사실은 틀림없다. 즉 유럽에서 민족국가 또는 국민국가라는 네이션 스테이트는 18세기부터 19세기에 그 이전의 종교적 공동체나 정복왕국이 쇠퇴하고, 새롭게 전개되는 정치·경제적 상황에서 등장하는 정치적 공동체다. 네이션 스테이트는 처음에는 행정조직으로 형성되었으나 그 조직 내부의 교류를 통해 구성원들 사이에 공통의 시간 및 공간에 대한 인식이 생겨났고 동시에 동료로서의 의식을 공유하기에 이르렀다. 대항해를 통해 발견되었던 신대륙은 자국 문화와의 비교 연구를 가능하게 하고, 언어학자와 문학자, 지식인들은 유럽인들에게 자기중심적인 내셔널리즘을 키우는 문화적 기반이 마련되었다. 이러한 역사적 과정을 거쳐서 19세기에는 내셔널리즘이라는 새로운 정치 이데올로기의 형태가 확립되었다.[6]

4 Friedrich Meinecke, *Weltbürgertum und Nationalstaat(Werkausgabe, Band 5)*, Stuttgart, 1962 참고.

5 Hans Kohn, *Nationalism: Its Meaning and History*, New York/Toronto/London, 1955[차기벽 옮김, 『민족주의』(세계사상전집 43), 삼성출판사 1982, 27~188쪽(세계사상전집 43권에는 그 외에 프리드리히 마이네케의 『독일의 비극』, 칼 포퍼의 『역사주의의 빈곤』이 합본되어 있음)]. 특히 내셔널리즘의 근원에 대해서는 31~37쪽 참고.

주입된 이데올로기로서 내셔널리즘: 기호와 상징을 조작하는 '국가(권력)'

내셔널리즘은 지배층이 네이션 스테이트 내부에서 피지배층을 국민 또는 민족이라는 네이션으로 통합해서 지배층의 이익을 극대화하겠다는 정략적인 의도로 네이션을 가치 또는 이념으로 승화시킨 것으로서, 전통왕조의 지배원리와 혁신적 국가의 지배원리를 종합하는 특징이 있다. 이러한 내셔널리즘은 지배층과 피지배층을 함께 언어, 문화, 풍속 등에 의한 하나의 상상의 공동체로 파악하도록 하면서 하나의 민족의식(national consciousness)을 갖도록 고취하여 민족에 대해 특별한 애착적 감정을 갖게 되는 정서적인 연대의 기반을 만들어 낸다. 이를 통해 지배층은 피지배층이 스스로 지배층에 충성하고 민족국가를 수호하기 위해서 자기희생을 수반하는 애정을 갖도록 환기시켰다. 이렇듯 민족이라는 공동체란 관념 속에서 상상에 의해 만들어진 것이고, 민족의식은 바로 그러한 관념에 따른 공

6 여기에서 우리나라나 일본 등과 같은 한자문화권에서 유럽어 'nation'이 '민족(民族)', '국민(國民)' 또는 '국가(國家)'로 번역·조어되는 이유를 이해할 수 있게 된다. 전자 즉 국가를 '시민권, 영토 및 공통의 법, 공통의 정부, 정치적 문화, 시민적 종교(시민적 정신)를 기반으로 하는 연대로서 정치체'로 파악하는 경우에는 'nation=state'가 되기 때문에 'nation'은 '국민' 또는 '국가'로 번역·조어되지만, 후자 즉 '역사적 기억, 집단으로서의 운명, 신화-상징복합체, 혈통 신화를 기초로 한 정체성 의식에 근거한 정치체'로 파악하는 경우에는 'nation≠state'이다. 여기서 유럽어 'nation'은 정치제의 인종적 또는 문화적 측면이 강조되므로 '민족'으로, 'state'는 행정적 또는 기구적 측면에 비중을 두는 표현이라서 '국가'로 번역·조어될 것이다. 이에 따라 유럽어 'nationalism'도 전자의 경우에는 '국가주의(또는 국민주의)'로, 후자의 경우에는 '민족주의'로 번역·조어되어야 할 것이다.

동체에 기초한다.

사람들을 전쟁으로 몰아가는 원동력에는 바로 이와 같은 내셔널리즘과 그것이 만들어 낸 민족의식이 자리 잡고 있다. 물론 이것이 절대적인 것은 아닐 수도 있지만, 현재 세계 도처에서 야기되고 있는 전쟁을 이끄는 아주 커다란 동력인 것은 분명하다.

역사적으로 보면 17세기, 특히 종교개혁 이후의 혼란 속에서 로마교회에 대한 세속적인 주권국가의 우위가 확립된 베스트팔렌 회의(1648) 전후에 이른바 근대적인 국민국가가 형성되었다고 볼 수 있다. 그것에 이어서, 17, 18세기에는 잉글랜드와 프랑스를 중심으로 국가의 조세 시스템과 재정의 확보, 행정관료 기구, 그리고 징병과 군비의 확보를 통해서 근대적 '국가(state)'가 정비되었다. 이른바 중상주의의 시대다. 이 시대에는 또한 베네딕트 앤더슨(Benedict Richard O'Gorman Anderson, 1936~2015) 등이 강조했듯이, 인쇄기의 발명과 신문, 잡지 등의 출판물의 광범한 유포에 의해 공통의 시민적 문화가 형성되었다. 근대국가의 성립은 경제, 행정 그리고 문화라는 세 영역에서의 혁신에 기하여 생겨났다고 해도 좋다. 이러한 강력한 '(민족)국가'의 형성에서 공통의 법에 따른 비교적 동질적인 국민의식이 형성되고, 충성의 대상으로서 국가의식도 증진되었다. 이러한 맥락에서 보면, 확실히 국가지배 권력자가 '민족'을 창조하였다고 해야 할 것이다.

그렇다고 해서 이러한 민족 관념이 '무(無)'에서 창조된 것으로서 완전히 인공적이고 자의적인 의미라는 것은 아니다. 그래서 앤서니 스미스가 말하는 네이션의 혈족적 기원(ethnic origin)에도 주목해야 할 것 같다. 그에 따르면, 국가가 최초의 네이션을 손쉽게 창조했다고 주장하는 것은 네이션의 형성을 단순화하는 것에 불과하다. 네이션의 형성에 국가가 관여하였다고 해도 그것을 다른 과정과 관련해서 살펴보아야 한다는 것이다. 그런데 이 경우에 그가 말하는 '다른 과정'이란 무엇인가? 그것이 바로 여기서 주목하고자 하는, 네이션이 지니는 또 다른 혈족적이고 계보적인 측면이다. 주권성을 가진 강력한 국가는 공통의 법을 설정해서 시민이라는 집단적 범주를 낳을 것이다. 또 영토와 경계선을 강제해서 영역을 설정할 것이다. 영토와 경계선 등이 자연적 또는 합리적으로 설정되는 것은 아닌 이상, 이러한 작업이 인위적인 것은 명백하다. 그러나 많은 경우 그것들이 자의적으로 행해지는 것도 전혀 아니다. 예컨대 영토의 경우, 그것은 아직 막연한 그대로의 땅을 가리키는 것이 아니라, 이를테면 '우리에게 특별한 땅'이어야 하는 것이다. 여기에서 '우리에게 특별한 땅'이란 우리가 지금 살고 있는 땅이 아니다. 그것은 결코 단순한 소유지를 가리키는 것이 아니다. 그것은 '역사적' 땅, 자민족의 '발상지', 즉 '고국(故國, homeland)' 또는 고향이다. '우리에게 특별한 땅'으로서 고국은 바로 우리 민족의 역사적인 기억과 연상의 보고(寶庫)이다. 이러한 고국은 우리 조상과 조상들이 숭배한 영웅들이 태어나서 일하고 기도한 곳으로 우리에게 속하지 않은 적들, 즉 침입자에 대항해서 싸웠던 '우리'가 태어나서 성장하고, 죽어서 묻히고, 우리 후손이 헌신해야 할 곳(場所)이다. 국가권력자들은 공동체로서 고국에 대해 온갖 상징조작의 수단과 방법을 동원해서 그 피지배층, 즉 구성원들에게 국민의식 또는 민족의식을 고취한다.

그 상징조작의 수단과 방법의 원천이 국체(國體)로서 내셔널리즘, 즉 이른바 '국체 내셔널리즘(nationality-nationalism)'이다.[7]

이러한 내셔널리즘은 양면성을 가진다. 한편으로 그것은 한 국가의 부르주아지가 국내 시장을 만들려는 요구로, 그것을 부르주아지가 지배하는 국내 시장을 위해서 언어, 문화, 교육, 정치상의 장애를 배제하려는 욕구를 의미한다. 노동자, 농민 지식층도 또 같은 산천에 살고, 같은 언어로 말하고, 역사적인 자랑을 같이하고, 경제적으로 일체를 이루는 인민도 단일의 독립한 주권 아래에 발전의 길을 가도록 요구하여 부르주아지를 지지한다. 다른 한편, 내셔널리즘은 다른 국가를 자기 상품의 시장으로 만들고, 자국의 이익을 위해서 다른 민족을 종속시키며, 그 자유의 권리를 박탈하는 부르주아지의 정신적인 지주로서 역할을 요구한다. 후자는 군비 확장을 초래해서 전쟁을 일으키는 원인이다. 그것은 20세기에 두 개의 세계전쟁을 일으켰다.

이러한 상징에는 다양한 것들이 있다. 국가의 역할이 '국내적인 통일과 대외적 독립'을 수행하는 데 있다면, 그것을 위해서 국가는 다양한 수단을 사용하여 '상징'을 사람들에게 제시한다. 선악(善惡)·정사(正邪)·미추(美醜)의 '가치 기준'을 사람들에게 전달하는 틀 중에서 가장 일반적인 것은 교육제도다. 근대국가의 체재(體裁)가 정비된 나라에는 의무교육제도가 갖추어졌지만, 본래 그것은 '강제

7 이와 관련해서, 특히 근대 일본의 이른바 "국체 내셔널리즘"에 대해서는 姜尙中, 『ナショナリズム』, 岩波書店, 2001(임성모 옮김, 『내셔널리즘』, 이산, 2004) 참고.

된 교육'을 의미한다. '사회적 동물'로서의 인간은 성장함에 따라 사회생활을 영위하는 데 필요한 지식과 가치의식을 몸에 익혀야 한다. 본래 이와 같은 지식과 가치의식은 가족과 주위 인간과의 교류에서 배양되는 것이다. 그러나 근대국가라는 큰 틀을 지지하는 국민이 공유하는 지식과 가치의식은 너무나도 광범하고 복잡해서, 그것을 가족이나 가까운 사람들과의 교류를 통해 습득하는 것은 거의 불가능하게 되었다. 게다가 근대국가는 모든 국민이 참가하고 동원하는 것을 전제로 성립하였기에, 그와 같이 지식과 가치의식에 차이가 있는 것은 바람직하지 않다. 그렇기에 국가권력은 '교육'이라는 강제적인 틀을 통해서 일정 정도의 지식과 가치의식을 주입한 것이다. 근대국가에서 교육제도는 중요한 지위를 차지한다. 유럽에서 근대국가로서 네이션 스테이트의 형성에 교육제도의 기여가 절대적이었다는 점은 역사가 증명한다.

근대국가로서 대한민국의 경우를 그 예로 들어보겠다. 36년간 한반도에 대한 민족국가로서 일본제국의 식민지배는 한반도의 식자층이 피지배층의 민중을 향해서 강한 민족의식을 함양케 하는 원동력으로 작용했다. 즉 이것은 1948년 이른바 근대국가인 민족국가의 네이션 스테이트, 즉 민족국가로서 대한민국 탄생의 원동력이었다.[8] 대한민국이 근대국가로 출발했을 때, 그 첫째가 공교육 제도의 정비였다. 초기에는 현재의 초등학교에 해당하는 국민학교 교육만이 의무교육이었다. 현재 의무교육의 범위는 중등학교까지 확대되어 있다. 공교육 제도는 양질의 노동력 양성에 그 일차적 목적이 있지만, 그에 못지않게 민족정신과 국민의식의 형성에 거의 절대적인 영향을 주고 있다. 물론 오늘날에는 '다양한 가치관'이 어느 정도 인정되지만, 여전히 국가권력은 특정 가치관에 반국가적이라는 낙인을 찍으면서 이를 법률로써 금지한다. 어떻든 국가권력이 정책적으로 주도하는 공교육이 '가치 기준'을 우리에게 전달하는 역할을 담당한다는 점은 확실하다. 공교육 제도의 바탕을 이루는 초·중·고등학교의 국어, 역사, 바른생활(도덕), 미술, 음악 등 이른바 국정교과서는 이와 같은 국가와 민족의 정체성을 어린 학생들에게 주입하기 위한 기본적인 각본(脚本)이다.[9]

8 이와 관련해서 부언하자면, 서유럽의 지배에서 민족주의라는 이데올로기를 이용해 일본열도에서 제국을 이룩하고 통일한 후에 한반도를 포함해서 동아시아 전역을 지배·통일하고자 했던 지배권력이 제2차 세계대전에서 서유럽의 지배권력에 패하면서, 한반도는 20세기 중반에서야 일본국 지배권력의 영향권에서 벗어날 수 있었다. 일본제국의 지배하에서 민족주의를 학습했던 한반도의 지배권력은 민족주의라는 이데올로기를 이용해 한반도를 남과 북으로 나누어 각축하면서 민중에 대한 지배권을 확대하고자 몸부림쳤다. 한반도의 남반부에서는 새로운 국가를 건설하고 그 국가권력를 장악하고자 하는 진보-보수의 정치적 지도자라는 사람들이 이른바 민족주의라는 이데올로기를 적극적으로 활용하여 민중을 또다시 갈라쳤다. 그 당시에 이데올로기로서 한국 민족주의의 정치사적 상황에 관해서는 도진순, 『한국민족주의와 남북관계-이승만·김구 시대의 정치사』, 서울대학교출판부, 1997 참고.

9 서유럽에서 공교육 제도, 즉 국가적 교육제도로서 근대적 학교제도는 자본주의적 시장경제체제의 공고화에 있어 양질의 노동자와 충성스런 국민(또는 민족)을 양성하기 위한 산업자본주의(industrial capitalism)와 내셔널리즘의 합작적 산물이라고 생각한다. 이러한 근대적 학교제도의 긍정적·적극적 기여는 엄청나게 크다고 평가할 수 있다. 그러나 이제 국가권력 중심적인 학교제도에 대해서 반성적 고찰도 필요하다고 생각한다. 이와 관련해서 우리는 교육아나키즘을 주창한 오스트리아의 사회철학자, 이반 일리치(Ivan Illich, 1926~2002)의 말에도 귀를 기울일 필요가 있다. 이에 관해서는 Ivan Illich, *Deschooling Society*, 1971(박홍규 옮김, 『학교 없는 사회』, 생각의나무, 2009) 참고.

내셔널리즘의 주박(呪縛)

어떠한 사실을 인식하고자 할 때, 우리가 어떠한 특정 목적에 사로잡혀 있다면 인식되는 사실 자체가 왜곡됨은 자명할 것이다. 이것은 국가에 대한 인식도 마찬가지다. 국가 자체에 대한 인식이 특정한 정치적 목적에 지배되어 있을 때, 그 인식의 객관성은 심히 의심스럽다. 그러한 인식은 현실의 국가가 우리의 생활을 다르게 지배함에도, 사람들이 그러한 사실을 의식하지 못하도록 마비시키는 기능을 할 것이다. 실제로 국가에 관한 고찰은 의식적 또는 무의식적으로 어떠한 목적에 지배되는 경향이 있다. 그래서 일반인들이 국가를 있는 그대로 의식하는 것을 방해한다. 여기서는 마치 낭만적인 소설과 같은 국가에 관한 고찰이 취급된다. 이것은 고대신화에나 나올 법한 세계 창조의 설화를 마치 자연과학적 논의의 결과인 것처럼 취급하는 것과 같다. 여기에서 말하고자 하는 것은 국가신화학에 관한 것이 아니다. 또 신화로서 국가형이상학, 즉 국가지상주의(supreme nationalism)를 논하는 것도 아니다. 대신 인간이 어느 정도 희생하지 않으면, 국민이 될 수 없도록 만드는 현실의 국가 상태에 대해서 고찰하고자 하는 것이다. 국가주의는 현존하는 국가를 최고선으로 고양시켜 인간 생활에서 자연 그대로의 상태와 서로 상반되는 것으로 해석하는 잘못된 시각을 낳고 있다. 국가권력은 국가지상주의를 숙명으로 채용하여 그것을 국민에게 주입한다. 그렇게 해서 지배권력은 피지배자에게 국가를 마치 숙명인 것처럼 받아들이도록 하고 현실의 국가 및 그 지배권력을 비판하고 부정하는 것을 금기화(Tabuisierung)한다.

(1) 숙명(fate)으로서 국가?

인간에 있어서 '국가(nation=nation state)'란 무엇인가? 그것은 필연인가, 숙명인가? 국가주의자(nationalist)[10]는 '그렇다'라고 답할 것이다. 그들은 추상적 개인, 인류의 일원으로서의 개인이 아니라, 어디까지나 한국인, 아메리카합주국인, 일본인이라는 구체적인 국가, 지역과 민족의 각인(刻印)을 등에 지는 '개인'을 문제로 한다. 또한 '세계시민'이라는 추상적인 개념도 아니고, 글로벌 월드도 아니고, 오직 대한민국과 아메리카합주국 등과 같은 개별 '국가'를 우선시한다.

국가주의자들은 개인과 국가를 결부시키는 역사적인 것과 심정적인 헌신(commitment), 즉 '애국심=애향심(patriotism=patriotic spirit)'에 대해서도 절대 무관심하지 않다. 여기에서 '국민'의 관념이 나타난다. 국민의 한 사람으로서 개인은 구체적인 국가와 어떻게 결부되는가? 이것이 문제인 것이다. 특정 국가권력의 지배하에서 오랫동안 배양되고 실천되어 온 습속과 전통에 익숙해진 경험, 유대 그리고 그것에 의해서 대대로 퇴적된 역사적인 것이 사상과 관념이 개인과 그 특정 국가를 결부시킨다. 인간은 일정한 공간 속에 태어나

10 이러한 의미에서 'nation', 'nationalism', 'nationalist'는 우리말로 '국가', '국가주의', '국가주의자'로 번역된다.

서 일정한 시간을 공유하고 이를 통해 자신을 실현해 간다. 거기에 공통의 역사를 경험함으로써 개인은 어쩔 수 없이 '국가'를 짊어지게 되고, 역으로 '국가'는 개인에 의해서 실현되어 간다. 반대로 '개인'으로서는 그 의식이 없다고 해도 그것은 다만 무감각일 뿐이고, 이 사실은 호오(好惡)를 초월한 거의 숙명과 같은 것이다. 물론 우리 '개인'에게는 '국가'를 그의 호오에 따라 선택할 여지가 있다고는 하지만, 실제로 국가를 선택하는 사람들은 소수에 불과하다. 또 선택할 수 있다고 해도 그것은 기껏해야 국적을 바꾸는 정도뿐이고, 진정한 무국적자로서 살아가는 것은 현재 상황에서는 있을 수 없다. 개인이 '국가'를 짊어지는 숙명이란 그러한 것이다. 내셔널리즘이란 국가를 마치 개인의 숙명과 같은 것으로 각인시키는 이데올로기다. 내셔널리즘에서는 개인이 그저 추상적인 개인일 수밖에 없고, 한 사람으로 이 세상에 존재하는 것이 아니다. 개인은 국가라는 하나의 집단의 역사적인 '공(共)경험' 속에서 사고의 틀과 생활의 회로를, 또 인간관계의 양식과 교양의 존재방식을 만들어 가는 것이고, 국가권력의 역사와 '공경험'의 질에 대한 개인의 무관심은 있을 수도 없고 있어서도 안 된다는 것이다. 이것에 대한 개인의 자각과 의식적인 헌신이 여기에서 말하는 '국가의식'이고, 그러한 국가의식을 고취하는 것이 바로 '내셔널리즘'이다.

하나의 역사적 집단의 경험이 개인에게 각인되어 있다는 의식이 강해질수록 그것만으로는 해소되기 어려운 무언가가 개인에게 남는 것도 사실이다. 국가와 민족이라는 집단으로 결코 해소되지 않는 무언가가 있는 것처럼 의식하게 만든다. 거기에 좀 더 명확하게 말하자면, 잔여로서 개(인)성(individuality)이라는 것이 적출될 수 없게 된다. 적어도 그와 같은 개(인)성을 의식하는 것을 어렵게 만든다.

그렇지만 독립한 개인이 있고, 그 위에 국가적인 것이 부가된다. 물론 인간은 애초에 개(인)성(인격적 동일성)을, 항상 가족과 친지, 친구 관계, 학교, 문화적 환경, 사회집단이라는 '환경'과의 관계에서 형성할 수밖에 없다. 사전에 '개(인)성'이 존재하는 것은 아니다. 이러한 주장 또한 하나의 이데올로기적 발상에 불과하다. 개인성을 어떻게 이해하는가에 따라 그 내용이 상당히 달라지고 또 그렇게 될 수밖에 없지 않을까? 어디까지가 개(인)성인가? 생물학적 요소까지 부정하려고 하는가? 말하자면, 특정한 환경 속에서 자기를 형성한다면, 바로 그 환경에 의해서 규정되는 자기와 고유한 자기, 의식되는 자기의 대립이 생길 수도 있다. 국가와 사회적 각인을 받아서 일정한 역할이 기대되고, 때로는 충성 의무를 요구하는 자기와 그것에 해소되지 않는 고유한 자기 간에 대립이 있기도 하다. 이와 같은 대립이 최후까지 남는 것을 인정해야 한다. 좁은 의미로서의 국가주의(nationalism)란 이러한 대립에 있어서 국가의 요청을 무조건 우선하는 것이다. 이러한 국가주의에서는 고유한 개인이 부정된다. 하지만 국가의식과 관련하여서는 결코 이렇게 추출된 개인의 의식을 부정해서는 안 된다. 왜냐하면 그와 같은 '개인'과의 대항 또는 균형에 의해서 국가적인 것이 의미를 갖기 때문이다. 국가에서 그 구성요소로 해소될 수 없는 개체로서 개인적 인격이 분리되어 있어야 비로소 개인이 모여 국가에 대해 의식적이고 자각적으로, 때로는 의식적 또는 자각적으로 양자택일이 가능할 수 있다. 즉 개인의 모임으로서 특정 국가가 각 개인에게 마치 자신을 있게 한 부모와 같이 운명적인 존재가 아니게 된다. 개체로서의 개인이 국가를 초월할 수 있다. 개개인이 없으면 국가는 있을 수 없다. 그러나 그 반대, 즉 국가 없이도 개인은 존재한다는 명제는 성립할 수 없다. 이러한 의미에서 인간에게 국가는 숙명이 아니다. 국가가 인간의 숙명이라는 관념은 국가권력에 의해서 의식적으로 만들어진 결과에 불과하다. 즉 국가는 단지 숙명처럼 보이도록 만들어진 관념 또는 허상에 불과한 것이다. 국가가 우리의 자아의식이 제대로 형성되지 않은 초등학교 시절부터 〈애국가〉, 〈우리의 소원〉 같은 노래를 부르도록 주입했기 때문에, 애국 또는 민족통일이 우리에게 각인되어 '애국'과 '민족통일'이 마치 숙명인 것처럼 별다른 저항감 없이 그것을 실천하려고 몸부림쳐 왔다. 그러나 그것은 결코 우리의 숙명이 아니다.

(2) '금기'로서 국가?

국가를 부정하는 것은 금기(taboo)인가? 평화적인 반(反)국가사상조차 허용되지 않는가? 국가주의자들은 민주주의든, 평화주의든, 이들 가치에 대한 '나(개인)'의 태도의 표명은 어디까지나 '국가'의 존재방식이라는 관심을 통해서만 그 의미를 가져야 한다고 한다. 36년간의 일본제국의 식민지배로부터 해방된 이후 '민족국가'에 대한 맹신이 한인(韓人)들의 의식을 지배하게 되었고, 공동체에 관한 모든 논의에는 당연히 국가가 전제되었다. 그 최종 귀결점은 국가였다.

이러한 상황과 조건에서 국가의식이란 국가와 권력에 대한 자각적인 대응이다. 이러한 자각을 결여했을 때 우리는 기묘한 착각에 빠져버린다. 국가의 실체에 대한 시선이 가려졌을 때 민주주의, 평화주의는 관념화되어 폭력의 원흉으로서 국가권력이라는 자명한 존재를 회피하고, 개인과 세계라는 추상물(抽象物)로 연결되어 버린다. 민주주의와 평화주의가 개인의 신조에 응축되어 버리거나, 혹은 세계의 이상(理想)으로만 확신되면 본래 거기에 착지해야 할 국가와 그 주도권력, 다른 국가와 그 주도권력 간의 관계라는 시점은 완전히 배제된다.

실제 국제주의(internationalism)라고 하면 거의 아무런 매개 없이 세계를 지향하고, 현실주의는 개인의 이해를 지향하며, 민주주의도 개인의 권리나 이익을 해소하는 다수의 지배라는 형태로 유명무실해지고, 평화주의는 추상적인 세계를 지향해서 공허한 관념으로 변색된다. 그 결과, 그러한 것들은 하나의 사회적 세력이 된다고 해도, 기껏 하나의 틀(set)로 된 운동체의 사적 의지의 표현에 불과하다. 즉 그것들을 둘러싼 공적 의론이 전개될 수 없다. 그렇게 해서는 민주주의나 평화주의는 기껏 사적인 기호나 신조의 표출에 불과해지고, 언제까지나 실체성이 없는 것으로 남는다.

당연하지만 현실정치든, 민주주의든, 평화주의든, 이는 결코 개인의 것이 아니고, 또 세계의 것도 아니다. 이것들은 모두 특정 집단의 경험 및 그것을 통한 집단 간의 경험에만 적용되는 관념이다. 민주주의나 평화주의는, 말하자면 본래 집단적인 경험이다. 그러나 그것은 '나(개인)'를 빼놓고서는 무의미하다. 그것이 정의되는 종착

점은 '나(개인)'다. '공적'인 의론의 공간이란 결코 '나(개인)'의 기호와 이익과 신조나 자유의 무매개적인 표현은 아니다. 그것은 '나(개인)'라는 장(場)이 국가 혹은 집단에 참입(參入)하는 것이고, 국가나 집단에 대한 '나(개인)'의 표명이다. 환언하면, 집단적 경험으로서 국가에 지향하는 의식은 '나(개인)'와 그것(의식)들의 이념을 매개해야 한다. 아무리 그것이 '공적'인 관념이라고 하더라도 무의미하다. 이것들이 정의되고, 사용되고, 실행되는 장은 어디까지나 나(개인)와 국가 간의 관계다. 지금 여기에 있는 대한민국이라는 국가를 위해서 나(개인)를 희생해서는 안 된다는 말이다.

1945년 해방 이후, 전쟁을 위한 연합국으로서 아메리카합주국과 소비에트연방이 한반도를 분단해 점령함에 따라 아메리카합주국의 점령하에 있었던 남한에서 강제된 무조건적인 반공적 국가의식에 대해서 우리 각자는 스스로를 반성적으로 보지 못했던 것 같다. 남북의 대립적 상황에서 국가권력에 의해 반공적 국가의식만 무조건적으로 강요되었다. 국가의식이 무자비한 폭력으로 난무했어도 그것에 대한 성찰은 전혀 없었기 때문이다. 바로 여기에 하나의 금기이자 억압으로서 국가의식이 작용한다. 그 결과, 국가에 대한 비판의식은 적어도 공식적 측면에서는 배제되었다. 그리고 모든 공식적 언설은 진정 중요한 논점에 닿지 않은 채로 추상적인 겉치레를 형식적으로 반복하는 경향을 가질 수밖에 없었다. 공식적 언설은 실체성을 결여하는 데 그치지 않고, 다만 현재의 상황과 그것을 유지해 간다는 의미에서 '흉내만 내는 놀이'의 무대를 만들어 낸다. 지구상의 상당 부분이 그렇듯이, 지금도 우리에게 '흉내 내기 놀이'의 세계를 성립시키는 것은 다름 아닌 '아메리카합주국의 정치적인 주박(呪縛)'이다. 그것을 상징적으로 보여주는 것이 대한민국 헌법이다. 우리 헌법은 정치적으로 '아메리카합주국의 흉내 내기 놀이의 세계' 성립에 있어서 규범적으로 결정적인 역할을 수행했다고 해도 과언이 아니다.

3

국가라는 이름의 전범

폭력 조직으로서 국가

근대 서유럽의 시민혁명 과정에서 사회계약론자들이 국가는 사회계약에 기초한다고 주장했지만, 이것은 국가권력을 제한하기 위한 가설에 불과하다. 국가를 적대시하거나 강도 집단으로 본 프랑스의 피에르 조제프 프루동(Pierre-Joseph Proudhon, 1809~1865), 도이칠란트의 막스 슈티르너(Max Stirner, 1806~1856), 아메리카합주국의 라이샌더 스푸너(Lysander Spooner, 1808~1887), 러시아의 레프 톨스토이(Leo Tolstoy, 1828~1910) 등과 같은 아나키스트나 평화주의자들의 주장을 거론할 필요도 없이, 국가의 기원은 근본적으로 폭력에 기초한다. 물론 폭력에 있어서 고대국가는 총, 포 등 첨단 살육장비로 무장한 조직적인 경찰과 군대를 가지는 전쟁기계인 현대국가와 비교하면 극히 미약하기 그지없다. 그렇지만 그러한 고대국가라 할지라도 폭력이 없는 국가란 상상하기 힘들다. 다만 그 힘이 미약하기에 고대국가에서는 국가가 명령하더라도 종교나 도덕감정, 관습과 같은 것의 도움 없이는 실현될 수 없었을 것이다.

서유럽에서도 16세기경에 이르러서야 국가가 확정된 형태를 갖추게 되었던 것 같다. 그 이전의 국가란 특정 권력자의 명령이 미치는 인적 및 지역적 범위라고 할 수 있다. 예컨대 프랑스의 귀족이면서 프랑스 국왕에 반역하고 도이치 황제의 보호를 요구하는 사람이 있었다면, 프랑스 국왕의 권력은 그에 의해 당연히 축소될 수밖에 없었다. 국가는 이러한 의미에서 국민에 관계한다기보다는 오히려 군주나 그를 따르는 무리들에게만 관계했다고 볼 수 있다. 중국이나 조선에서도 신하와 백성은 전혀 별개의 것이었다. '신'이란 '군(君)'에 의해서 부양되는 관료나 군인들이고, '군'으로부터 조세를 착취당하거나 징발당하는 인민은 결코 그 속에 포함되지 않았다. '군신화락(君臣和樂)'이란 그러한 군주와 졸개들이 뭇 백성으로부터 조세라는 명분으로 재물을 거두어서 공짜로 음식을 먹고 술을 마시고 즐긴다는 의미고, 뭇 백성에게는 '존외미혹(存外迷惑)', 즉 예외적인 귀찮은 존재였을지도 모른다. 그러므로 동서양을 막론하고, 뭇 백성 사이에서 어쩌면 국가란 아주 거추장스러운 무리를 지칭하는 이름이었다. 국가에 대한 통일적인 개념이 생겨난 것은 지금으로부터 기껏해야 수백 년 전에야 나타난 현상에 불과하다. 그때까지 국가의 성격은 다원적이었으며, 무엇을 국가라고 해야 하는지, 그 실태에 대한 분석이 필요했다.

모든 국가에 통하는 한 가지의 현상은 국가가 혈연에서 분리된, 비자연적 사회결합이라는 것이다. 어떠한 필연적인 이유가 있기에 이러한 결합관계를 가져온 것임이 틀림없다. 또 일단 성립한 국가적 결합은 사람들을 꼼짝 못 하게 속박하기 때문에, 개인이 국가를 떠나 존재하는 것을 불가능하게 만들었다. 그럼에도 국가에는 나름의 합리적인 목적이 있어야 한다. 그 목적이 아무리 기가 막히고 어두운 것일지라도 상관없다. 국가에 참여하는 사람에게 합리적이라고 생각되는 목적에서 너무 멀리 떨어져 있는 경우에는 정권의 교체나 국가조직의 개변이 일어날 수밖에 없다. 국가는 언제나 더 큰 폭력을 가지고 그보다 작은 폭력을 지배한다. 작은 폭력을 지배하는 큰 '폭력'이 국가의 지배에 들어간 순간에 합법성을 취득하고, 정당한 군사력 또는 경찰력이라는 그야말로 '공(公)의 권력(權力)' 또는 '공(共)의 실력(實力)'이라는 아름다운 이름을 획득해서 정의를 실현하는 힘, 즉 정의력(正義力)이 된다. 그렇지만 국가의 폭력이 아무리 강해도, 인민에 대한 지배는 폭력에 의해서만 완수되는 것은 아니다. 그것에는 반드시 목적과 한도가 있고, 그 목적의 도를 넘어가는 순간에 국가는 절대적 위기에 처하게 된다. 그래서 국가는 다른 국가와의 관계에서 인간성을 말살하고, 생태계를 파괴하는 괴물로 변하기도 한다.[11]

11 이와 관련해서 국가(권력)의 부도덕성 및 국가에 의한 인권침해에 대한 런던 정치경제대학교(London School of Economics and Political Science)의 명예교수였던 사회학자 스탠리 코언(Stanley Cohen, 1942~2013)의 고발이 시사하는 바가 크다. Stanley Cohen, *States of Denial: Knowing about Atrocities and Suffering,* Polity Press, 2001(조효제 옮김, 『잔인한 국가, 외면하는 대중: 왜 국가와 사회는 인권침해를 부인하는가』, 창비, 2009).

최악의 범죄자로서 국가권력,
최대 최고 악(惡)으로서 전쟁

제2차 세계대전 후에도 아메리카합주국은 세계 곳곳에서 사실상 전쟁을 벌였지만, 대부분은 선전포고조차 하지 않았다. 아메리카합주국에 있어서 베트남전은 '공산주의와의 전쟁'이었고, 아프가니스탄 침공은 '테러와의 전쟁'이었다. 이 모든 전쟁을 아메리카합주국은 '정의의 실천' 또는 '실현'이라고 합리화했다. 아메리카합주국이 파키스탄에 침공해서 오사마 빈 라덴(Osama bin Laden, 1957~2011)을 살해한 것에 대해, 당시 아메리카합주국의 대통령 버락 오바마(Barack Obama, 1961~)는 무고한 뭇사람들에게 해악을 가하는 테러리스트를 처형한 것이라고 표현했다. 그러나 이는 아메리카합주국이 자기 주권의 최고성을 강조하면서도 파키스탄의 국가주권을 침해한 것이다.

정의란 누가 규정하는가에 따라 달라진다. 오사마 빈 라덴의 입장에서 알카에다의 9·11 공격은 틀림없이 정의의 실현이었을 것이다. 그는 이 공격이 다른 수단과 방법이 없는 약자가 세계 최고의 범죄자이자 최강의 전쟁기계인 아메리카합주국에 맞서 벌인 어쩔 수 없는 저항이라고 주장할 수도 있다. 그렇다고 하더라도 테러가 범죄라면, 그것을 관할하는 것은 경찰이다. 전쟁은 국가에 의한 국가 간 범죄의 실행이며, 군대가 수행한다. 테러와 범죄는 국가권력에 대하여 개인 또는 다수가 수행하는 것으로서 전쟁과 그 양상이 약간 다를 뿐, 전쟁과 테러 및 범죄 사이에는 사실 종이 한 장 차이밖에 없다. 2001년 9월 11일 사건 직후 아메리카합주국의 대통령 조지 W. 부시(George W. Bush, 1946~)가 "정의(正義)의 전쟁"이라고 외쳤듯이, 테러리스트에게는 테러가 '정의의 전쟁'이 아닌가?

테러도 전쟁이고, 테러와의 전쟁도 전쟁이다. 전쟁은 최대 최고의 폭력적인 악이다. 그러한 폭력적 악을 행하는 주체가 바로 국가다. 전시에 국민은 국가를 위해서 죽어야 하는 상황을 절실하게 생각하지 않을 수 없다. 전쟁은 '살인을 하지 말라'라는 인간의 근본 규범을 해제한다. 군인은 국방의무라는 미명하에 살인을 연습한다. 그것도 많이 죽일수록 칭찬을 받는다. 그들에게 적군은 인간이 아니다. 전쟁이 싫다는 것은 인간의 보편적 정서이리라. 그러나 이러한 보편의 정서는 국가권력의 발동이 있는 한 항상 위태롭게 될 운명에 처해 있다. 따라서 전쟁을 부정하기 위해서는 국가보다 더 높은 원리에 서서 항거할 수밖에 없다.

여기에서 어떠한 전쟁에 대해서도 반대하고 전쟁을 위한 병역을 거부하는 사실은 자신의 신조에 따라 징병을 반대하고 온갖 고난을 겪은 양심적 병역거부의 사상 및 역사를 계승한 것이다.[12]

이 양심적 병역거부가 개개인의 의식 차원에서 중요한 주제로서 본격적으로 제기되는 것은, 프랑스혁명 이후 '국민주권국가'라는

12 양심적 병역거부의 사상에 관해서는 阿部知二, 『良心的兵役拒否の思想』, 岩波書店, 1969 참고. 그 외, Orhan Aldanmaz, *Wehrdienstverweigerung als Menschenrecht*, Regensburg, 2006; 이남석, 『양심에 따른 병역거부와 시민불복종』, 그린비, 2004; Walther Bienert, *Krieg, Kriegsdienst und Kriegsdienstverweigerung nach der Botschaft des Neuen Testaments* 2. erweiterte Aufl. Gießen/Basel, 1985; John W. Graham Kelley, *Conscription and Conscience: A History 1916–1919*, New York, 1969 등도 참고.

정치체가 확립되고, 국민국가라는 의식하에 국가의사를 실질적으로 결정하는 지배권력자들이 자국을 지키는 차원을 넘어서 그 영토를 넓혀 더 많은 인민을 지배하고 싶은 욕망에 사로잡혀 날뛰는 시대가 본격적으로 시작되면서부터다. 그리고 정치적·경제적·군사적 체제가 세련되어 가면서 국가권력은 지배영역의 확대를 선진국이라는 의식으로 미화시키고, 지배 욕망은 미개 지역의 계몽을 빌미로 침략을 정당화했다. 그때까지는 용병제가 많았고 국가의식(國家意識)에 휩쓸리는 민족주의가 높아지면서 이에 부응할 만한 마초적이고 혈기왕성한 인물들이 지원하여 선택적으로 뽑혀 나갔다. 특히 제1차 세계대전에서는 일찍이 전쟁을 경험하지 못했던 비전투원들도 희생되는 총력전이 되었다. 그래서 이에 걸맞은 체제를 갖춰야 한다는 이유로 징병제가 본격적으로 법제화된 한편, 예외적으로 양심적 병역거부 운동이 이유 있는 사태라고 인식하는 사람도 나타나기 시작했다.

병역의무는 근본적으로 복수의 국가 지배권력 간의 다툼으로서의 '전쟁'에 피지배층을 동원하기 위한 일체감 조성과 결부되어 있다. 전쟁터에서 죽지 않아도 회복하기 어려운 외상을 입거나 마음의 병을 앓게 되어도 조국을 위해 싸운 것은 명예로운 일이라고 여겨진다. 하지만 전쟁이 승리로 끝나면 명예의 부상으로 칭송받는 데 반해 전쟁에서 패하면 살아남은 자들은 포로로 취급될 뿐이다. 전쟁을 원하는 것은 언제나 국가권력자들이다. 그들은 분쟁 해결의 수단으로 전쟁을 사용하지만, 정작 자신과 가족은 전장에 나서지 않는다. 군인들은 국가를 위해서 평소에 강제징집되어 오로지 전쟁

훈련을 받고 있다. 하지만 그들이 군인이라는 사명을 가지고 조국 방위라는 미명하에 전쟁터에 용감하게 나가더라도, 실제로 그들이 전선에서 적군이나 적국의 재산을 파괴하는 것을 보면 대의가 아니라, 아군이든 적군이든 스스로 살아남기 위해 어쩔 수 없이 필사적으로 상대방을 죽이는 것이다. 따라서 '조국을 위해서'란 주입된 허위의식에 불과하다.

전쟁이란 국가권력 집단 간 정치권력의 쟁탈전일 뿐이다. 그들은 최악의 범죄자들이다. 권력자들은 자신들이 보기 싫은 놈을 배제하고 더 큰 정치권력을 얻고 싶은 욕망에서, 더 많은 사람을 지배하기 위해서 전쟁을 시작한다. 정치권력을 손아귀에 넣기 위해 정치인들은 온갖 수단을 동원해 전쟁을 정당화하려 한다. 일단 전쟁이 시작되면, 분쟁국의 군인들은 상대국 국민을 죽이고, 이들 가족은 갈라져 서로 교류할 수 없게 된다. 그들과 교류하는 자는 반역 또는 반국가세력으로 낙인찍힌다.

4

호모 사케르로서 국민: 전쟁과 국가 그리고 개인

대한민국 헌법은 모든 국민이 국방의무를 진다고 규정한다. 국방의무의 핵심은 병역의무다. 병역의무에 대해서는 병역법이 규정한다(병역법 제1조). 대한민국 국적을 가진 남성은 원칙적으로 누구나 병역의무를 부담한다(병역법 제3조 제1항). 그런데 병역법 제3조 4항은 "사형, 무기 또는 6년 이상의 징역이나 금고형을 선고받은 사람은 병역에 복무할 수 없으며 병적(兵籍)에서 제적된다."라고 규정하고 있는데, 이 규정을 어떻게 이해하면 좋을까? 이것은 주술적인 법률규정이라고 말하지 않을 수 없다. 병역의무의 성스러움을 표현하고 있기 때문이다. 이는 '신비체(神祕體)'로서의 국가로부터 형사처벌을 받은 자를 저주받은 오염된 국민으로 낙인찍어 국방의무에서 제외하는 것이다. 그들에게는 국가를 위해서 죽을 권리도 자유도 없다. 그들은 국가의 성전에 제물로 바쳐질 자격조차 없는, 배제된

자들인 것이다. 이렇듯 병역의무의 성스러움을 고양하기 위해서 국가로부터 저주받은 자들은 이탈리아 철학자, 조르조 아감벤(Giorgo Agamben, 1942~)이 그의 저서 『호모 사케르: 주권 권력과 벌거벗은 생명』[13]에서 다루는 것처럼 주권으로부터 배제된 흠결자(欠缺者)들이다.

전쟁이란 '호모 사케르'로서 벌거벗은 생명을 배제하는 주권적 폭력이 행사되는 예외적 상태다. 전쟁으로 인해 인간 자체가 미적 향락을 채우기 위한 구경거리가 된다고 발터 벤야민(Walter Benjamin, 1892~1940)이 경고한 지 약 70년이 경과한 현재, 벤야민의 경고문은 그가 살았던 파시즘 시대에서 그러했듯이, 어떠한 종류의 리얼리티를 가진다. 다만 섬뜩함에 있어서 약간의 차이가 있을 뿐이다. 즉 그것을 채우는 것이 이미 미적 향락 따위가 아니라는 점과 그럼에도 어느 누군가는 그것이 구경거리가 될 수도 있다고 어느 정도는 이미 의식하고 있다는 점, 적어도 이 두 가지 점에서 리얼리티가 있다.

물론 현재, 좌익 포퓰리스트(left-wing populist)가 전쟁에 의한 복권을 기대하고 있다는 것은 미적 추악과는 무관한 벌거벗은 인간의 '삶의 현실/현실의 삶'의 판타스마고리(Fantasmagorie, 幻燈)[14]가 아닐까? 언제 어디에서도 얼마든지 우리는 일순간에 '호주머니' 안으로

13 Giorgio Agamben, *Homo Sacer: Il potere sovrano e la nuda vita,* 1995(박진우 옮김, 『호모 사케르: 주권 권력과 벌거벗은 생명』, 새물결, 2008).

14 판타스마고리(Fantasmagorie, Phantasmagorie, Fantasmagoria)는 18세기 말 프랑스에서 발명된 환등기를 이용한 유령 쇼다.

밀어 넣어질 수 있는, 송신되는 구경거리가 되고, 거의 동시에 수신되는 구경꾼도 될 수 있다. 이것은 이미 명백해졌다. 그러나 다른 한편, 우리를 둘러싸는 하이퍼리얼(hyperreal), 즉 허구이면서도 진짜에 한없이 가까운 실재성(實在性)을 가진 조건을 인식하는 시선과는 반대로 영상으로 나타나는 것이 실은 전혀 조작되거나 지어낸 것이 아닌 생생한 현실, 곧 현실의 삶 그 자체라는 절박감이 은밀히 그리고 착실히 형상화된 처지에 놓인 우리 개인을 발견한다.

온갖 전쟁을 주도한 세계제국 아메리카합주국의 세계무역센터에서 2001년 9월 11일에 발생한 이슬람 전사의 공격을 권력자들은 테러라고 규정하였다. 그리고 그 반격으로 감행된 아메리카합주국군의 아프가니스탄과 이라크 공폭, 혹은 과격파에 의한 잔학한 인질 참수에 이르기까지, 누구도 그것들이 미디어를 의식해서 과잉 연출된 잔학극임을 의심하지 않았으며 그에 대해 분노조차 느끼지 않았다. 한편, 9·11 사태 2주 후에, 1997년 부커상(Booker Prize) 수상자인 인도의 젊은 작가 아룬다티 로이(Arundhati Roy, 1961~)가 지적했듯이,[15] 현실은 그러한 잔혹극에 실제로 희생될 가능성에서 누구도 완전히 벗어나지 못하게 되었다는 위기의식이 편재하고 있다. 퇴근길 지하철에서 갑작스레 독가스 테러 공격을 당하지 않을까, 아이들이 무사히 집으로 돌아올 수 있을까, 여행에서 안전은 확보될 수 있는가 등. 우익 포퓰리스트들(right-wing populists)의 빈약한

15 Arundhati Roy, *The Ordinary Person's Guide to Empire,* 2004(정병선 옮김, 『보통 사람들을 위한 제국 가이드』, 시울, 2005).

상상력을 자극하는 것은 가상공간에서의 그러한 중도반단적(中途半斷的)인 각성이고, 거기에 반전해서 고무되는 '현실의 위기'에 대한 강박관념은 아닌가? 그것은 위기에 접해서 우뚝 서 있는 '실존'의 도취감을 덧없이 예감하게 하면서 '우리에게 붙든가, 아니면 적대하든가'라는 적과 동지의 거칠고 조잡한 구별, 그리고 적과 동지라는 엉성한 대립 구도를 스스로 승인하기 위한 심리적인 배경이 되고 있다.

9·11 사건처럼 아메리카합주국이 막대한 부의 축적과 더불어 스스로가 낳은 괴물(monster)에 의해 보복당한 것은 자본주의가 거대한 성공을 이루면서 그 쌍둥이 형제의 생명력을 역으로 약체화시켰던 것과 완전한 상관관계에 있다. 아메리카합주국은 테러리즘을 대범죄로서가 아니라 그것과 전쟁함으로써 처리할 필요가 있었다. 우리는 우선 벤야민을 모방해서 무엇에 대해 '정치주의'를 주창해야 하는가는 이제 분명해졌을 것이다. '벌거벗은 생명'의 표상과 그것에 의해 야기되는 '위기'의 언설을 문드러진 '국민'의 유대를 회복하기 위해 이용하려는 모든 기도에 대해서 우리는 진정한 의미의 '정치주의'를 주창해야 한다. 또한 단연코, 전쟁과 같은 실력행사의 기도가 정치적인 것이 아니라는 점을 설명해야 한다. '우리'와 '오랑캐'를 나누는 경계선에서 물들어 오는 죽음과 파괴의 공포를 무력이 아닌 부드럽고 평화로운 방법으로 해소하는 것이 정치의 진정한 사명이 아닌가? 전쟁은 결코 정치의 수단이 아니라 생명을 부정하는 범죄행위일 뿐이다.

그런데 같은 도이칠란트의 파시즘 시대를 살면서, 벤야민과는 정반대의 길을 간 공법학자 카를 슈미트의 정치사상이 최근에 다시 주목받게 된 것은 우리의 시대가 그만큼 분명하지 않고, 점점 분명하지 않게 되어간다는 징후일지도 모른다. 어쩌면 슈미트만큼 현재 우리가 숨 쉬고 있는 시대의 공기 질을 단순명쾌하게 '설명'하고, 의미 있게 해주는 사상가도 없을 것이다. 그것은 무력행사, 즉 전쟁이 바로 정치의 실패 이외에 아무것도 아니라는 것을 모르는 사람들에게는 최상급의 먹이가 된다. 특히 자크 데리다(Jacques Derrida, 1930~2004)와 그의 제자 중 한 사람인 가르시아 뒤트만(Alexander García Düttmann, 1961~), 조르조 아감벤과 같은 현대 정치철학의 준재들이 카를 슈미트의 저작[16]을 다시 분석하기 시작했다는 점이 흥미롭다. 특히 아감벤의 슈미트 주권론 해석은 '벌거벗은 생명'이라는 개념을 분석의 주축에 두었다는 점에서 슈미트 사상의 핵심부를 가장 훌륭하게 부연했다. 따라서 좋든 나쁘든, 데리다, 뒤트만, 아감벤 등과 같은 정치철학의 준재들이 슈미트의 말이 가지고 있는 진정한 의미에 있어서 '정치화'해야 할 대상을 부각하고 있다. 여기서 '좋든 나쁘든'은 그가 '정치화'라는 말에서 부정적인 함의를 약간 감하여 주입할 뿐만 아니라, 슈미트가 주권자의 초법규적 권능의 시인이 정치의 숙명이라고 주장했던 것을 솔직하게 받아들이기 위한 것으로 보인다. 주권자의 초법규적인 권능은 확실히 입법행위로서 정치적 영위(營爲)의 두 측면을 집약적으로 표현하는 것인데,

16 Carl Schmitt, *Politische Theologie. Vier Kapitel zur Lehre von der Souveränität,* Berlin, 1922.

절대주의 국가의 종언과 더불어 탄생한 근대정치는 정치의 그와 같은 '숙명론'을 백번이라도 알고 등장했다는 사실을 잊어서는 안 된다. 다시 말해 벤야민이 입법행위 그 자체가 원리적으로 품고 있는 초법적 폭력에 대해서 과거만큼 깊은 통찰을 가하는 한편, 굳이 '정치주의'를 표방한 의미를 가볍게 보아서는 안 된다. 슈미트에서 아감벤으로 이어지는 주권론이 그려내는 것은 정치적이라는 것의 원풍경 따위가 아니라, 오히려 정치가 극복하려고 시도하고 또 좌절하는 과정을 반복해 온 것이다. 국민에게는 국가를 위해 죽을 의무만 있는가? 국가를 거부할 자유는 없는가? 의무란 무엇이고, 자유란 무엇인가? 국가에 대해서 의무적 자유란 성립할 수 없는가? 조국을 위해 죽을 자유와 의무를 각자 스스로 결정하는 것이 진정한 자유가 아닌가?

전쟁의 예외상태론:
주권 절대성의 징표로서 전쟁

사물을 복잡하게 생각하는 것에 재미를 느끼는 까다로운 비평가들에게 "근대국가의 중요 개념은 모두 세속화된 신학 개념이다", "정치란 동지와 적의 대립이다", "낭만주의(Romantik)란 절대적 정부 지상주의다", "국가 단위이고, 그렇지만 결정적인 단위라는 그 정치적 성격에 근거한다" 등과 같은 "정치적인 것(das Politische)"에 관한 슈미트의 개념 정의[17]만큼 간결하고 뻔뻔스러우며, 경우에 따라서는 괘씸하게 느껴지는 것은 없을 것이다. 이런 슈미트의 단정적 주장에 대해 도이치 철학계는 그의 경력과 더불어 슈미트에 대한 날카로운 비판을 퍼부었다고 한다. 이를테면, 카를 뢰비트(Karl Löwith, 1897~1973)의 정곡을 찌르는 지적이 그 전형이었다. 슈미트는 도이치 낭만파의 기회주의와 순응주의가 인간의 인식활동과 사물의 운동 모두 신의 신성이 발동하기 위한 기회에 불과하다고 하는 니콜라 말브랑슈(Nicolas Malebranche, 1638~1715)의 '기회 우인론'을 그 이론적 배경으로 한다고 주장했다. 그러자 뢰비트는 정치적 결단에 이르는 과정도 결단된 내용도 묻지 않은 채, 오로지 주권자의 과감한 결단만을 칭찬하는 슈미트의 '결단주의'야말로 바로 낭만주의적이고, 따라서 '기회 우연론적'이라고 비판했다.[18] 물론 이것은 나치스에 가담을 허용했던 슈미트의 학문적 입장을 지적한 것이다. 뢰비트의 이러한 비판은 정당하다. 슈미트가 주권자의 과감한 결단을 강조하는 것은 확실히 신학적이긴 하지만, 말브랑슈의 신학과는 상당히 다른 논리에 기초한다.

슈미트의 유명한 테제인 "주권자란 예외상황에 관해서 결정을 내리는 자다(Sourverän ist, wer über den Ausnahmezustand entscheidet)"에서 '주권(혹은 주권자)', '예외상황', '결정'이라는 세 개념이 각각 동어

17 Carl Schmitt, *Der Begriff des Politischen. in: Archiv für Sozialwissenschaften und Sozialpolitik,* Bd. 58(1927), SS. 1-33(윤근식 옮김, 『정치의 개념』, 법문사, 단기 4294년, 7~77쪽).

18 Karl Löwith, 「C·シュミットの機会原因論的決定主義」, Carl Schmitt, *Politische Theologie. Vier Kapitel zur Lehre von der Souveränität,* Berlin, 1922의 일어판(田中浩/原田武雄 訳, 『政治神学』, 未來社, 1989)의 부록.

반복에 가까울 정도로 비슷하게 통한다는 점에 우선은 주의해야 한다. 이것들은 항상 전적으로 같은 맥락에서 사용되고, 완전히 같은 위상에 있는 것의 다른 표현이다. 그것을 보통은 의미가 없을 것 같지 않은 문장, 예컨대, 예외상황이란 주권자에 의한 결정이라고 바꾸어도, 결정이란 예외상황에 있어 발동되는 주권이라고 바꾸어도, 슈미트의 이론에 따르면 전혀 이상하지 않을 것 같다. 이들 세 가지 개념은 어느 것이나 법과의 관계에서 같은 장소를 차지했다. 이것을 올바르게 이해하려면 약간의 예비적 고찰이 필요하다.[19]

슈미트가 '예외상황(Ausnahmezustand)'으로서 구체적으로 상정한 것이 전쟁이고, 그것은 바로 '정치적인 것(das Politische)'의 궁극이기도 하다. 다시 말하면 '예외상황'으로서 전쟁은 '정치적인 것'이 극점에 달하는 상황이다. 따라서 슈미트의 이론에서 주권=예외상황=결정의 신학적 구조를 해명하는 데는 '정치적인 것'의 분석이 유력한 단서가 된다.

슈미트에 따르면 '정치적인 것'은 도덕적인 선악(善惡), 심미적 미추(美醜), 종교적 성속(聖俗), 경제적 이해(利害) 등에 의해서가 아니라, 복수의 인간들이 적군과 아군으로 나뉘어 싸운다고 하는 단순한 상태에 의해서 정의된다. 그러한 투쟁은 이미 현상적으로 나타나는 현실의 투쟁, 혹은 현실화할 가능성이 있는 투쟁 이외의 것을 의미하지 않는다. 가능성 그대로 참작하는 추상개념으로서의 적대성

19 이와 관련해서 Giorgo Agamben, *Stato di eccezione,* Torino, 2003(김항 옮김, 『예외상태』, 새물결, 2009) 참고.

은 슈미트에게 '정치적인 것'의 범주에는 들어가지 않는다. 그러면 기업 간의 적대적 매수행위나 소송전에서 폭력조직의 항쟁에 이르기까지 특정 집단 간의 투쟁이 현재화하기만 하면, 모두 '정치적인 것'으로 될까? 어떤 조건만 갖추면 답은 '그렇다'라고 할 수 있지만, 그 조건이 아감벤과 같은 철학자에게는 슈미트를 지렛대로 한 정치적 '존재론'을 전개하는 중대한 요소다. 그리고 뢰비트는 자신이 스승인 마르틴 하이데거(Martin Heidegger, 1889~1976)에 대해서 제기했던 비판처럼 슈미트에게도 스승과 "같은 냄새"를 맡았다고 한다.

'정치적인 것'을 정의하는 투쟁은 경제와 아무런 관계도 없다고 보는 존 앳킨슨 홉슨(John Atkinson Hobson)이나 레닌 등의 고전적 제국주의론을 참고할 필요도 없이, 근대 이후 전쟁을 일으키는 최대의 요인이 경제 특히 계속되는 자본의 팽창임을 생각해 보면, 이러한 규정은 너무나도 터무니없는 것으로 생각될지도 모른다. 그러나 슈미트가 주장하는 것은 투쟁의 방아쇠가 되는 요인이 무엇인가가 아니라, 현실적인 투쟁의 가능성이 전쟁으로 비화되든 되지 않든, 문제가 되는 것은 이미 동지와 적 간의 결정적인 경계 설정 이외의 것은 없어지게 된다는 것에 불과하다. 예컨대, 부르주아지나 무산계급이라는 경제적 계급 구분은 투쟁에 의해 설정된 '이 편'과 '반대편'의 분할선을 앞에 두고 완전히 무의미해지고, 그 후에 이 분할선을 유지하는 것은 정치적 대립일 뿐이다.

'순수' 종교적, '순수' 도덕적, '순수' 법률적, '순수' 경제적 동기에서 수행되는 전쟁은 모두 모순이다. 이들 인간 활동 영역의 특수한 대립에서 적과 동지의 결속은, 그것만으로 전쟁을 일어나게 하는 원인은 아니다. 전쟁은 경건한 것이든, 도덕적인 것이든, 또 채산을 따지는 것이든 간에 있을 필요가 없다. 아마 오늘날에는 전쟁이 이중 어떤 것도 아닐 것이다.

그렇지만 '정치적인 것'을 규정하는 것이 다른 모든 영역의 '어느 것도 아님'에도 불구하고, 어느 것이라도 '정치적인 것'이 된 경우가 있다고 슈미트는 말한다. "어떠한 종교적·도덕적·경제적·인종적 기타 대립도, 그것이 실제로 인간을 적과 동지로 가를 만큼 강력한 경우"가 그것이다. 다만, "이러한 투쟁 결속으로까지 지향하는 경우 그 준거가 되는 대립은 역시 순수 종교적·도덕적 내지 순수 경제적인 것이 아니라 정치적 대립"이다. 즉 어떤 종교 단체가 종교 단체로서 싸우는 경우, 그것이 다른 종교 단체의 구성원에 대한 것이든, 그것 이외의 전쟁이든, 이는 종교 단체라는 것을 넘어선 정치적 단위다. 마르크스주의적 의미에서의 '계급'이라도 그것이 이 결정적 계급에 도달하는 경우, 즉 그것이 계급 '투쟁'을 진지하게 하고 상대 계급을 실제 적으로 취급하며 국가 대 국가이든, 한 국가 내에서의 내란이든, 그것과 싸우는 경우에는 순수하게 경제적인 것을 끝내고 정치세력이 된다.

정치적 대립에 있어서는 당사자인 종교 단체가 내거는 계율의 내용도, 당사자인 계급이 품는 경제적 이해도 이미 문제가 되지 않는다. 이미 그것들을 '넘은' 다른 역학(力學), 즉 적과 동지의 투쟁이 모든 것을 삼켜버리기 때문이다. 거기에는 "우리와 결속하든가 그렇지 않으면, 적대하든가" 하는 논리만이 작동할 뿐이다.

여기에서 '정치적인 것'으로서 동지와 적의 대립이 있을 때, 거기에는 항상 이미 서로에게 연관되는 두 가지 사태가 생기고 있음을 확인할 수 있다. 우선, 동지와 적의 분할선이 설정되어, '우리'와 '오랑캐'가 각각 명확하고 강고하게 정해진다는 것이다. 국가 간의 전쟁이 그 최대의 사례다.

국민이 정치적인 것의 영역에 존재하는 한 적과 동지의 구별을 국민 자신이 정해야 한다. 이 점에서 국민이란 본질적으로 '정치적인 것'의 제물로 존재한다. 이를 구별하는 능력 내지는 의사가 없을 때, 국민은 정치적인 존재를 그만두는 것이다. 전쟁의 의의는 그것이 이상이나 법적 규범을 위해서가 아니라 현실의 적에 대해서 행해진다는 점에 있다.

누구와 함께 싸우고, 누구에 대해서 싸우는가에 관한 결정은 '정치적인 존재(das Politische Sein)'로서 자기 동일성(同一性, Identität)에 관한 결정이다. 말하자면, 그것은 투쟁을 매개로 한 가장 원초적인 '정체성의 정치(Identitätspolitik)'라고 해도 좋을지 모른다. 그렇지만 슈미트가 여기에서 문제 삼는 것은 동일화된 자기가 투쟁의 담당자인가 아닌가 하는 점이고, 자기가 어떠한 자인가는 아니다. '오랑캐'와 싸우는 '동지'이기만 하면, '우리'가 누구인가는 아무래도 좋은 것이다.

정치적 적과 동지의 대립에 의해 생기는 또 하나의 사태는 거기에 '벌거벗은 생명'이 노출되어 있다는 점이다. 슈미트에게 투쟁이 현실의 투쟁 이외의 것을 의미하지 않고, 오히려 그러한 현실의 투쟁에 의미와 의의를 주는 다른 어떠한 영역도 존재하지 않는다고 보면, 생사를 건 투쟁은 사회적 지위와 명예를 추구하는 것 등과는 전혀 달리 살아 있는 신체가 충돌하는, 단순하게 서로 죽이는 살육에 불과한 것이다. 이러한 점에 대한 슈미트의 언급은 파괴와 폭력으로 점철된 범죄 영화의 홍보 문구에나 어울릴 것이다.

전쟁, 그리고 이와 다른 이름이 붙은, 이를테면 죽음을 각오한 투쟁, 경쟁자의 영역에 있는 인간들의 살육 등 이 모든 행위에는 그것을 정당화할 수 있는 어떠한 규범적 의의도 없고, 만약 있다고 해도, 그것은 다만 생명의 말살이라는 금지되어야 할 반존재적 또는 비존재적 의의에 불과하다고 할 것이다. 그것도 현실의 적에 대한 현실의 전쟁이라는 상황의 현실에 있는 것이지, 어떠한 사상을 계획하는 규범에 있는 것은 아니다. 어떠한 합리적 목적, 정당한 규범, 이상적인 계획, 아름다운 사회이념, 정통성이나 합법성이라고 해서, 그것을 위해 인간이 서로 죽이는 것은 정당화될 수 없다. 이와 같은 인간의 생명과 육체에 대한 말살이 자기 존재 형태의 존재적 유지를 위해서, 그 형태가 같은 존재에 대한 부정으로 행해지는 한, 그것은 정당화될 수 없는 것이다.

슈미트에게 정치적 의의라는 것은 '존재적 의의'이지 그 외의 어떠한 것도 아니었다. 정치적 범주에 포함될 수 있는 투쟁이란 결국 적나라한 신체가 박제되어서야 비로소 개시되는 '존재적 의의'를 가져올 수 있는 투쟁이었던 것이다. 이것은 세련되지 않은 극단적인 실존주의 철학에 근거한 법학자 슈미트의 정치 실존주의적 존재론이다. 그렇지만 뢰비트는 하이데거에게 직접 배우면서 그를 비판할 수 없었기 때문에, 대신 슈미트에게 그 비판의 창끝을 향할 수밖에 없었던 것이 아닐까 생각해 본다.

전쟁이라는 위급한 상황에서는 각자가 타인을 살해하고서라도 살아남으려고 하듯이, 정치적 상황을 적과 동지의 관계로 극도로 첨예화하여 슈미트는 그의 정치적 존재의 존재론적 극적 상황에 기초한다. 이러한 맥락에서 슈미트의 정치적 존재론은 하이데거의 실존적 존재론과 일맥상통한다고 말할 수도 있겠다. 하이데거에 따르면, 존재의 '근원적 상태'는 바로 '그것이 존재하는' 것, 그리고 무엇을 위해서인가와는 관계없이 존재해야 한다고 하는 것 그 자체에 있다. 그러나 전쟁에서 획득되는 '존재적 의의'가 '우리(동지)'와 '오랑캐' 간 확고한 분할선을 긋는 것이라면, 그것은 갱(gang) 영화에서도 얻을 수 있을 것이다. 낭만파적 민족주의자도 소박한 공동체론자도 아닌 슈미트는 무엇 때문에, 현실의 투쟁에서 동지인 '우리' 전체에 동등하게 존재적 의의'가 부여될 수 있다고 생각했을까? 실은 도덕적·미적·종교적·윤리적 영역이 제거된 후에 유일하게 남는 것은 정치적 투쟁의 위치 관계를 법에 기초해서 설명하려고 하는 영역이다. 법과의 애매한 관계성 속에서만, '우리'의 자기 동정과 '존재적 의의'가 교접하는 접점을 발견할 수 있을 것이다.

제물(祭物)로서 국민

아감벤은 슈미트의 논문을 독해하는 데 그리스어 '조에(Ζωή, zoe)'와 '비오스(βίος, bios)'라는 구분을 사용한다.[20] 여기에서 비오스는 공동체에 있어 몸에 익숙한 생활양식, 지, 덕 등을 포함하는 인간의 생활 방식 전반을 가리킨다. 이에 반해 조에는 단순히 살아 있다고 하는 생물학적·즉물적 사실 그 자체, 즉 생물적인 생명을 의미한다. 이것은 아감벤이 자신의 저서 부제로도 삼은, '벌거벗은 생명'이라는 모습의 별칭이다.

플라톤과 아리스토텔레스의 정치론은 비오스를 염두에 두고 이상(理想)의 폴리스를 이야기하는데, 이것은 고대 그리스 철학자들에게서만 볼 수 있는 특징은 아니다. 네이션의 고유성을 가지고서 공동체를 기초하려고 하는 내셔널리스트도, 계급 간 착취가 없는 사회의 완전한 투명성을 몽상하는 공산주의자도, 비오스 개념과 같은 형(形)의 구조를 플라톤 등과 공유한다. 즉 그들은 모두 공동체라는 인간들 간에 매개항으로서 있어야 할 공동체, 와야 할 공동체에 관한 일정한 가치기준을 설정한다. 다른 한편, '투쟁적 결속'에 의해서만 연결되는 슈미트적 '동지'의 공동체를 공동체라고 부를 수 있다고 해도, 그것에는 그러한 매개항이 일체 없다. 그러면 전장에서 '존재적 의의'를 획득하는 개개인의 '조에'가 그러한 '결속'에 이르게 되는 것은 무엇 때문일까? 슈미트와 달리 아감벤의 답은 법에 의해서라는 것이다. 다만, 법은 '조에'를 체현하는 사람의 무리에, 새로운 종류의 공동 비오스를 보장하는 것이 절대 아니다. 반대로, 조에를 체현하는 그들이 '예외상황'에서 '투쟁적 결속'을 수반할 수 있는 것은 자신이 속해 있는 법체계에서의 방축(放逐) 또는 배제

20 Giorgio Agamben(박진우 옮김), 앞의 책, 33쪽 이하 참고.

라는 체험에서였다. 아감벤은 그러한 알기 어려운 이치를 설명하기 위해서 언어와 언어화되지 않은 것의 변증법에 대해서 언급한다.

언어활동에 선행하는 것으로서 정해져 있는 모든 것, 즉 비언어적인 것, 입으로는 말할 수 없는 형으로 전제된 모든 것은 언어활동의 전제에서 제외되지 않고, 바로 언어활동 자체에서부터 배제되어 언어활동과의 관계를 유지한다. 스테판 말라르메(Stéphane Mallarmé, 1842~1898)는 언어활동이 자기 전제를 수반하는 본성을 표현함에 있어 다음과 같은 헤겔적인 정식을 사용했다. 즉 '로고스는 모든 원칙의 부정에 의해 전개되는 하나의 원칙이다.'

언어가 기능하기 위해서 개별 언어기호에 일대일로 대응하는 의미 내용이 차 있어야 하는 것은 아니다. 페르디낭 드 소쉬르(Ferdinand de Saussure, 1857~1913)의 '차이로서 언어'의 경우에도, 아감벤이 자주 인용하는 에밀 뱅베니스트(Émile Benveniste, 1902~1976)의 '주체의 여지를 여는 공허한 형식으로서의 언어'의 경우에도, 혹은 클로드 레비스트로스의 '시니피에[signifié: 소기(所記), 그 기호가 의미하는 내용]에 대한 시니피앙[signifiant: 능기(能記), 표현된 기호]의 과잉'의 경우에도, 계열적(系列的, paradigmatic)인 언어기호의 연쇄를 가능하게 하고 언어를 언어로서 기능하게 하는 기본적 조건으로서, 언어기호가 그 자체로는 의미가 충만하지 않다는 것을 전제로 한다. 예컨대 '말로 하면, 거짓이 되어버린다'라고 하는 성가심은 첫째로, 선행하는 의미 내용에 대해서 말이 항상 "부풀려진(인플레이션) 상태"에 있다는 것, 둘째로, 그러한 '말로 할 수 없는' 의미 내용이 실은 말에 조정(措定)되고 그것에 의거함을 표현한다(부정적인 언사에 있어서, 거기에는 이미 말의 지시기능이 작용하고, 또 시니피에가 그것에 의존한다). 결국 선행하는 것은 실은 언어활동 그 자체의 효과이기도 하다. 그리고 끝으로, 거기에서 헤겔류의 변증법에 의해 또 한 번 비틀어져서 "언어는 그것 자체의 기능에 의해서 기대되어 그것의 결여를 내포하여 자신을 기능하게 하는 시스템이다"라는 테제가 도출된다.

소쉬르에서 루이 옐름슬레우(Louis Hjelmslev, 1899~1965), 에밀 뱅베니스트, 로만 야콥슨(Roman Osipovich Jakobson; Рома́н О́сипович Якобсо́н, 1896~1982)에 이르기까지의 난해한 언어론을 검증하는 대신에, 앞에서 인용했던 아감벤의 규정에서 '언어활동에 선행하는 것'을 조에로 치환해서 생각해 보면 알기 쉬울 것이다. 결국 조에로서 조정된 것은 법의 전제이고, 그것은 바로 법에서 배제됨으로써 법과의 관계가 유지된다고 말할 수 있다. 이러한 명제에 대해서는, 슈미트의 관점에서 보면, 조에가 발가벗겨지게 되는 전쟁이라는 극단적인 상황을 예로 들어서 생각해 보는 것이 쉬울 것이다.[21]

전장에서 병사(兵士)가 '벌거벗은 생명'으로서 법에서 배제되는 것이 무엇을 의미하는지는, 통상의 실정법에서 그 죄가 가장 무거운 살인조차, 전장에서는 죄로 묻지 않는다는 단순한 사실을 상기한다면 충분히 상상할 수 있을 것이다. 전장에서 무고한 인간들을 살육하는 병사들에게 살인의 죄책이 면제될 뿐만 아니라, 그의 생명조차 법으로 보호되지 않고, 게다가 합법적으로 그와 같은 상황에 보내진 것이다. 즉 병사들은 법에 의해서 법이 적용되지 않는 장소로 추방되었다. 다른 한편, 그러한 '예외상황'으로서의 전쟁과 그 경우에 살육의 담당자가 법의 전제라는 것은 무엇을 말하는가? 여기서는 전쟁에서 지면 자신들이 준거로 삼았던 법도 국가도 모두 사라져 버린다는, 마찬가지로 단순한 사태를 가장 먼저 상상해 보면 좋을 것이다. 세속의 법은 한정적이며, 그 적용 범위에는 경계선이 설정된다. 그러한 경계선의 설정에는 원리적으로 명문화할 수 없는 예외, 즉 폭력이 전제되어 있다. 법의 적용 범위의 경계선, 즉 법의 권역을 설정한다는 순수한 행위는 법의 부외(埒外)에 있고, 그러한 의미에서 그것은 '법외적인 것'이다. 국경선은 초목과 달리 지면에서 살아 있는 것이 아니다. 물론 중요한 것은 법의 적용 범위가 확정되고, 그 후에 실정법이 유지될 때도, 법을 설정할 때 그러한 폭력성이 계속 남아 있다는 것이다. 프로이트식으로 말하면, 법의 무의식으로서의 폭력, 혹은 '법외적인 것'은 항상 법 자체로 회귀한다. 왜냐하면 통상의 실정법도 법을 적용할 수 없는 '법적인 것이 아닌 것'을 전제로 해야만 그 효력을 발휘할 수 있기 때문이다. 이러한 것

21 이와 관련해서 우리는 언어에 대해서 더 깊게 생각해 볼 필요가 있다. 인간에게 언어란 언어 그 자체에 외재하는 기성의 의미를 지시한다든가, 운반한다든가 하는 단순한 도구에만 그치는 것이 아니다. 언어는 신체의 오관(五官)에 의한 외계의 분절, 감각=운동적 인지활동에 의해서 구성된 게슈탈트(Gestalt)를 재편성하여 그 결과 본능의 도식에는 본래 존재하지 않았던 세계를 현출시키는 보다 근원적인 메디아로서의 도구이다. 언어에 의해 세계가 분절되고, 사물이 존재를 개시한다는 테제(These)는 단순히 언어가 지향대상을 만들어 낸다고 하는 인식 존재론적 작용을 의미하는 것에 그치지 않는다. 언어가 만들어 내는 것은 일체의 의식이다. 자타의식, 타아의식, 시공의식, 미의식, 생사의식, 에로티시즘으로서의 성의식 등등. 그리고 이러한 의식이 생리적 요구를 문화적 욕망으로 만들고, 앞에서 이미 언급했던 "비재의 현전"을 가능하게 하는 우리 사고(思考) 또는 사유(思惟)의 원천이 되게 한다고 할 것이다.

에 관한 아감벤의 설명은 약간 복잡하게 보이지만, 국가에 의한 폭력장치의 집중화라는 베버의 테제와 벤야민에 의한 '법유지적 폭력'의 개념을 상기하면 이해하기 어렵지 않을 것이다.

법은 법적이지 않은 것(예컨대, 자연 상태의 순순한 폭력)을 법이 예외상태에서 잠세적인 관련을 가지면서 자신을 유지할 수 있도록 하는 것으로 전제된다. 이런저런 일을 명하기도 하고 금하기도 하는 모든 규범(예컨대, 살인을 금하는 규범)에는 전제된 예외로서 특수사례라는 순순하고 재가 불가능한 형상이 기입되어 있다. 이 특수사례는 통상의 사례에서는 규범 자체의 위반을 그 결과로 한다. 살인이라는 예로 말하면 그것은 결국 자연적 폭력으로서 살인이 아니라, 예외상태에서의 주권적 폭력으로서의 살인인 것이다.

'잠세력(潛勢力, dynamis)'은 아리스토텔레스의 말인데, 이는 법의 집행, 혹은 집행 가능성이라고 생각해도 좋을 것이다. 법은 그것이 실제로 집행되지 않으면 효력을 가지지 않는 반면, 그러한 실제의 집행 및 집행 가능성 자체는 명문화될 수 없다. 그렇기 때문에 법의 집행이라는 순수행위의 시비를 둘러싸고서, 법원의 구체적인 판결이 필요한 것이다. 전적으로는 예컨대, 기업경영자나 경찰권력의 지휘명령권은 항상 그 발동이 합법적인지 여부가 문제인데, 그러한 명령권의 발동은 법학적으로 보면, 합법성의 주장이고, 명문화된 법률을 있는 그대로 적용한 것은 아니다. 벤야민은 "경찰폭력은 법을 구체적으로 규정한다. 그 특징적인 기능은 법률의 공포는 아니지만 법적 효력을 가진다고 주장하는, 온갖 명령의 발동이기 때문이다"라는 점을 잘 이해했다.

예외상황으로서 전쟁은 이와 같이, 법에서 배제되어 있다는 의미에서 법의 외부에 있지만, 법의 권역 자체와 그 유효성이 법에 근거한다는 의미에서는 그 내부에도 있다. 수학의 집합론에 빗대어, 아감벤은 법과 예외상태의 관계를 '함합적 배제(含合的 排除, subsumptive exclusion)'라고 한다. 이러한 함합적 배제에 의해 전쟁 수행자인 병사들은 그들 자신의 조에가 발가벗겨져서 문자 그대로 '법외적' 상황으로 추방되고, 또 그러한 것에 의해 법의 전제로서 법의 내부에도 존재하는 것이 된다. 즉 종교적·미적·도덕적 등등의 다른 영역을 참고하지 않고도, 그들은 법을 준거로 하는 공동체 일원으로서 여전히 '우리'에 속해 있다. 그리하여 예외상태에 노출되는 '존재적 의의'는 '투쟁적 결속'과 표리일체를 이루게 된다. 그 호전적이고 실존주의적 울림에도 불구하고, 이러한 슈미트식 용어에는 법학적인 근거가 부여되어 있다.

이제 남겨진 문제는 하나다. 그것은 누가 선전포고를 하는가라는 것이다. 병사들을 합법적으로 법적 상태에서 배제해서 그들을 무법적인 상태로 이끌고, 그와 동시에 법의 권역 그 자체를 설정하는 것은 도대체 누구인가? 이 물음에 대한 슈미트의 답은 바로 그것이 주권자라는 것이다. 슈미트의 주권론만큼 법학에서 예외를 오히려 법보다 훨씬 더 고위(高位)의 것으로 인정하는 이론은 없을 것이다. 왜냐하면, 슈미트에 따르면, 주권에 의한 예외화에서 문제가 되는 것은 법적 규범이 가지는 효력의 가능성의 조건 그 자체이고, 또 국가 권위의 의미 그 자체이기 때문이다. 주권자는 예외상태를 통해서 상황을 창조하고 보증한다. 법적 권리는 스스로가 효력을 가지기 위해서 이러한 상황을 필요로 한다. '예외상황에 관한 결정'은 이러한 '예외화'이다. 즉 그것은 주권자에 의한 정치적 작위의 산물이다. 정치적인 것의 가장 순수한 발로로서의 '예외상황'은 당연하지만 소여의 상황은 아니고, 주권의 발동/결정에 의해서 그와 같은 것으로서 선고된 것이다.

그렇지만 이 답은 크고 작은 다른 문제들을 계속 낳을 것이다. 즉 주권자란 누구인가라는 물음이다. "주권자란 예외상황에 관해 결정을 하는 자이다"라고 하는 경우, 결정을 내리는 주권자란 누구인가? 그의 실제 정치적 입장에도 불구하고, 슈미트의 이론에서는 적어도 그것이 국가사회주의 도이치 노동자당 당수를 의미하는 것은 아니었다. 오히려 동지와 적의 구별을 국민 자신이 결정해야 한다는 점에서 보면, 동지와 적의 구별이 바로 주권이라고 할 수 있다. 바로 법을 집행하는 자도, 법을 적용받는 자도 '국민 자신'이듯이, '국민 자신'이 동지와 적을 준별한다. 따라서 예외상황을 예외상황으로서 '결정'하고, 스스로 준거하는 법의 권역을 획정하며, 적어도 스스로를 '법적이 아닌' 상황으로, 여기에서 하이데거의 은어를 사용한다면 '존재기획'해서 '존재적 의의'를 자각하는 것이다. 그렇게 해서 오늘날 '주권재민'의 개념은 슈미트에 의해서 저주받게 된다.

그러나 '별개의 문제'는 여기에서 끝나지 않는다. 슈미트는 '누가(Wer)'가 아니고, '무엇에 의해서(mit Was)' 예외상황이 만들어진다고 보았을까? 경제적 이해에 따라 전쟁이 일어난다는 상식적 답을 슈미트는 상정할 수 없었다. 앞에서 살펴보았듯이, 그는 경제적인 동기에서 수행되는 전쟁 등은 모순이라고까지 말하며 '정치적인 것'을 다른 영역에서 완전히 차단해 버렸기 때문이다. 동지와 적의 대립이 정치적이라는 의미는 그 외의 어떠한 것도 정치가 될 수 없다는 뜻이다. 아감벤의 해석이 보여주었듯이 '예외상황'이 주권자에 의한 예외화/결정 그 자체라면, 그러한 예외화/결정을 주권자가 정치적 작위로 하기 위한 근거는 무엇인가? 슈미트의 답은 경악스러울 만하다.

규범적으로 보면, 결정은 무에서 생기는 것이다. 결정의 법적 효력은 논증의 결과와는 별개다. 규범의 적용은 사전적으로 결정되어 있는 것이 아니라, 귀속적 방법으로, 즉 결과에 의해서 무엇이 규범이고 무엇이 규범적 정당성인가가 정해진다.[22]

예외화의 주체가 '국민 자신'인 이상, 실제로 선전포고하는 권력자 개인도 '조에'를 벌거벗기게끔 하는 '결정'을 내려서는 안 된다. 주권자에 의한 주권의 발동은 '벌거벗은 생명' 이외의 인간 생명을 남기지 않는다. 따라서 주권자가 결정을 내리는 참조점은 예외화/결정이 되는 바로 그 시점에서, 이미 어디에도 없는 것이다. 그러므로 그러한 결정의 근거는 없다. 그것은 마치 기적과 같이 하늘에서 내려오는 것 같다. 슈미트가 자신의 주권론에 대해서 붙인 이름이 "정치신학"인 것은 이 때문이다. 이러한 맥락에서 보면, 아감벤이 슈미트의 정치신학을 부정신학(不定神學, apophatike theologia)[23]의 일종이라고 보았던 것은 옳다고 하겠다.

이러한 부정신학의 반대편에 있는 것이 긍정신학인데, 이것이 통

22 Carl Schmitt(田中浩/原田武雄 訳),『政治神学』, 未來社, 1989, 44쪽 참고.

상적인 실정신학이다. 실정신학은 신(神)에 관해서, 이미 규정되어 있는 이것 또는 저것 또는 제3의 길을 창도하고 긍정하지만, 부정신학(내지 신비신학)은 "…도 아니고, …도 아니다"에 의해서, 주사(主辭)를 어떠한 적극적인 서술로 기술하는 빈사화(賓辭化)도 부정하고, 오로지 모든 것을 부정하여, 말하자면 허공에 떠 있는 것처럼 만든다. 부정신학도 하나의 신학이므로 신학 밖에 있는 것이 아니다. 자세히 보면, 신학이 일반적으로 가능하다는 것을 기초하는 원칙으로서 기능한다. 신성은 온갖 빈사(賓辭)의 밖에 존속하는 것으로서 부정적으로 전제되기 때문에 이런저런 빈사화의 주체가 될 수 있다. 마찬가지로, 실정법의 효력이 예외상황에 있어서 공중에 뜨기 때문에, 예외상태는 통상의 사례를 예외상태 자체 효력의 영역으로 정의할 수 있다.

주권의 발동을 제어하는 것도, 그 발동의 시비에 대해서 재단할 수 있는 것도 존재하지 않는다. 신조차 관여할 수 없는 주권의 초월적 부정성이 슈미트 정치신학의 기초이다. 세속화된 세계의 극복으로 투사된 '벌거벗은 생명'이 반전하여 신도 능가하는 신성을 띠게 된다. 주권자는 바로 진정한 의미의 '성스러운 인간(homo sacer)'으로서 자리매김하는 것이다.

23 '부정신학'이란 크리스트교 신학에서 신을 논할 때 사용된 방법론 중 하나로서 신은 인간이 사유할 수 있는 어떤 개념에도 해당되지 않는, 즉 일체의 술어를 넘어선 것이라고 하여, '신은 ~이 아니다'라는 부정 표현으로만 신의 본질을 말하려고 시도한다. 이 방법론을 '부정의 길(via negativa)'이라고도 한다. 이는 신을 논의함에 있어서 만물의 원인이자 만물을 초월하는 신은 모든 이론, 논리, 개념, 긍정과 부정의 이원성에 얽매이지 않고 유한하지 않다는 부정적인 논법을 사용하는 신학방법론을 말한다.

강제수용소로서
국가

아감벤의 고찰이 주는 매력 포인트는 주권자인 '국민 자신'과 법, 즉 '국가'의 관계가 어떠한지를 선명하게 보여주었다는 점에 있다. 2001년의 이른바 9·11 테러 이후 아메리카합주국 관할 관타나모(Guantanamo) 수용소나 이라크의 아부 그레이브(Abu Ghraib) 교도소에서 일어난 사건은 무법지대라고도, 그렇다고 법의 권역 내라고도 판별하기 어려운 '수용소'라는 영역을 근대 이래의 주권국가가 필연적으로 만들 수밖에 없었다는 사실을 분명하게 했다. 전시가 아니라도, 법의 내부이기도 하고 외부이기도 한 '벌거벗은 생명'은 실제로 우리가 우연히 직면하는 현실 그 자체다. 많은 이가 그러한 현실이 최근에 점점 첨예화되어 간다고 느끼고 있다.

우리의 정치는 오늘날, 삶의 가치밖에 알지 못한다. 따라서 이것에 반하는 다른 가치는 알지 못한다. 여기에 포함된 모순이 해결되지 않는 한, 벌거벗은 생명에 관한 결정을 최고의 판단기준으로 하였던 나치즘과 파시즘은 오늘날에도 여전히 계속 살아 있다. 그러나 기묘한 것은 슈미트가 준비했던 무대장치에서 아감벤이 떠나려고 하지 않는 것 같다는 점이다.

근대 민주주의의 특징을 (고대)그리스 시대의 민주주의와 비교해서 규정한다면, 그것은 근대민주주의가 처음부터 '조에'의 권리요구 및 개방으로서의 모습을 나타낸다는 것이다. 또한 근대민주주의는 항상 벌거벗은 생명 그 자체를 삶의 형식으로, 변용시켜서 말하자면 '조에'의 '비오스'를 찾으려 한다. 여기에서 다시 근대민주주의 특유의 난국(aporia)이 생긴다. 인간의 예속을 표시했던 곳 그 자체, 즉 벌거벗은 생명에 인간의 자유와 행복을 건다고 하는 것이 그 난국이다. 여기에서 아감벤은, 슈미트가 말하듯이 국가권력은 민주주의가 인민의 삶의 동질성을 전제하는 것처럼 보이게 한다고 보았다.[24] 또한 미셸 푸코(Michel Foucault, 1926~1984)는 근대정치란 벌거벗은 생명의 관리와 조작을 권력의 자기조직화를 위한 유일한 근거로 만드는 생명정치(生政治)에 수렴되어 간다고 말했다.[25]

민주주의와 전체주의가 내부 깊은 곳에서 서로 연대한다는 주제는 물론 양자의 역사와 그 적대를 특징짓는 심대한 차이를 청산하여 평평하게 하는 역사기술적인 테제는 아니다. 이 테제는 그것 본래의 역사적-철학적 평면 위에서는 분명하게 유지되어야 한다. 그러나 이와 같은 주장은 지당할까? 생명 이외의 가치를 모르는 우리에게, '민주주의와 전체주의가 깊은 곳에서 연대한다는 테제'를 지금 새삼 제출하는 것에, 일단은 그만큼의 의미를 인정할 수 있을 것이다. 애초에 전체주의와 연대하는 '민주주의'라는 것이 아감벤에게 정확히 무엇이었는지는 불확실하다. 하지만 그가 '민주주의=전체주의=근대정치'라는 등식을 법학적 관점에서 보는 주권의 양의적 성질 혹은 벌거벗은 생명의 조직화라는 하나의 점에서만 성립시키려는 것이라면, 성급하다는 느낌을 지울 수 없다. 무엇보다 그러한

24 Giorgio Agamben(박진우 옮김), 앞의 책, 「1. 주권의 논리」(53~152쪽) 참고.

25 위의 책, 「3. 근대생명정치의 패러다임으로서의 수용소」(233~353쪽) 참고.

등식이 생명 이외의 가치를 모르는 우리의 상황, 법적·정치적 상황을 개선하기 위한 방도를 제시할 수는 없을 것이다.

슈미트의 주권 개념은 누구라도 살아 있는 것이 불가사의할 정도로 '예외상황'이었던 프랑스의 정치 상황하에서 보댕이 제시한 주권 개념을 토대로 한다. 보댕이 주권론에서 의도했던 것은 주권자, 즉 국왕에 의한 죽음의 방지였던 것이 아닌가? 그러한 주권 개념을 더 추상화한 홉스의 경우에도, 주권은 '공포와의 쌍둥이'를 자칭한 그가 현실의 죽음과 파괴의 공포에 대한 대응으로서 고안하였던 이론적 픽션이지 푸코가 말하는 생명정치를 관철시키기 위한 제도론적 기반은 아니었다. 그들 뒤에, 주권의 발동이 현실에서 어떠한 방식으로 되었는가를 성찰하는 것은 확실히 불가결하다고 해도, 그 개념에 의해 기탁되었던 것은 생명의 관리라기보다는 오히려 죽음과 파괴의 관리였다는 점을 기억해 두어야 할 것이다. 국가폭력으로서 전쟁이라는 예외상황에서 주권에 의해서 죽음을 정당화하는 것은 주권과 양립할 수 없지 않은가? 국가폭력으로서 전쟁에 있어 국가란 죽음의 공포에 계속 노출된 인간에게 권리의 요구도 개방의 희망도 없는 수용소 그 자체이고, 인간이란 생과 사의 경계영역을 방황하는 존재일 뿐이다. 국가폭력이라는 예외상황에서 누구를 살해하지도 않고 또 누구에 의해서 살해되지도 않기 위해서는 진정한 민주주의에서 인정되는 '조에'로서의 인간의 권리요구 및 개방이 인정되어야 할 것이다.

5

순국자의 정신분석

순국자가 국가를 위해서 스스로 자기희생을 결의하는 것은 어떻게 가능한가? 개별 순국자는 마치 자진해서 용감하게 국가에 자신의 목숨을 헌사하듯이 죽음을 선택하게 되는데, 그 경우에 순국자의 정신은 어떠할까? 이를 정신분석론적 차원에서 간단히 고찰해 보기로 한다. 이에는 자기희생이라는 행위가 진정으로 자발적인지, 본질적으로는 강요된 것인지를 어떻게 판단할 수 있는가 하는 문제도 있다. 그리고 진정으로 자발적이었다고 해도, 그것을 긍정적으로 다루어야 하는가도 문제다.

국가를 위해서 자신을 포기한 사람은, 고대 그리스의 정치가 페리클레스(Perikles, BC 495?~BC 429)의 연설을 근거로 들 필요도 없이, 옛날부터 많은 경의를 받아왔다. 반면, 전쟁은 어떠한 명분이 있다 하더라도, 그것은 최고의 악이다. 무엇보다 무수한 무고한 사람들을 폐절(斃絶)시키는 것은 그 사정 여하를 불문하고 순수한 비극이고, 결코 반복되어서는 안 될 과오라는 주장도 많은 사람에게 공감을 얻어왔고, 앞으로 그러한 공감은 점점 커질 것이 확실하다. 이러한 입장에서 보면, 진정으로 국가를 위한 자발적인 자기희생은 있을 수 없다. 상황이 그렇게 만들었을 뿐이고 그것 이외의 선택지가 없기 때문에 감행된 것이다.

그러나 이와 같은 국가를 위한 자기희생에 관한 의론의 상반은 사실 그 정도로 실질적 의미가 있는 것은 아니다. 자기희생이란 어떠한 것도 목적 달성의 필요에 압박받지 않고서는 결단되는 것이 아니고, 애초에 다른 수단이 가능하다면 고려의 대상이 되는 것도 아니기 때문이다. 그래서 국가를 위해서 죽는 것, 즉 순국에 있어서 자발성의 진위를 묻는 것 자체가 의미가 없다. 물어야 한다면, '사람은 어떠한 상황에서 국가를 위해서 자기를 희생하는 것을 수용할 수밖에 없는가'라는 질문이 제기될 수 있다. 즉 '인간이 국가를 위해서 자기희생을 감수하게 되는 조건은 무엇인가?'라는 것이다. 이 물음에는 두 개의 출입구가 있다. 하나는 '국가가 스스로 어떠한 정통성을 부여해서 그 목적을 주장하는가'이고, 또 하나는 '자기희생의 주체가 그 목적을 달성하는 것을 왜 자기의 생명보다 중대하다고 인식하는가'이다. 이러한 문제에는 개별적·구체적인 사례에만 타당한 답밖에 할 수 없을 것이다. 그러한 사례를 일반적 이론의 테두리로 분석해서 일반화할 수 있는 가설을 구성하는 일은 가능하다. 그렇다 해도, 될 수 있는 한 전형적인 사례를 취하는 것이 바람직하다.

여기에서는 인간 정체성의 형성과정에 관한 연구로서 널리 공인되고 있는 아메리카합주국의 도이치계 정신분석학자인 에릭 홈부르거 에릭슨(Erik Homburger Erikson, 1902~1994)[26]의 연구내용을 간략히 소개하고자 한다. 에릭슨은 유아의 양육에 있어서 각 문화에서의 생활양식(lifestyle)이 가지는 의미와 관련해서, 청년기의 정체성 형성에서 부모 특히 모친의 역할과 그것에 관한 문화적 확신이 중요하다는 것을 밝혔다.[27] 그의 연구결과에 따르면, 자녀는 유아를 양육하는 부모를 통해 인간에 대한 신뢰감을 형성한다. 이는 부모가 유아의 개별적인 요구에 민감하게 응하여 양육하는 것에 의해서만 형성되는 것이 아니라, 그들 자신이 수행하는 양육이 그 자체로 그들이 속한 공동체의 문화적 생활양식으로서 사회 일반에게 신뢰받는 구조와 합치된다는 확신을 겸비할 때 제대로 된다는 것이다. 부모가 자식에게 신뢰감을 심어주는 것은 단순히 그들이 자식을 사랑하는 것뿐 아니라, 사회적으로 공유된 관념적 틀에 근거해서 올바른 양육을 한다는 확신이 있기 때문이라는 것이다. 그와 같은 확신은 모친에게 필요하다. 양육의 과정에서 양친은 금지와 허가에

26 에릭 홈부르거 에릭슨은 정신분석학의 창시자 지크문트 프로이트의 딸로서 아버지의 정신분석적 방법을 더욱더 확대해서 문화·사회와 관련지어 인간성의 형성에 관해 연구했는데, 인간 정체성의 문제와 관련해서 정신분석학적 자아심리학을 비약적으로 발전시켰다. 특히 청년기의 '정체성 위기' 해결방법 여하에 따라 역사의 양식이 되는 측면을 밝혀냈다.

27 Erik Homburger Erikson, *Childhood and Society,* New York: W. W. Norton & Company, 1950; *Toys and Reasons: Stages in the Ritualization of Experience,* New York, 1977 등 참고.

있어 안정된 방법으로 지도를 해야 할 뿐만 아니라, 자신들이 하는 것에 중요한 의미가 있다는, 완전히 신체적(somatic)이라고도 할 수 있을 정도의 깊은 확신을 자식에게 주어야 한다. 생활양식은 자식을 키우는 부모의 행위에 확신을 부여하는 준거기준이다. 에릭슨에 따르면 생활양식은 부모가 자식을 가지기 전부터 확립되었다는 것을 전제로 한다. 그렇다면, 이와 같이 확립된 전제는 행동에 관한 규율로서의 전통이라고 바꾸어 말해도 좋지 않을까 한다.

이에 대해서는 지크문트 프로이트(Sigmund Freud, 1856~1939)도 이미 긍정적으로 답했다.[28] 통상 양친이나 양친과 유사한 권위는 자식의 교육에 있어서 그들 자신의 초자아(Superego) 지도(指圖)에 따른다. 그런 점에서 자녀의 초자아는 양친의 자아를 모범으로 하여 애초부터 구축되어 있는 것이 아니라, 오히려 양친의 초자아를 모범으로 구축되어 가는 것이다. 초자아는 전통의 담당자로서 동일한 내용으로 채워진다. 즉 세대를 넘어서 계수되어 온 일체의 불변적인 가치의 담당자가 된다. 인류는 결코 현재에만 사는 것이 아니다. 초자아의 이데올로기 속에는 과거의 종족과 민족의 전통이 계속 살아 있다. 이러한 전통은 현대의 영향과 새로운 변화에 완만하게 양보한 전통이 초자아를 통하여 작동하고 계속 나아가는 한, 인간 생활에서 경제 관계에 좌우되지 않는 강력한 역할을 한다. '초자아'는 '자아', '이드(Id)'와 함께 주로 무의식의 영역에 존재하는 심리

28 Erik Homburger Erikson, *The Life Cycle Completed, extended version,* New York, 1998, p. 92.

적 기능이다. 초자아에 대해 프로이트는 '자기관찰과 양심과 이상(理想)의 기능'이라는 '역할'을 가진다고 설명한다. 초자아는 우리에게 모든 도덕적 제한의 대리인이고 완전화로 가려는 노력의 변호인이다. 간단히 말하면, 그것은 우리에게 심리분석에서 파악할 수 있는 이른바 자의식보다 더 높은 것이다. 프로이트는 초자아라는 전통적 가치의 보호기능이 무의식의 영역에 들어 있다는 점을 고려하면, 인간의 사회적 태도를 이해하는 데 중대한 조력을 얻을 수 있다고 강조한다. 그러나 우리가 당면한 문제는 생활양식 혹은 그 기초인 사회적 전통이 어떻게 초자아라는 개인 심층에 있는 기능의 존재방식을 좌우하는가 하는 것이다. 에릭슨은 인간이 어떻게 자신이 속한 문화에 동화해서 '명확한 공동체적 동일성 감각(a distinct sense of corporate identity)'을 발달시키는지에 대해 유로크족(the Yurok)에 관한 실제의 관찰사례를 들어 논한다.[29]

의식화는 대부분 단순히 어떠한 일을 제대로 하는 유일한 방법으로 감득되는 것으로, 그로써 주로 무의식 영역에서 자아의 '시공정립(orientation in space and time)'의 경향성과 사회에 있어 지배적인 세계관과의 사이를 연계한다. 의식화의 영향은 사회적으로 요청되는 바와 같은 환상이 개인에게 나타날 정도로 깊게 내면에까지 도달했다. 이와 같이 유아기에 시작하는 여러 가지 의식화 과정의 하나하나는 초자아가 사회적 전통과 생활양식에 근거하여 형성되어

29 유로크족은 캘리포니아주의 클라머스강(Klamath River)이 태평양으로 유입하는 입구 지역에 거주하는 북아메리카인디언이다. 이에 관한 자세한 것은 Erik Homburger Erikson, *Toys and Reasons: Stages in the Ritualization of Experience,* New York, 1977 참고.

가는 구체적인 장면이라고 생각할 수 있겠다. 프로이트가 말하는 심리적으로 파악 가능한 인간생활에 있어 이른바 보다 높은 것은 그 사회가 유지해 온 전통과 생활양식에 기초한, 유아기부터의 교육과 예절[30]에 의해 형성되어 간다. 어린이를 키우는 양친이 금지와 허가에 의한 안정된 지도방법을 취해야 할 뿐만 아니라, 자신들이 하는 행위의 중요성에 대한 깊은 확신을 자식에게 보여주어야 하는 것은 이를 통해 비로소 그 자녀가 무의식의 영역에 '보다 높은 것'을 거주하게 하여 명확한 공동체적 동일성 감각을 발달시켜 집단의 일원으로서 충분히 살아가도록 할 수 있기 때문이다. 일상생활에 있어서 여러 가지 의식화는 무의식의 영역에 이르기까지 인간을 자신이 속하는 문화에 동화하게 하고 공동체적 동일성 감각을 몸에 익히게 하는 기제(Mechanismus)로서 기능한다.

그렇다면 그와 같이 체화(體化)된 공동체적 동일성 감각이 개별 구성원의 행동에 어떻게 작동할까? 동일성 감각은 자신이 '나'답다고 하는 감각과 '나'다운 자신은 중요한, 즉 생면부지의 타인이 아닌, 타자와 안정된 관계에 있다고 하는 감각이 상호의존적으로 양립하는 것이다. 에릭슨에 따르면 동일성 감각은 '자신답다(being one's self)'고 하는 감각이고, '만사가 올바른 상태에 있다(being all right)', '타인이 [자신에 대해서] 가장 호의적일 때 기대할 만한 존재다'라고 느끼는 감각이다.[31] 이러한 감각은 인간의 생물적 욕구의

30 일본에서는 '예절을 가르친다'는 뜻으로 몸 '身'+아름다울 '美'를 합해서 '躾(しつけ)'라는 새로운 한자를 만들었는데, 이것은 '몸을 아름답게 한다'라는 뜻으로 잘 표현한 것 같다.

전부를 대변하는 무의식(Es, Id)과 '모든 도덕적 제한의 대리인'인 '초자아(ÜberIch, superego)'의 상반되는 요구가 자아에 의해 통합되는 바람직한 상태가 의식의 영역에 기분으로서 반영된 것이다.

이러한 동일성 감각이 상보적으로 공유되어서, 즉 구성원이 서로를 '중요한 타자'라고 느끼고 이러한 감정의 공유 위에 동일성 감각을 획득함으로써 '나(Ich)'가 '우리(Wir)'의 불가분의 일부라는 공동체적 동일성 감각이 가능해진다. 인간은 태어나면서부터 어미(母)와 자녀(子) 사이에 얼굴을 마주 보고 이름을 불러 서로에게 특별한 의미를 주는 상호적인 인지와 같이 항상적인 상호 긍정과 인증을 서로 얻는 것(affirmation and certification)이 필요한데, 의식화에 따른 공동체적 동일성 감각의 획득이 이러한 본성적 욕구를 충족시킨 것은 말할 필요도 없다.[32]

만사가 제대로 되어 가는 유일한 방식으로서 감득되는 것을 수용하는 것은 인간의 내발적인 욕구이고, 그 집단의 행동규범과 가치기준에 따르는 것은 자신이 '올바른 상태에 있다'고 느끼는 감각을 만들어 낸다. 이 느낌은 동시에 이 행동규범과 가치기준을 공유하지 않은 집단에 대한 어떠한 위화감(a sense of irreversible difference)을 느끼게 하고, 상황에 따라서는 자기집단의 우월을 확신하기에 이르기도 한다. 이러한 감정이 '의사종분화(pseudospeciation)'다. 인간

31 Erik Homburger Erikson, *Childhood and Society,* New York, 1950, p. 35.

32 Erik Homburger Erikson, *Toys and Reasons: Stages in the Ritualization of Experience,* New York, 1977, pp. 87-88.

의 집단 내적인 충성이라는 형태로 이를 나타내면, 부족이나 국민으로서, 혹은 신조, 계급, 이데올로기에 따라 선별된 존재라는 특별한 감각은 시민으로서 행동이나 용기, 공예에 있어 최고의 업적을 만들어 낸다. 또한 이전에는 실제로 서로 반목하던 자들을, 이를테면 크리스트교적 인인애(隣人愛)와 같이, 새로운 충성심 속에서 일치할 수 있게 한다. 이에 반하여 집단의 '밖(外部)'에 대한 새로운 적의라는 형태는 철저한 증오와 병적 공포감에 의한 기피 혹은 지나친 편협성이라는 다양한 표현방식을 취할 것이다.

일상생활에서 반복되는 의식화는 개별 인간 중에서 공동체적 동일성을 만들어 내고, 그 감각은 집단 외부에 대한 적의나 모멸감을 만들어 낼 가능성이 있다. 동시에 자신이 속해 있는 집단에 대한 자부심에 찬 충성심을 낳을 수 있고, 집단의 결속을 높일 수도 있다. 이렇게 보면, 의식화가 의사종분화를 매개로 국가의 교육이나 선전을 수용하는 인간의 심리적 기제의 적어도 일부를 이루는 것은 분명하다. 그러나 지금까지 살펴본 의론은 집단 속에 태어난 인간이 어떻게 해서 충분한 자격을 가진 구성원으로서 동일성을 획득하는가 하는 것이다. 바꿔 말하면, 그것은 해병대 특공대원이 어떻게 해서 일상의 생활공간에서 '대한의 진짜 사나이'가 되기 위한 감수성을 얻는가를 이해하기 위한 일반적인 구조를 제공한다. 이 의론에서는 국가의 교육과 선전이 그의 일상공간의 존재방식에 영향을 줄 수 있었던 실마리를 고찰하기 위한 이론적 틀은 논하지 않는다. 즉 그의 일상공간을 둘러싸고 있던 국가의 통치체제가 그 일상공간의 존재방식을 어떻게 해서 규정할 수 있었는가 하는 의문을 이해하기 위한 구조는 지금까지의 논의만으로는 떠오르지 않는다.

리비도적 동일화의 욕구로서 애국

인간이 특정 집단에 귀속한다는 것은 어떠한 의미를 가질까? 또한 집단의 응집력은 어떻게 형성될까? 이 질문에 대한 답은 '집단심리학과 자아의 분석(Massenpsychologie und Ich-Analyse)'에서 프로이트가 제시한다. 그에 따르면, 사람들의 단순한 무리가 단체인 것은 아니지만 지도자 등에 의한 무리 내부를 리비도(libido)[33]적으로 응집시키면 정서적 단체가 형성된다.[34] 리비도는 중요한 생활상의 욕구 충족에 수반해서 그것에 관여하는 사람을 그 최초의 대상으로 선택

33 '리비도(libido)'는 보통 말하는 성욕보다 넓은 개념이다. 프로이트는 리비도가 사춘기에 갑자기 나타나는 것이 아니라 태어나면서부터 서서히 발달한다고 생각했다. 성 본능은 구순기(口脣期)·항문기(肛門期)를 통해 발달하다가 5세경 절정에 이른 후 억압을 받아 잠재기에 이르고, 사춘기에 다시 성욕으로 나타난다고 한다. 그러나 리비도는 중도에 발달이 중지되기도 하고(固着), 완전히 발달했다가 거꾸로 되돌아가는 경우도 있다(退行). 이상성욕이나 신경증(神經症)이 이에 속한다. 또한 리비도는 대상에 주입(注入)되어 축적되는데, 이러한 리비도를 대상(對象) 리비도라고 한다. 우정, 부자간의 정, 연애 같은 것이 이에 속한다. 그리고 자아(自我)에게 주입된 리비도를 자아 리비도 또는 나르시시즘적 리비도라 한다. 자기의 건강상태를 이상스러울 정도로 걱정하는 상태, 말하자면 심기증(心氣症) 같은 것이 그것이다. 리비도가 충족되기를 바라다가 충족되지 않을 때는 불안으로 변한다. 리비도는 승화되어 정신활동의 에너지가 되기도 한다. 프로이트는 처음에 리비도를 자기보존 본능과 대립되는 것으로 보았으나, 나중에는 이 둘을 결합해 에로스(영원의 결합을 구하는 본능)라고 하며 죽음의 본능, 즉 삶을 파괴하려는 본능과 대립시켰다.

한다. 그리고 개인의 경우와 마찬가지로 '전 인류의 발전에서도 사랑만이 이기주의에서 이타주의로 전환을 가져오는 문화적 요인이다'라고 보충한다. 리비도에 의해서 정서적으로 깊게 결합된 집단 내에서 인간은 타자에 대한 공격적인 태도에 결부되는 자기에 대한 애정, 즉 나르시시즘(narcissism)을 제한할 수 있다는 점에서 집단 형성의 본질은 집단의 구성원 상호 새로운 리비도적 결합 속에 있음을 알 수 있다.

프로이트는 이러한 리비도적 결합이 어떻게 해서 집단의 응집력을 만들어 내는가를 보여주기 위해 가톨릭교회와 군대를 예로 든다. 양자는 모두 집단이 해체되지 않도록 유지하기 위해, 또 그 구조에 변화를 초래하지 않도록 어떠한 외면적인 강제를 쓸 수 있는 인위적 집단의 전형으로서 다루어진다. 양자는 그것 이외에는 크게 다르지만, 집단의 모든 개인을 한결같이 사랑하는 우두머리가 있다고 하는 동일한 환혹 또는 환상이 통용된다. 그 우두머리란 가톨릭교회에는 조직적 차원에서 교황이며, 영적 차원에서는 크리스트이고, 군대에서는 사령관이다. 만사는 이러한 환상에 관련되어 있고, 이것이 사라지면 외면적인 강제가 그것에 미치는 한 크리스트교 교회나 군대는 붕괴할 것이다. 크리스트교 교회에서 이러한 평등한 사랑은 크리스트가 주창한 것이다. 개인, 즉 이웃을 향한 모든 요구는 크리스트의 이러한 사랑에서 생긴다. 크리스트 교회공동체

34 이에 관한 자세한 것은 Freud(小此木啓吾 譯),「集團心理學と自我の分析」, Freud, 著作集, 제6권, 人文書院, 1970, 212쪽 이하 참고.

에서 인간 평등이라는 민주적인 모습은 교회를 관통하고 있다. 크리스트 앞에서 만인이 평등하고, 만인은 균등하게 사랑받기 때문이다. 신도들이 크리스트에 있어서 형제, 즉 크리스트가 베푸는 사랑에 의한 형제라고 함께 부르는 것에는 이와 같은 깊은 뿌리가 있다. 크리스트에 대한 개인의 지향 및 크리스트와 개인의 결합이 개인들 상호 결합의 원인이기도 하다는 것은 의심할 여지가 없다. 군대도 마찬가지로 말할 수 있다. 사령관은 그들의 병사에게 사랑하는 부친(父親)이고, 그러므로 병사는 서로 전우이다. 이와 같은 분석에서 프로이트는 일반적인 원칙을 끌어낸다. 즉 개인은 한편으로 지도자에게, 다른 한편 집단 속의 다른 개인에게 리비도적으로 결합되어 있고, 게다가 위계가 있는 집단에 있어서는 그 위계의 최고지도자와 그 구성원의 수직적인 결합은 적어도 집단 내 개인들끼리의 수평적 결합보다도 훨씬 결정적이다. 그래서 제1차 세계대전 때 도이치 군부대에서는 상관이 병사에게 애정 없이 대한 결과 전쟁신경증이 다발해서 도이치 군대가 파괴되었다고 한다. 지도자와의 결합이 없어지면 보통은 집단 내 개인 간의 결합도, 그 개인이 자기 일을 우선시하여 배려하는 결과도 마찬가지로 사라진다.

그러면 지도자와 개인을 연결하는 리비도적 유대는 어떻게 해서 구성원들을 결합하는 유대로 이어질 수 있을까? 개별 구성원을 지도자에게 연결하는 유대는 본질적으로 '홀림(恍惚, Bezauberung, 매혹)'이라고 프로이트는 말한다. 일반적으로 황홀은 성적 만족을 목표로 하는 성충동에 따라 상대방을 찾는 행위로서 통상 남녀 사이의 감각적 사랑을 말한다. 그러나 여기에서 프로이트가 말하는 '홀림'

이란 그것이 복잡하게 골절된 것을 가리킨다. 바로 양친을 향한 유아의 성적 충동이 억압되어 '정애적(情愛的)'이라는 감정으로 변하듯이 상대방에 대한 성충동의 달성이 불가능한 경우에 대상화된 상대방을 자신의 자아와 동일하게 취급해서 '나르시시즘적 리비도'를 대량으로 주입해 버린다. 이러한 경우에 대상화된 상대방을 사랑하는 것은 자신의 자아를 위해서 획득하려고 노력했던 자아 이상 실현의 완성을 위함이며, 이러한 우회로를 지나 나르시시즘적인 만족을 위해서 이러한 완성을 얻고자 한 것이다. 프로이트는 이와 같은 상태가 항진되면 직접적인 성적 만족을 겨냥하는 추구는 완전해진다고 보았다. 젊은이의 열광적인 사랑을 예로 들 수 있듯이, 자아는 점점 무욕으로 진정되어 대상은 극도로 이상화(Idealisierung)되어 점점 멋지고 고귀한 것으로 생각되고, 최후에 그 대상은 자아의 나르시시즘의 모든 것을 소유하는 것처럼 되어, 그 결과 자아의 자기희생이 당연한 결과로 일어나게 된다. 이처럼 극도에 달한 '황홀(홀림)'은 '추상적 이념에 대한 승화된 헌신'과 구별되지 않는다. 홀림의 대상은 자아 이상의 대용물이었던 것이다.

이에 대해 구성원들을 묶어 매는 리비도적 결합은 본질적으로는 '동일화(Identifizierung)'다. '동일화'에 대해 프로이트는 다음과 같이 설명한다. 아이가 부친에 대해 특별한 관심을 나타내는 것은 자신도 부친과 같아지기를 바라고, 또 그렇게 되고자 하는 데서 비롯된다. 모든 점에서 부친의 대체물이 되고자 한다는 의미의 관심이다. 동일화는 무의식 영역에 있는 복잡한 기제인데, '모범으로 간주되는 타아와 유사하게 자아를 형성'하려는 '노력'은 확실하다. 집단이 형성될 때 이러한 동일화는 애정을 표현하는 계기로서 기능한다. 프로이트는 그에 대해 다음과 같이 기술한다. 즉 무의식 영역에서 동일화로 가는 길은 대상으로서 선택된 상대의 모방을 거쳐서 의식 영역에 있어서 감정이입으로, 결국 그것에 의해서 일반적으로 타인의 정신생활에 관심을 가지는 기제에 대한 이해로 통한다. 이에 실제로 나타나는 동일화라는 현상은 사람이 자신과 동일화하는 대상이 되었던 인물에 대한 공격을 제한하고, 그 인물을 아낀다든가 그를 돕는 결과를 가져온다. 무의식 영역에서 동일화는 의식의 영역에 반영해서 타자에 대한 감정이입을 가능하게 한다.

그러면 집단 형성에 있어서 동일화는 도대체 어떻게 가능하게 되는가? 프로이트는 한 사람의 자아가 타인의 자아와 어떠한 중요한 유사점을 찾았을 때 동일화가 형성된다고 보았다. 이러한 공동성이 중대하면 중대할수록 그 부분적인 동일화는 점점 효과가 상승할 뿐만 아니라, 새로운 결합의 단서에 부합하게 된다. 이러한 동일화와, 앞에서 이미 언급한 극도로 발전한 홀림은 명확히 다르다. 동일화의 경우에 자아는 대상의 특성에 의해 자기를 풍부하게 하는 것이고, 그 특성을 모방해서 자기 자신에게 주입하는 것이다. 인간에게 홀림이란 자아(自我)가 빈약하게 되어 특정한 대상에게 자신 자신을 바쳐서 그 대상을 자기의 가장 중요한 부분으로 대체하는 현상이다. 집단 내에서 구성원은 서로에게 유사한 행동을 취하게 된다. 그 유사는 지도자에 대한 태도까지도 영향을 미칠 것이다. 이리하여 동일화의 실마리(Faden)가 되는 유사가 동일한 지도자에 대한 '극도로 발전한 홀림'이라고 한다면, 그것은 지도자를 추종하는 개개인이 동일한 행동양식을 취하게 만들고 각 개인의 무의식 영역에까지 영향을 미쳐서 서로 깊은 정서적인 결합까지 하도록 만든다. 그 결과, 그러한 개인들은 하나의 분화되지 않은 조직과 같은 집단이 된다. 이처럼 심리적으로 분화되어 있지 않은 집단이란 무의식 영역에서 하나의 동일한 대상을 초자아로 만들어 서로 간의 자아가 동일화하는 개체들의 모임이다. 이러한 모임에서는 지도자와 개인을 결합하는 수직적 유대가 생기고 그 유대는 구성원들 간의 수평적인 유대로 이어진다.

위와 같은 프로이트의 주장을 받아들인다면, 집단의 응집성을 만들어 내는 것은 무의식 영역의 리비도적 결합이다. 이러한 결합은 구성원을 초월해서 구성원을 평등하게 사랑하는 것을 표방하는 지도자의 존재에 의해서 유지된다. 프로이트에 따르면 서로에게 자아의 무의식 영역에서 동일시하는 다수의 동등한 자와 그들 모두 위에 우월적 존재로 군림하는 한 명이 있는 집단이 현실적으로 존재하는 상황이다. 이것이 앞에서 언급한 베네딕트 앤더슨이 말하는 구성원에 의한 '상상의 공동체(imagined community)'로서의 민족의 모습을 방불하게 되는 것은 말할 필요도 없다. 번거로움을 마다하지 않고 그것은 공동체로서 상상된다. 여기서도 불평등과 착취가 실재함에도 민족 또는 국민은 항상 깊은 수평적인 동지적 결합, 즉 동지애(comradeship)로서 상상되기 때문이다. 앤더슨과 프로이트의 차이는 전자가 오로지 민족 또는 국민을 구성하는 구성원 간의 동지적 의식과 그 의식을 형성하는 사회사적 구조에 주목하는 데 반해, 후자는 일반적으로 집단 구성원 간의 동포의식을 지지하는 무의식적 구조에 주목하고 그 핵심에 공평한 초월적 지도자의 존재가 있다는 것을 지적한다는 점이다. 이러한 차이에도 불구하고 양자의 논의는 집단의 응집성을 만들어 내는 것이 구성원 간의 평등이라는 의식, 바꿔 말하면, 동포의식이라는 점에는 일치한다. 이러한 일치는 프로이트 이론이 민족 또는 국민이라는 집단에까지 적용될 수 있음을 시사한다. 이처럼 프로이트 이론의 유효범위를 확인한 다음에, 서로에게 동일화하는 다수의 동등한 자와 그들 모두에게 우월한 1인에 의해서 구성되는 집단을 국민의 규모로까지 확대한 것이다.

서로의 자아에 의해서 동일화하는 인간들 사이에 존재하는 상호간의 감정이입에 의한 친근감은 한 사람 한 사람에게 '우리'라는 강고한 일체감을 만들어 낸다. 분명히 이러한 일체감은 의식화와 의사종분화가 계속 작용하기 위한 전제를 이루고, 공동체적 동일성 감각의 획득에 의해서 항상적·상호적인 긍정과 인증을 부여하는 인간의 본성적 욕구를 발견할 수 있다. 그렇다면, 이러한 일체감을 공유하는 국민집단은 집단으로서의 '생생한 힘'을 가지는 동시에, 그것을 구성하는 개개인의 본원적 욕구를 충족한다고 말할 수 있다.

리비도적 동일화의 극단으로서 순국

프로이트의 정신분석론을 국가라는 단체에 적용해 보면, 국가란 서로에게 동일화된 다수의 동등한 자와 그들 위에 우월적으로 존재하는 1인에 의해서 구성된 단체(집단)이다. 생생한 힘이 있는 집단이 실현되는 상황은 아마 '국가'라는 집단에서도 실현될 것이다. 모든 사람 위에 군림하는 절대적 권력자 1인은 여기에서는 바로 의인화된 '국가'다. '국가'란 크리스트교에 있어서 하나님, 즉 예수 크리스트와 같이, 애국주의라는 종교의 절대적인 신앙적 대상이다. 국가의 내부를 채우는 일체감은 집단으로서의 생생한 힘을 부여하는 동시에, 여기에 사는 개별 인간의 본원적인 욕구를 만족시킨다. 정치적 지배권력과의 일체로서 파악된 민족국가는 그 구성원인 국민 한 사람 한 사람을 초월해 있는 존재이고, 그것을 위해서 자신을 희생하는 것은 자기를 완전하게 하기 위해 찬양되어야 할 행위다. 이와 같은 상황의 실재를 이해득실과 권리의무 관계에서 논하는 것은 의미가 없다. 그것은 무의식의 영역에 근거한 인간의 정동(情動)에 관련된 사상(事象)이기 때문이다. 바꿔 말하면 국가가 국민에게 자기희생을 요구할 수 있었던 것은 개개의 국민에게 제국이 그 심리적 욕구를 충족하는 존재였기 때문이다. 국민 개개인의 죽음은 무수히 유사한 죽음과 더불어 국가가 행한 무모한 전쟁과 같은 비극이다. 이것은 의심할 여지가 없다. 그러나 동시에 일단 전쟁이 일어나고 통상의 수단으로 만회할 수 없었던 상황에 도달했을 때 국가를 지키기 위해 생명을 던지는 것은 다수의 국민에게 자기의 본성적인 요구를 충족하는 수단이기도 하다. 국민이 서로 간의 동일화에 의해서 동포의식을 가지고, 그 동포 중에 군림하는 공평한 지도자를 가진 국가에서, 그 국가가 붕괴의 위기에 있을 때 국민이 자기를 돌아보지 않는 것은 단순히 사회적인 도덕률인 것뿐만 아니라, 각인의 심리적 욕구다.

초월적인 지도를 하든가, 그러한 지도자의 모습과 겹치는 이념을 가진 국가에서 국민 상호의 동일화가 진행되었다면, 다시 말해 명확한 이념하에 불가분의 일체를 구성하는 국민국가라면 순국은 항상 일어난다. 그러면 국가를 위해서 인간이 자기를 희생하는 비극은 인간의 본성적 욕구와 국가의 정책적 필요가 만나는 곳에서 일어나는 불가피한 사태라고 말할 수 있을까? 그렇다면 지금 또한 세계의 각지에서 되풀이되는 비극을 방관해야 하는가라는 근본적인 의문이 제기된다.

지식인의 사회적 역할이, 이를테면 미망(迷妄)이라는 어두움 속에서 보통 사람들이 절망과 체념을 하는 것을 방기하는 것이 되어서는 안 된다. 본래 타인을 위하는 척하면서 자신의 실속을 챙기고자 하는 얌체 같은 희망을 이야기하는 것은 허망하기 그지없다. 그런 것이 아니라, 여기에서 인간의 본성적 욕구와 국가의 정치적 필요를 잠시 떠나서 생각해 보기로 한다. 인간은 누구나 그 자아의 이상형을 주위 사회의 생활양식에 의해서 형성하고, 자기 동일성을 확립해 간다. 그 과정은, 인간이 사회 안에서 태어나기 때문에 끊임없이 자기 주위의 '중요한 의미를 가진 타자'와 서로 긍정하고, 그 타자로부터 인정(認定, Anerkennung)받고자 하는 본성적 욕구에 의해 지지되고 강화된다.[35] 여기에서 문제는 철이 들 때부터 끊임없이 인간의 자아 이상(理想)의 존재방식을 좌우하는 중요한 의미를 지니는 타자가 바로 국가이고, 그 '구성원으로서 국민(a part of the nation)'과 서로 겹친다는 것이다. 즉 개인이 공동체로서 국민의 구성분자가 되어 그것과의 합일의 경지에 있을 때 인간의 자아이상이 실현될 수 있다는 자기의식이 문제인 것이다. 태고에 신인류가 탄생한 이래, 인간은 집단 속에서 자기를 형성해 왔다. 왜 '중요한 의미를 가진 타자'로서 집단이 국민과 중첩되어야 하는가? 어째서 프로이트가 말하는 '상호의 자아에 의한 동일화'와 그것을 가능하게 하는 '지도자에 대한 홀림'이 일어나게 될까? 이것들은 일반적 '생생한 힘이 있는 집단'의 공통적인 특징이고, 국가의 것만은 아니다. 그러면 중요한 의미를 가진 타자로서 집단을 국민과는 다른 차원의 조직체로서 구성하는 것은 가능하지 않은가? 즉 '국민'이라는 집단을 일체화된 조직이 아니라, 몇몇 지역적인 집단의 이해관계의 연쇄로서 구성하는 가능성이 그것이다. 애국주의는 평소에 국가권력이 주도면밀하게 주입하는 온갖 상징 조작에 의해서 개인들이 걸려 있는 집단적 최면현상이다. 순국이란 이와 같은 리비도적 동일화(libidinale Identifizierung)로서 애국주의의 극단적 현상이라고 할 수 있다.

35 인정에 대한 이해를 위해 헤겔의 저서 『정신현상학(Phaenomenologie des Geistes)』(1806)의 「B. 자기의식」 편에 나오는 "인정투쟁(Anerkennungskampf)"을 떠올리면 좋을 것 같다. 인간의 자기의식의 발전과정에서 중요한 계기 중의 하나가 '욕구하는 자기의식'에서 '인정하는 자기의식'으로의 이행이다. 자기의식에 대하여 또 하나의 자기의식이 있다. 양자는 우선 직접적으로는 타자 대 타자의 관계에 있다. 자아는 그 타자가 나를 자립적인 가치로 인정해 주기를 의욕하며, 그가 나의 가치를 자신의 가치로 인정해 주기를 의욕한다. 여기에는 인정에 대한 욕구가 근저에 자리 잡고 있는 것이다. 인간의 자기인정의 욕구는 바로 투쟁으로 가시화된다. 이에 관해서는 Georg Wilhelm Friedrich Hegel, *Phaenomenologie des Geistes,* 1806(임석진 옮김, 『정신현상학 I』, 서울: 지식산업사, 1989. B 편) 참고.

전쟁 없는 세상을 위해 어떻게 저항할 것인가

"최선이 타락하면 최악이 된다(Corruptio optimi quae est pessima)."

_이반 일리치(Ivan Illich)

우리가 평화 속에서 살아가기 위해서 반드시 포기해야 할 것이 무엇이고, 또 꼭 성취해야 할 것이 무엇인가를 이제 심각하게 고민해야 한다. 좋은 전쟁 또는 나쁜 평화란 인류사에서 지금까지 있었던 적이 없다. 피(blood)로는 피를 씻을 수 없다. 비폭력이 모든 정치적·도덕적 문제들의 해답이다.

전쟁이란 국가권력자들이 민족의 통일, 정의의 구현 또는 영토의 방위 등등 그럴싸한 미명하에 자행하는 범죄행위에 불과하다. 전쟁은 정치(正治)로서 정치(政治)가 아니다. 그것은 국가권력자가 자신의 영락을 위해서 국민의 피와 땀을 파괴하는 최악의 범죄다. 인간이라면, 누구나 삶의 평화를 위해 단호히 전쟁 수행의 명령을 거부해야 한다. 그러나 세계 도처에서 벌어지는 전쟁은 사라질 기미가 보이지 않는다. 우크라이나와 러시아 간의 전쟁이 장기화될 조짐이 커지고 있다. 유대인과 아랍인 간에 새롭게 전개되었던 전쟁은 벌써 해를 넘겼다. 전쟁은 중동지역을 넘어서 제3차 세계대전으로 확대될 것 같기도 하다.

어떻게 하면 진정으로 평화로운 세상이 이루어질 수 있을까? 이 전쟁만 끝나면 평화로워질 것이라고 말하는 사람도 있을 것이다. 그러나 실제로는 인류 역사에서 전쟁이라는 거대한 폭력은 국가의 본성인 것처럼 끝이 없다. 전쟁이 사람들에게 주는 신체적·정신적 상처는 이루 다 말할 수 없이 크고, 전쟁이 또 다른 전쟁의 불씨가 되는 경우도 적지 않았다. 우리가 전쟁에 대한 걱정 없이 평화롭게 살아가려면 어떤 정치, 사회제도를 만들어야 할까? 아니 이것이 가능할 수나 있을까. 있다면, 어떻게 가능할까?

근대 이후 사람들을 전쟁으로 몰아가는 원동력 중 가장 큰 것이 내셔널리즘과 그 결과로서 애국주의라는 관념이다. 이들 관념의 존재는 전쟁의 큰 원동력이다. 그러나 지금까지 살펴보았듯이 국민과 민족이라는 공동체는 지배권력이 기획해서 만들어 낸 허구에 불과하다. 분쟁의 불씨는 타인의 정체성을 인정하지 않는 마음에 있다. 서유럽의 합리주의적 시각에서 보면, 현 단계에서 '민족'이란 비합리적인 것이다. 지금 전개되는 세계경제의 발전과 그 수준은 이미 민족국가의 테두리를 벗어났다. 아니 이미 그것을 파괴하고 있다. 그럼에도 '민족'이라는 요인은 여전히 글로벌 정치경제를 움직이는 힘으로 작용하고 있다. 그 힘은 점점 커지고 있다. 이러한 문제를 해소하기 위해서 서유럽과 북아메리카의 저명한 학자들이 선의의 지혜를 모아서 세계연방을 구성하는 시카고 플랜(Chicago plan)을 기획한 적이 있다.[1] 이 기획은 민족주권 존중의 원칙에 입각해서 세계의 평화로운 삶을 위해 국가 간 내정불간섭, 주권과 영토의 상호 존중, 침략 금지, 평화, 호혜평등이라는 평화 5원칙이 그 핵심이다. 그러나 현재 글로벌 정치경제를 장악한 국가들의 지배층들은 이에 전혀 동의하지 않았다.

설령 그것이 관념적이라고 하더라도, 현대 세계정치에서 민족운동과 민족주권은 확실히 생생하게 작용하는 요인이다. 따라서 이를 단순한 환상으로 치부할 수는 없다. 그러나 민족이 아시아·아프리카에는 살아 있다고 해도, 글로벌화를 외치는 제1세계에 속하는 사람들에게는 제국주의적 식민지 확장시대에 만들어진 낡은 관념에 불과한 것이 아닌지 부정적으로 검토되어야 할 것이다. 그렇다면 오늘날에도 민족주의는 정치생활의 원칙이 되어야 하는 가치와

1 시카고 플랜은 1933년 세계 대공황 이후 헨리 시몬스(Henry Simons), 가필드 콕스(Garfield Cox), 아론 디렉터(Aaron Director), 폴 더글라스(Paul Douglas), 앨버트 G. 하트(Albert G. Hart), 프랭크 나이트(Frank Knight), 로이드 민츠(Lloyd Mints), 헨리 슐츠(Henry Schultz) 등과 같은 이른바 시카고 학파의 경제학자 그룹이 제시한 통화 및 은행 개혁에 관한 프로그램이다. 이 기획은 세계적인 차원의 공공화폐 시스템(Public Money System)이다. 현재 우리는 채무화폐 시스템(Debt Money System)하에서 생활하고 있는데, 이러한 채무화폐 시스템은 지금까지 수 세기에 걸쳐 반복적으로 사회와 경제를 강타한 거품과 불황, 인플레이션과 디플레이션, 실업, 소득격차, 전쟁, 환경파괴 등과 같은 재난의 원흉이라고 한다. 게다가 불과 1%도 안 되는 인류에게 부가 집중되는 시스템이다. 이러한 고난으로부터 자유로워지기 위해서는 120%의 인류(미래세대 포함)가 행복해지도록 하는 경제시스템을 구축하는 것 외에는 다른 길이 없다. 그것이 바로 공공화폐 시스템(Public Money System)이다. 공공화폐 시스템에 따르면, 증세 없이도 정부의 채무는 완제할 수 있고, 금융위기나 그로부터 파생되는 불황, 실업, 소득격차도 해소할 수 있으며 지속 가능한 경제사회를 실현할 수 있다고 한다.

의의가 있는가?

한반도의 남쪽과 북쪽에서 지금까지 살아온 사람들이 동족, 즉 단일민족이므로 남쪽과 북쪽을 가르는 두 국가는 민족통일의 차원에서 하나로 되어야 한다고 주장하는 사람들이 많다. 한반도의 남쪽과 북쪽에서 지금까지 살아온 사람들이 정말 동일한 혈족일까? 설사 동일한 혈족이라고 하더라도, 혈족은 모두 반드시 하나의 국가권력 아래에서 살아야 하는가? 엄밀히 말하면, 지구상에 혈족으로서 동족(同族)국가란 존재하지도 않고, 존재할 수도 없는 것이 아닌가? 민족이란 권력집단에 의해서 만들어진 문화적·정치적 환상공동체에 불과한 것이 아닌가? 설령 동일한 혈족이라고 하더라도 그것이 우리에게 무슨 의미가 있는가? 단일민족국가란 더 많은 사람을 지배하기 위해 국가를 지배하는 권력자가 정치적으로 발명해서 만들어 낸 상상의 관념에 불과하지 않은가? 단일민족이라는 것은 현재 한반도에서는 전쟁의 가장 큰 요인이다.

대한민국에는 다양한 정체성의 그룹이 있고, 외국에 뿌리를 둔 사람도 많다. 대한민국이라는 나라에는 다양한 사람들이 함께 살고 있다. 성적 소수자나 장애인 등 많은 배경을 가진 사람들도 그렇지 않은 사람들과 더불어 살 수 있는 나라가 되어야 한다. 그럼에도 다수파 쪽에서는 소수자가 자신들을 따라야 한다고 외치면서 억압을 정당화한다. 저 사람들은 우리와는 다르다며, 누군가를 구별해서 내쫓고, 소수자의 다름을 무시한 채 다수파의 의견과 이익만을 밀어붙이는 것이 민주주의의 본령인 것처럼 내세우는 것은 아닌가?

특정한 이념을 지향하는 사람이라면, 누구나 자기 안에 핵심이 되는 신념, 즉 이념적 정체성을 가지고 있다. 그것 자체가 어떻게 자기 안에 형성되었는지에 대해 적어도 한 번쯤은 깊게 의심하고 살펴보는 것이 필요하다. 민족관, 국가관 등과 같이 개인이 당연하게 여기는 집단적 자기정체성이 현실의 국가적 권력정치에서 이용될 때 분쟁 내지 전쟁이 일어나기 때문이다. 이것은 크고 작은 거의 모든 분쟁에 공통적이라고 말할 수 있다. 이러한 시각의 연구를 심화시킴으로써 전쟁에 이르는 위험한 징후를 찾아내 조기에 경보를 울리게 하는 기제를 만들어 내고 싶다.

국가권력자들은 국가를 위해 죽는 것이 명예라고 치켜세우면서 국가를 위해 죽어간 젊은이들을 국립묘지에 모시고 매년 6월에 그들을 상기하고 기리도록 강요하지만, 그것이 죽은 자들에게 무슨 의미가 있는가? 이타적 국가권력이란 존재하지 않는다. 지배자들은 기껏해야, 자기를 위해서 죽은 자들의 충성을 칭송할 뿐이다. 전쟁은 절대악(絶對惡)이다. 절대악을 저지르는 국가권력의 범죄행위에 관여해서는 안 된다. 절대악을 강요하는 국가권력을 위해 죽기를 거부해야 한다. 자연사가 아닌 한, 타살(他殺)에 해당하는 순국이라는 죽음도 '개죽음(犬死, Hundischer Tod)'일 뿐이다. '국가를 위해서 죽어라!'라고 강요하고 강제하는 것은 살인의 교사이자 살인행위 자체가 아닌가? 권력자에 대한 지식인의 아부, 그리고 인정에 굶주린 우매한 민중에 대한 권력자와 지식인의 합작(合作)적 착취, 허위 그리고 기만이 아닌가? 국가를 위해서 죽는다고 할 때 국가란 무엇인가? 여기에서 국가란 관념일 뿐이다. 어떠한 전쟁에서도 국가권력자가 스스로 전장에 나가서 국가를 위해서 죽은 적은 한 번도 없었다. 따라서 국가권력자를 위해서 죽음을 강요받는 것을 거부해야 하지 않는가?

평화를 위한 전쟁이 있을 수 있는가? 그것은 새빨간 거짓말이다. 만약 그런 전쟁이 있다면, 그것은 마지막 전쟁이 될 것이다. 그런 전쟁은 존재할 수 없다. 그렇다면 전쟁이란 인간의 의무이자 운명이란 말인가?

사회적 동물인 인간에게 악(惡)이란 관계의 해체다. 전쟁이란 바로 관계 해체의 최악의 형태이다. 지금 세계 곳곳에서는 가장 기본적인 관계가 해체되어 전쟁으로 치닫고 있다. 관계의 해체를 막아야 할 정치가 오히려 그것을 조장하는 것이다. 이것은 한반도의 경우도 예외가 아니다. 우리는 지금 정치적 지도력의 위기 시대에 살고 있다. 정치란 무엇인가? 같은 무리 중 어느 쪽의 잘잘못을 따져 책임을 추궁하자는 것이 아니다. 문제를 예방하는 것이 먼저고, 문제가 생겼다면 문제를 문제로 막으려고 할 것이 아니라, 가능한 한, 그것을 빨리 수습하는 것이 정치의 임무다. 그러나 작금의 현실은 정반대로 가고 있는 것 같다.

대한민국 헌법 제1조에 "대한민국은 민주공화국이다. 대한민국의 주권은 국민에게 있고, 모든 권력은 국민으로부터 나온다."라고 규정하고 있지만, 이것은 하나의 픽션에 불과하다. 실제로 대한민국에서 모든 권력은 선출된 대표자에게 넘어간다. 국가의 각 기관에 앉아 있는 자들이 실제적인 권력자다. 특히, 선출직 공무원을 선출할 때 정말 신중해야 한다.

권력을 지향하는 자들은 결코 선인(善人)이 아니다. 그들은 선인의 탈을 쓴 악인(惡人)이다. 선인은 결코 권력으로 타인을 지배하려고 하지 않기 때문이다. 자질이 있는 사람들을 뽑기 위해서는 우선 누가 자질이 없는가를 세심하게 인식해서 제거해야 한다. 이 점을 우리는 분명히 인식해야 한다. 정치가로서 자질 있는 사람들을 뽑기 위해 우선 우리는 누가 그러한 자질이 있는가가 아니라, 누가 자질이 없는가를 알아야 한다.

올바른 민주사회가 되려면 누구나 깨어 있어야 한다. 권력자의 말이 자기 생각이나 이익과 다를 때 더 많은 사람이, 아니 누구나 "아니오!"라고 자유롭게 말해야 하고 그렇게 말할 수 있어야 한다. 지배자나 지배자가 되려고 하는 자는 악인이다. 애초에 선인은 지배자가 되려고 하지 않는다. 악인은 악인에 의해서만 제어될 수 있다. 대의민주주의 국가에서 국가적 제도는 그 대표자가 악인이라는 것을 전제로 구상되어야 한다. 우리 각자가 철저히 감시하지 않으면 우리의 대표자는 금방 그 악성을 드러낼 것이다. 대표자가 우리를 이간질해서 서로 싸우게 하고 그 이득을 챙기려고 할 것이다. 그렇기에 설령 우리가 뽑는 대표자 때문에 우리가 서로 충돌하더라도, 우리가 서로 피를 흘리지 않을 정도로 서로 싸우는 악인을 우리의 대표자로 뽑아야 한다. 그렇게 할 줄 아는 것이 정치가의 첫 번째 조건이라고 나는 생각한다. 강조하건대, 대의민주주의 국가에서 국민은 자신의 대리인으로서 악인을 사용한다는 것을 명심해야 한다.

끝으로, 2장에서 제기했던 근본적인 물음에 대해서 나름의 답을 해야 할 때가 된 것 같다. 반전(反戰)을 해야 하는 것은 생명을 가진 존재로서 인간이 취할 수 있는 가장 기본적인 권리이자 절대적인 의무가 아닌가? 이러한 권리를 행사하고 의무를 이행하는 데는 분명히 용기가 필요하다. 국가권력의 명령을 받들어서 죽음을 두려워하지 않고 전장으로 나가 살육과 파괴를 서슴지 아니하고 싸우는 것은 '진정한 용기'[2]가 아니다. 그것은 범죄에 동참하는 야만이다. 삶의 평화를 위해서 무엇을 두려워하고 무엇을 희망할 수 있는지를 직시하는 것이야말로 진정한 용기다. 평화를 향한 진정한 용기란 어떠한 전쟁도 단호히 거부하는 것이다. 누구나 '긍정', '부정' 또는 '대답 거부' 중에서 어느 하나를 선택할 수 있을 것이다. 각자가 자신의 소신과 가치, 소속 진영, 개인적 이익에 따라 선택할 수 있을 것이다. 인간에 있어서 근본적인 문제는 논리적 문제가 아니다. 그것은 선택의 문제일 뿐이다. 우리는 그러한 선택에서 출발할 수밖에 없다. 비난을 받을 수는 있겠지만, 도중에 자신의 과거 선택을 바꾸는 것도 또 하나의 선택이다. 나는 삶이냐 죽음이냐 중에서 삶 쪽을 선택하고자 한다. 또 다른 사람들에게도 그것을 권하고자 한

2 '진정한 용기'란 인간의 어떠한 태도일까? 용기는 그리스어로 '안드레이아(ἀνδρεία, andreia)'라고 한다. '안드레이아'에 대해 고대 그리스 대철학자 플라톤은 BC 380년경에 이미 『라케스(Λάχης, Laches)』라는 제목으로 그의 저작 초기 대화편에서 그의 스승 소크라테스의 입을 통해서 진지한 논의를 전개하고 있다. 자식의 교육으로 고민하는 리시마코스와 메레시아스라고 하는 두 귀족의 상담을 받으며, 당시 아테네에서 청년들의 교육, 그리고 용기에 대해 당시 아테네를 대표하는 호전적인 라케스와 온건한 이지적인 니키아스(Νικίας, Nicias)라는 두 군인이 '용기'에 대해서 소크라테스와 문답을 나눈다. 이들 세 사람은 진정한 용기가 무엇인가에 대해 합의하지 못한다. 그렇지만 소크라테스가 리시마코스와 메레시아스 아들들의 교육을 돕기로 합의하면서 이야기는 끝난다. 플라톤(한경자 옮김), 『라케스』, 아카넷, 2020 참고.

다. 누구나 자신의 선택이 존중되기를 원한다. 특별히 자신의 선택으로 타인의 선택을 부정하고, 그것을 폭력에 의해 강제하지 않는다면, 다른 사람의 궁극적 선택에 대해서는 적어도 무관심할 줄 알아야 한다. 이것이 같은 시공간에 함께 살아가는 사람들 간에 서로가 지켜야 할 최후의 선(線)이라고 생각한다.

인류가 성립한 이후부터 지금까지 지구상에는, 두말할 필요도 없이, 수많은 권력자가 나타나서 국가라는 피지배체를 만들었다가 자기보다 힘센 권력자에 의해 정복되어 사라졌고, 또 새로운 권력집단이 대두했다. 그것은 지금도 계속되고 있다. 그것이 인간들의 역사이고, 통일의 역사다. 통일이란 바로 어떤 권력집단의 지배영역의 확장이자, 그 수단은 피비린내 나는 전쟁이었다. 이러한 전쟁은 여전히 곳곳에서 진행 중이다.

지금 우리가 살고 있는 한반도가 위태롭다. 반세기 이상으로 남북으로 나누어진 패거리들이 안쪽에서의 권익을 최대화하기 위해서 서로 좋은 의미에서든 나쁜 의미에서든 적대적으로 공생해 왔다. 공생관계에서 지금까지도 늘 삐걱거려 왔다. 남북한에서 '민족통일', '조국통일' 운운하며 자신들의 집단적 이익을 위해서 힘쓰고 있는 무리들은 기회만 되면 서로를 향해 총알을 날리고, 대포를 쏘고, 전쟁을 벌이려 한다. 현재 최대의 전쟁기계인 아메리카합주국은 한반도 전쟁을 기다리고 있는 것처럼 보이기도 한다.

만약 한반도에서 전쟁의 불이 붙으면, 모든 전쟁이 그랬듯이 양쪽의 젊은 군인들이 서로 피를 흘리고, 힘없는 민중만 일상을 잃고 도탄(塗炭)에 빠질 것이다. 그 뒷전에 있는 권력자, 그리고 다른 지역에서의 전쟁을 기다리고 있는 전쟁기계국과 그 무기제조 판매업자들은 쾌재를 부리면서 천문학적 부를 챙길 것이다. 도대체 누구의, 무엇을 위한 전쟁인가?

저자 후기

한 쌍의 부엉이는 언젠가 다가올지도 모를 황혼의 비행을 대비해 천장산의 작은 소나무 숲 어두운 바위 동굴에 깃들어 둥지를 틀었다. 천신만고 끝에 알 하나를 낳아 정성껏 품었고, 얼마 전 마침내 어린 새끼가 깨어나 잠시나마 기뻐할 수 있었다. 그러나 새끼를 두고 멀리 날아오르지 못한 채 동굴 근처에서만 서성이다가, 도둑을 쫓던 사냥꾼의 총에 맞아 간신히 목숨을 건졌다. 한쪽 날개깃이 크게 상해 더는 높이 날아오르기 어려웠고, 의식마저 희미해져 갔다. 비축한 먹이마저 바닥난 지 오래라, 돌봄을 받지 못한 어린 새끼는 이제 짧은 생을 마무리할 수밖에 없을 듯하다. 어미가 다시 알을 품을 날을 기약할 수 없으니, 지금으로서는 어둠뿐이다. 천장산의 부엉이가 상처 입은 날개를 치유하고 다시 하늘로 오를 날은 과연 언제일까? 그날을 꿈꾸면서 얼마 남지 않은 생애를 바쳐 평화를 위한 기도를 올린다. 어서 오라, 평화여! 전쟁 없는 세상이여!

마지막으로 자신들의 정치 실패를 은폐하고자 일으킨 전쟁에서 수많은 젊은이에게 목숨을 바치라고 강요한 권력자들의 기망적 망언을 폭로하고자 했던 윌프레드 오언(Wilfred Edward Salter Owen, 1893~1918)의 유명한 반전시(反戰詩) 〈아름다움과 명예란(Dulce Et Decorum Est)〉을 소개하고자 한다. 오언은 반전시인으로 유명하다. 그의 시집은 제1차 세계대전을 겪은 후에 오스트레일리아 등지에서 수업교재로 쓰일 정도였다. 시의 제목 "Dulce Et Decorum Est"는 로마 시인 호라티우스(Quintus Horatius Flaccus, BC 65~BC 8)가 남긴 말 "Dulce et decorum est pro partia mori(조국을 위해 죽는 것은 참되고 달콤하다)"에서 비롯되었다. 이것은 기원전 1세기부터 사용되어 온 말이다. 오언은 그때부터 적어도 제1차 세계대전까지 젊은이들이 "오래된 거짓말(the old lie)"에 계속 속아 전쟁터에서 죽임을 당해 왔다고 폭로한다. 전쟁의 비참함과 잔인함을 표현하는 이 시는 다음과 같이 세 단락으로 구성되어 있다.

복되고 영광스러운 것

자루 맨 늙은 거지처럼, 몸을 구부리고, 비틀거리며,
노파처럼 기침하고, 저주하며 우리는 진창 속을 걸었다.
작열하는 조명탄에 마침내 발길을 돌려,
멀리 떨어진 우리 숙소를 향해 힘없이 걷기 시작했다.
병사들은 졸면서 행군하였다. 다수는 군화조차 없이, 절뚝거리며

피투성이 발로 걸었다. 모두가 절름거렸고, 보지를 못했고,
피곤에 절어, 심지어 등 뒤에 가볍게 떨어진
독가스탄의 가스 뿜는 소리도 듣지 못했다.

가스! 가스! 모두들 빨리! — 미친 듯이 더듬거리며,
엉성한 방독면을 겨우 늦지 않게 착용하였다.
하나 누군가는 여전히 소리 지르고 비틀거리며
허우적거렸다, 불 속 또는 석회 속에 빠진 사람처럼. —
흐릿한 방독면과 짙은 초록빛 너머 희미하게,
마치 초록 바닷속에 빠져 죽는 듯한 그를 나는 보았다.
무기력한 내 시야 앞, 내 꿈속에서,
그는 내 앞에 쓰러졌다, 퍼덕거리며, 숨이 막혀, 익사하면서.
만약 온몸을 짓누르는 꿈속에서, 너 역시
그를 태워 실은 마차 뒤를 걸으며,
흰 눈자위가 뒤틀리고, 축 처진 그의 얼굴을 본다면,
죄악에 신물 난 악마의 얼굴 같은,
만약 네가, 마차가 덜컹거릴 때마다, 거품 찬 폐에서,
피가 울걱거리며 올라오는 소리를 듣는다면,
암처럼 유독하고, 죄 없는 혀 위의 사악한 불치의 상처가
되새김하는 것처럼 쓰디쓴, —

친구여, 그러면 그토록 강렬한 열정으로,
필사적으로 영광을 갈망하는 아이들에게,

'조국을 위해 죽는 것은 복되고 영광스럽도다'라는 그 오래된
거짓말을
말하지 않으리라!

끝으로 이 글이 한 권의 책으로 출간되는 데 도움을 준 분들에게 감사의 마음을 전하고자 한다.

이 글의 초고는 2023년 중반기에 마무리되었다. 상당 기간 방치하고 있었는데, 노상현 군과 임희정 군 덕분에 가독성이 있는 글로 재탄생했다. 노상현 군은 경희대학교 박사과정에 들어와서 의료법을 전공하고 있고, 임희정 군은 박사과정에서 헌법을 전공하면서 경희법학연구소의 연구원으로 근무하다 퇴직한 후 학위논문 집필에 전념하고 있다. 특히 임희정 군은 두 번이나 꼼꼼히 읽으며 오탈자를 바로잡고 윤문을 해주었다. 두 사람 모두 연구하는 데도 시간이 부족할 텐데 기꺼이 긴 시간을 할애해 준 것에 감사의 마음을 전한다. 덧붙여 두 사람이 생각한 대로 야심 찬 학문적인 성과를 이룩할 수 있기를 마음으로나마 후원하고 싶다. 작년 후반기에 드디어 학위를 받아, 법학박사가 된 박채은 박사에게도 감사의 말을 전한다. 박채은 박사는 마지막으로 꼼꼼히 읽어서 오탈자를 바로잡아 주었다. 앞으로 박 박사가 지금까지 갈고 닦은 발군의 실력을 발휘해서 우리나라의 노동법 학계에 우뚝 서기를 기원한다.

정승재 교수께서는 정년퇴직을 하고도, 여전히 젊은 학생처럼 문예창작 활동과 회화(繪畵) 작업 등 여러 가지 공사(公私)의 업무로 분망함에도 이 글에 많은 관심을 가지고 꼼꼼하게 읽고 윤문해서

가독성을 증진해 주셨다. 그 고마움을 어떻게 갚아야 할지, 감사하다는 말밖에 할 수 없는 나에게는 커다란 빚으로 남아 있다.

이 책이 세상의 빛을 볼 수 있도록 흔쾌히 지원해 주신 경희대학교 출판문화원에 감사드린다. 무엇보다 김진상 총장님께 충심으로 감사드리고, 난삽한 글을 꼼꼼히 읽고 교정해 준 최윤영 편집자께도 깊은 감사의 말씀을 전하는 바이다.

2025년 9월

천장산 밑에서

참고 문헌

국내 문헌

강희원, 「법에 대한 기호학적 접근 - 한국법기호학을 위해서」, 『법철학연구』 제27권 제2호(2024), 199~274쪽.

________, "「평화」라는 말에 대한 단상 - 삶의 평화가 어떻게 가능할 수 있을까?", 하영애 편저, 『조영식과 이케다 다이사쿠의 생태문명과 평화운동』(조영식 이케다 다이사쿠 연구회 총서 3), 한국학술정보, 2023, 19~70쪽.

게오르크 빌헬름 프리드리히 헤겔(임석진 옮김), 『정신현상학 I, II』, 지식산업사, 1989.

________________(임석진 옮김), 『법철학』, 한길사 2008.

구스타프 라드브루흐(최종고 옮김), 『법철학』, 삼영사, 1975.

마이클 왈저(유홍림 외 옮김), 『전쟁과 정의』, 인간사랑, 2009.

박명규, 『국민·인민·시민: 개념사로 본 한국의 정치주체』, 도서출판 소화, 2014.

박상섭, 『국가 주권』, 소화, 2008.

박재섭, 『전쟁과 국제법』, 일조각, 1964.

박찬승, 『민족·민족주의』, 소화, 2010.

백인욱, 『번안 사회: 제국과 식민지의 번안이 만든 근대의 제도, 일상, 문화』, 휴머니스트 출판그룹, 2018.

베네딕트 앤더슨(윤형숙 옮김), 『상상의 공동체: 민족주의의 기원과 전파에 대한 성찰』, 나남출판사, 2003.

스탠리 코헨(조효제 옮김), 『잔인한 국가, 외면하는 대중: 왜 국가와 사회는 인권침해를 부인

하는가』, 창비, 2009.
아룬다티 로이(정병선 옮김), 『보통 사람들을 위한 제국 가이드』, 시울, 2005.
앙드레 모로아(전영애 옮김), 『독일사』, 홍성사, 1990.
__________(신용석 옮김), 『프랑스사』, 기린원, 1998
어네스트 겔너(최한우 옮김), 『민족과 민족주의』, 한반도국제대학원대학교출판부, 2009.
에르네스트 르낭(신행선 옮김), 『민족이란 무엇인가』, 책세상 2002.
이남석, 『양심에 따른 병역거부와 시민불복종』, 그린비, 2004.
이마누엘 칸트(이한구 옮김), 『영구평화론: 하나의 철학적 기획』, 서광사, 2008.
이반 일리치(박홍규 옮김), 『학교 없는 사회』, 생각의나무, 2009.
________(이한, 서범석 옮김), 『이반 일리히의 유언』, 도서출판 이파르, 2010.
임지현, 『민족주의는 반역이다. 신화와 허무의 민족주의의 담론을 넘어서』, 소나무, 1999.
장 자크 루소(최석기 옮김), 『사회계약론』, 동서문화사, 1978.
조관자, 『일본 내셔널리즘의 사상사: '전시-전후체제'를 넘어 동아시아 사상과제 찾기』, 서울대학교출판문화원, 2018.
조르조 아감벤(박진우 옮김), 『호모 사케르: 주권 권력과 벌거벗은 생명』, 새물결, 2008.
__________(김항 옮김), 『예외상태』, 새물결, 2009.
존 로크(이극찬 옮김), 『통치론』, 삼성출판사, 1982.
질 들뢰즈/펠릭스 가타리(김재인 옮김) 『천 개의 고원: 자본주의와 분열증 2』, 새물결, 2001.
카알 폰 클라우제비츠(김홍철 옮김), 『전쟁론』, 삼성출판사, 1981.
카를 슈미트(윤근식 옮김), 『정치의 개념』, 법문사, 1961.
토머스 홉스(김용환 옮김), 『리바이어던, 국가라는 이름의 괴물』, 살림, 2005.
페르디낭 드 소쉬르(오원교 옮김), 『일반언어학강의』 형설출판사 1975.
프랜시스 후쿠야마(함종빈 옮김), 『역사의 종언: 이후의 시대, 공산주의는 끝났다』, 대한민국 헌정회, 1989.
프리드리히 니체(정진웅 옮김), 『짜라투스트라는 이렇게 말했다』(니체전집 4), 백문당, 1980.
플라톤(박종현 옮김), 『국가』, 서광사, 1997.
_____(한경자 옮김), 『라케스』, 아카넷, 2020.
한스 콘(차기벽 옮김), 『민족주의』(세계사상전집 43), 삼성출판사, 1982.

국외 문헌

일서

阿部知二,『良心的兵役拒否の思想』, 岩波書店, 1969.

新宮一成,『ラカンの精神分析』, 講談社, 1995.

高田保馬,『民族論』, 岩波書店, 1942.

_______,『民族の問題』, 日本評論社, 1935.

町田宗鳳,『なぜ宗教は平和を妨げるのか 「正義」「大義」の名の下で』, 講談社, 2004.

丸山圭三郎,『言葉とは何か』, 筑摩書房, 2008.

原尻英樹,『世界の民族:「民族」形成と近代』, 放送大學教育振興會, 1998.

Freud, Sigmund(渡邉俊之 外 訳),『症例「ドーラ」性理論』(フロイト全集 6), 人文書院, 1970.

___________(小此木啓吾 譯),『集團心理學と自我の分析』(Freud, 著作集, 제6권), 人文書院, 1970.

Fustel de Coulanges, Numa Denis(田邊貞之助 訳),『古代都市：ギリシア-ローマに於ける宗教·法律·制度の研究 (上)』, 白水社, 1944.

Kantorowicz, Ernst Hartwig(甚野尚志 訳),『祖国のために死ぬこと』(新装版), みすず書房, 2006.

___________(小林公 訳),『王の二つの身体(上·下)』, ちくま学芸文庫, 2003.

Schmitt, Carl, *Politische Theologie. Vier Kapitel zur Lehre von der Souveränität*, 1922(田中浩/原田武雄 訳),『政治神学』, 未來社, 1989.

___________, *Theorie des Partisanen. Zwischenbemerkung zum Begriff des Politischen*, 1963(新田邦夫 訳,『パルチザンの理論』, 福村出版 1972).

Smith, Anthony David Stephen(巣山靖司·高城和義·河野弥生·岡野内正 訳),『ネイションとエスニシティ—歴史社会学的考察』, 名古屋大学出版会, 1999.

Weber, Max(清水幾太郎 訳),『社会学の根本概念』, 岩波書店, 1972.

양서

Aldanmaz, Orhan, *Wehrdienstverweigerung als Menschenrecht* Regensburg, 2006.

Arendt, Hanna, *Macht und Gewalt,* München, 1970.

Bienert, Walther, *Krieg, Kriegsdienst und Kriegsdienstverweigerung nach der Botschaft des Neuen*

Testaments, 2. erweiterte Aufl. Gießen/Basel, 1985.

Binder, Julius, *Der 28.Juni und die Kriegsschuldfrage*, Langensalza, 1929.

__________, *Der deutsche Volksstaat,* Tübingen, 1934.

Brown, Garrett W., Iain McLean, Alistair McMillan(eds.), *The Concise Oxford Dictionary of Politics and International Relations(4th)*, Oxford University Press, 2018.

Clausewitz, Carl von, *Vom Kriege,Bd.1–3,* Berlin, 1832~1834.

Dodd, James, *Phenomenological Reflections on Violence: A Skeptical Approach*, New York: Routledge, 2017.

Erdmann, Carl, *Die Enstehung des Kreuzzugsgedanken*, Forschungen zur Kirchen-und Geistesgeschichte 6, Stuttgart, 1935.

Erikson, Erik Homburger, *Childhood and Society*, New York, 1950.

__________, *Toys and Reasons: Stages in the Ritualization of Experience,* New York, 1977.

__________, *The Life Cycle Completed,extended version*, New York, 1998.

Gierke, Otto von, *Das deutsche Genossenschaftsrecht III*, Berlin, 1881.

Hegel, Georg Friedrich, *Grundlinien der Philosophie des Rechts*, Frankfurt am Main: Suhrkamp, 1972.

Kantorowicz, Ernst Hartwig, *The King's Two Bodies: A Study in Mediaeval Political Theology*, Princeton University Press, 1957.

__________, *Selected Studies,New York: Johannes Jakob Augustin*, 1965.

__________, *Kaiser Friedrich der Zweite*, Erg. Bd. Berlin, 1931.

Karo, Geotge, *An Attic Century: Excavations in the Kerameikos at Athens*, Philadelphia, 1943.

Kelley, John W. Graham, *Conscription and Conscience: A History 1916–1919*, New York, 1969.

Lacan, Jacques Marie Emile(trans. by Anthony Wilden), *The Language of the Self: The Function of Language in Psychoanalysis*, Johns Hopkins Univ. Press, 1997.

Meinecke, Friedrich, *Weltbürgertum und Nationalstaat. Studien zur Genesis des deutschen Nationalstaates*, 1908.

__________, *Die Idee der Staatsräson in der neueren Geschichte, 1924; Die Entstehung des Historismus*, 1936.

__________, *Weltbürgertum und Nationalstaat(Werkausgabe,Band 5)*, Stuttgart, 1962.

Scheler, Max, *Der Genius des Krieges und der Deutsche Krieg*, Leipzig, 1915.

__________, *Krieg und Aufbau*, Leipzig, 1916.

Schmitt, Carl, *Politische Theologie. Vier Kapitel zur Lehre von der Souveränität*, Berlin, 1922.

__________ *Theorie des Partisanen. Zwischenbemerkung zum Begriff des Politischen*, Berlin,

1963.

Strayer, Joseph R., "Defense of the Realm and Royal Power in France," *Studi in Onore di Gino Luzzato*, Milan, 1949.

Vogt, Joseph, *Orbis Romanus*, Tübingen, 1929.

Wells, Herbert George, *The Outline of History, Being a Plain History of Life and Mankind, vol. II*, London: George Newnes, 1920.

왜 국가를 위해 죽어야 하나

초판 1쇄 인쇄 2025년 10월 1일
초판 1쇄 발행 2025년 10월 10일

지은이 강희원
펴낸이 김진상
책임편집 최윤영
디자인 최성경

펴낸곳 경희대학교 출판문화원
주소 서울시 동대문구 경희대로 26
전화 02-961-0106~8
팩스 02-961-0291
설립 1960년 9월 16일 제5-8호
등록 1977년 11월 8일 제6-5호
홈페이지 www.khupress.com
전자우편 press@khu.ac.kr

ISBN 978-89-8222-810-0 (03300)